AF343409

PARFUM D'ÂME

L'Abbé Joseph BARON

PARFUM D'ÂME

DESCLÉE, DE BROUWER & Cie, LILLE

L'ABBÉ HÉBANT.

IV-V

PARFUM D'ÂME

VIE, ŒUVRES, PENSÉES, LETTRES, DISCOURS, SERMONS, POÉSIES

DE

l'Abbé Jean-Baptiste HÉBANT

PROFESSEUR A NOTRE-DAME-DES-VICTOIRES

A ROUBAIX,

PROFESSEUR A NOTRE-DAME-DES-DUNES

A DUNKERQUE,

SUPÉRIEUR DU COLLÈGE SAINT-JOSEPH

A GRAVELINES,

PROFESSEUR AU COLLÈGE COMMUNAL

A SAINT-FRANÇOIS D'ASSISE

DIRECTEUR DU PETIT SÉMINAIRE

AUMONIER DE LA SAINTE-UNION

A HAZEBROUCK.

1833-1902

A MONSIEUR LE VICAIRE GÉNÉRAL LOBBEDEY,

Archidiacre de la Flandre.

DEMANDE D'IMPRIMATUR

SONNET

Le ciel mit sur ma route un barde au front neigeux,
Pour me former le goût, pour m'astreindre à bien dire,
Pour m'apprendre à toucher les cordes d'une lyre,
Le barde fut bon père et maître ingénieux.

Il est mort. Mais son âme, en fuyant vers les cieux,
A laissé derrière elle un suave zéphire...
Ainsi, lorsqu'il se brise, un vase de porphyre
Exhale autour de lui son parfum précieux.

Vous avez vu ce barde, Ange de notre Flandre.
Jadis, il m'en souvient, vous daigniez l'entendre,
Quand il chantait la Vierge et les Saints de chez nous.

J'ai voulu recueillir le parfum de son âme ;
Et si vous m'accordez l'honneur que je réclame,
L'âme sera plus belle, et le parfum, plus doux.

Abbé Joseph BARON.

18 Mai 1905.

ARCHEVÊCHÉ
DE
CAMBRAI

Cambrai, le 22 Mai 1905.

Monsieur l'Abbé,

Monseigneur l'Archevêque me donne le très agréable mandat de vous envoyer avec l'Imprimatur ses plus paternelles félicitations.

Vous avez écrit con amore *votre livre «* Parfum d'âme ». *Le bon M. Hébant revit sous votre plume élégante autant que pieuse. Tous ses anciens élèves — et ils sont légion — vous liront et vous adresseront un cordial merci.*

L'Écriture nous dit que la mémoire de Josias est un composé odoriférant : Memoria Josiæ in compositionem odoris. *La mémoire de votre héros est aussi un composé de parfums. Quels sont-ils ? Le premier de tous, c'est le parfum d'un champ plein de fruits,* odor agri pleni. *Et pourquoi ? Parce que sa vie fut une vie de continuel travail. Cette mémoire exhale aussi un parfum de myrrhe,* myrrha electa, *parce que sa vie fut une vie de sainte souffrance. J'ai hâte de le dire, enfin, cette mémoire exhale le parfum de l'encens,* incensum suavissimi odoris. *Sa vie ne fut-elle pas une vie de continuel et évangélique amour ?*

Quelle forme persuasive et charmante prend, sur ses lèvres et sous sa plume, l'expression de sa pensée et la manifestation parfois si naïve de ses

sentiments ! Quelle suave poésie s'échappe spontané-
ment de cette âme, éprise de la nature qui chante
délicieusement à son oreille et à son cœur les gran-
deurs et les beautés de son Auteur ! Et quelle source
abondante, perpétuellement jaillissante d'indul-
gence, de compassion et de tendresse, est ce même
cœur si enclin à se donner aux autres !

Que vous avez donc bien fait, Monsieur l'Abbé,
de raconter et de chanter la hauteur, la largeur, la
profondeur des augustes et charmantes tendresses
dont M. Hébant portait l'incomparable trésor dans le
vase immaculé de son âme sacerdotale et vraiment
apostolique !

En achevant ces lignes, Monsieur l'Abbé, je vous
remercie, en mon nom personnel, d'avoir fixé en des
pages, trop intéressantes pour qu'elles aient à redou-
ter l'oubli, le souvenir d'un prêtre qui honore gran-
dement par son caractère, ses talents et ses vertus,
notre chère Flandre et tout le diocèse de Cambrai.

Que Notre-Seigneur bénisse l'ouvrage et l'auteur.

Agréez, Monsieur l'Abbé, l'assurance de mon
affectueux dévoûment.

EM. LOBBEDEY,
Vicaire Général

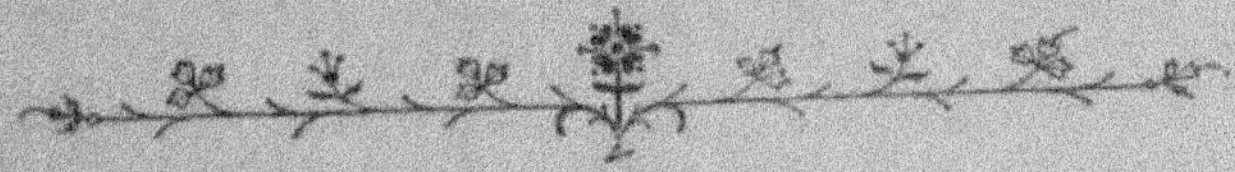

PRÉFACE.

Au lendemain de la mort de l'abbé Hébant, nous avions écrit :

« Il y a des prêtres dont la physionomie semble » refléter la physionomie du Christ ; les traits divins » qu'ils mettent le plus en relief sont la dignité et la » bonté. M. l'abbé Hébant appartenait à cette élite. » Supérieur de Gravelines, Directeur du Petit Sémi- » naire d'Hazebrouck, Aumônier de la Sainte-Union » en la même ville, il a passé au milieu de ses » confrères et de ses élèves, le sourire sur les lèvres, » répandant autour de lui comme un doux parfum » d'Evangile. »

Ces lignes avaient été développées dans une courte notice. Nos amis nous ayant affirmé que l'abbé Hébant méritait davantage, nous nous sommes remis à l'œuvre.

Nous avons consulté les compatriotes de l'abbé Hébant, ses condisciples du Petit Séminaire de Cambrai, ses confrères du Grand Séminaire, ses collègues des Institutions de Roubaix, Dunkerque, Hazebrouck, les anciens élèves du collège Saint-François d'Assise, les anciennes élèves du pension- nat de la Sainte-Union, les Dames de la Sainte-Union et les Ursulines de Gravelines. Les documents ont afflué ; quelques-uns sont venus de bien loin et de bien haut : du R. Père Dromeaux, missionnaire en Afrique, de Mgr Doublet, prélat de Sa Sainteté Léon XIII, de Mgr Ferrant, évêque in partibus. *Aussi, nous avons hâte de remercier nos dévoués auxiliaires ; ils nous ont mieux fait connaître les divers aspects d'une belle âme.*

Cette âme se révélait encore dans une sorte de journal intime où se groupaient des notes, des réflexions, des résolutions de retraite ; dans des cahiers de classe et de catéchisme ; dans des lettres, des sermons, des discours et des poésies. Nous n'avons pas manqué d'exploiter les moindres filons d'une mine si riche.

Pour préciser certains détails, il nous a fallu recourir à l'histoire de l'Enseignement secondaire à Dunkerque par M. le chanoine Flahaut, à la vie de M. l'abbé Dehaene par M. l'abbé Lemire, à la biographie du chanoine Masselis par M. l'abbé De Busschère, à la collection du journal L'Indicateur *mise gracieusement à notre disposition par M. Dodanthun. Signaler ces sources, c'est dire les services qu'elles nous ont rendus, c'est exprimer notre gratitude aux auteurs des ouvrages cités comme au rédacteur de notre feuille locale.*

Et nous avons travaillé à la façon d'une abeille, « faisant notre miel de toutes choses », *patiemment, sans autre but que celui de suivre un prêtre distingué sur les différents théâtres où la Providence l'avait placé, sans autre plan que celui de laisser parler notre héros ou nos correspondants, sans autre préoccupation que celle de justifier notre titre :* Parfum d'âme.

Notre tâche est finie. Nous adressons à notre livre le souhait du semeur au grain qu'emporte le vent : « Va ! et que Dieu te féconde pour la gloire de son nom ! »

L'abbé Joseph BARON,
Professeur de Rhétorique
au Petit Séminaire d'Hazebrouck.

Hazebrouck, 19 Mars 1905, en la fête de saint Joseph

CHAPITRE PREMIER

NAISSANCE. — FAMILLE. — ÉCOLE. — CHARITÉ
PRÉCOCE. — L'ENFANT DE CHŒUR. — MORT
DU PÈRE. — JEUX. — PREMIÈRE COMMUNION.

1833 – 1845.

LE 18 juin 1833, il y avait grande joie à Gravelines[1], chez les époux Hébant : un enfant leur était né. Penchés vers le berceau, ils remerciaient la Providence qui, pour la deuxième fois, bénissait leur union. De temps en temps une fillette, nommée Pélagie, soulevée par son père, écartait le rideau de mousseline et, longuement, regardait son petit frère.

C'était le salut d'un ange de la terre à un autre ange. Les anges du Paradis battaient déjà des ailes autour de la demeure ; ils attendaient le moment de contempler leur image dans une âme innocente régénérée par le saint baptême.

Ce moment n'arriva que le 30 juin[2]. Le nouveau chrétien fut appelé Jean-Baptiste. Il porta bien un nom qui signifie foi, abnégation, humilité.

---

1. Chef-lieu de canton du département du Nord, arrondissement de Dunkerque, ville fortifiée, sur le fleuve côtier l'Aa, port de commerce, 5907 habitants.

2. Nous ignorons la cause de ce retard si contraire aux prescriptions diocésaines et aux habitudes flamandes.

Toutefois, s'il essaya de mettre en pratique le conseil de saint Jean Damascène : « Soyez les vivantes statues des saints », s'il ne suivit pas de trop loin son auguste patron, c'est qu'il respira de bonne heure une atmosphère vivifiante, et que la semence des vertus fut jetée, dès l'aube de son existence, en son cœur d'enfant. Le foyer de ses parents était un foyer modèle : la religion y flottait dans l'air. Le père Hébant ne connaissait que ses enfants, son atelier, son église. Catholique pratiquant, il édifiait la paroisse par son assiduité aux offices ; tailleur d'habits, il maniait ses ciseaux et son aiguille avec une inlassable patience, malgré sa faible constitution ; nature douce, tendre même, il n'avait pour ses deux enfants, pour Pélagie surtout, que complaisances, sourires et caresses. Heureusement que sa femme était à ses côtés, attentive à *serrer les guides*. Dame Hébant a laissé la réputation d'une personne de caractère, d'un sens très droit et d'une énergie peu commune [1]. Partant de ce principe que les enfants ne sont pas des hochets de chair, mais des êtres raisonnables, des chrétiens à former, elle s'ingéniait à prévenir les effets des gâteries paternelles. Montrer à Pélagie et à Jean-Baptiste le Christ et la Madone de la cheminée, faire de ses genoux leur premier prie-Dieu, présenter leur front à la bénédiction du père, étouffer dans le germe leurs moindres caprices, ferments de mauvais instincts et causes de déviations morales :

---

[1]. Elle était fille d'un huissier, qui ne lui avait laissé pour tout héritage qu'un vieux manuel du parfait huissier. — Elle savait tenir son monde à distance, nous disait une habituée de la maison. — Tout obéissait chez elle, tout, même le chat. Le soir, à l'heure du coucher, Mme Hébant ouvrait la porte de l'escalier conduisant au grenier, prenait une baguette et sifflait le chat. Le matou partait comme une flèche, faire la chasse aux souris ou continuer sous les combles ses ronrons interrompus.

telle fut sa constante préoccupation. Elle croyait que la vie de famille gagnait à présenter un aspect plutôt sévère. Les hommes éclairés ne pensent pas autrement[1] ; ils sont unanimes à nous dépeindre un intérieur idéal sous la forme d'un sanctuaire où le respect se rencontre avec la tendresse, les exigences de l'éducation avec les nécessités du développement physique. Les parents sont les gardiens de ce sanctuaire intime. Le père, c'est le pontife : son autorité est forte, absolue, souveraine ; la mère, c'est le trait d'union naturel entre le père et l'enfant : son autorité est douce, aimable, conciliante. Et ces deux autorités doivent s'incliner devant l'autorité suprême, devant DIEU, afin que l'enfant, entraîné par la force persuasive de l'exemple, chante à son réveil l'hymne du poète :

> O Père qu'adore mon père !
> Toi qu'on ne nomme qu'à genoux ;
> Toi dont le nom terrible et doux,
> Fait courber le front de ma mère...[2]

La prière est le granit sur lequel repose, inébranlable, l'édifice familial. Cette vérité, les époux Hébant la comprenaient bien. Quand tombait le jour, le père se découvrait, la mère plaçait à côté d'elle Pélagie et Jean-Baptiste ; et la note grave des parents, unie aux voix claires des enfants, montait vers le Crucifix.

L'influence du foyer domestique fut salutaire à notre petit Jean-Baptiste ; celle de l'école ne lui fut pas pernicieuse. Gravelines ne possédait alors qu'un seul établissement primaire, — *la Mutuelle,* — dirigée par M.

---

1. Cf Mgr Dupanloup, *De l'éducation*, t. I, chap. IV.
2. LAMARTINE. *Hymne de l'enfant à son réveil.*

Pattigny. M. Pattigny était un instituteur du « bon vieux temps ». Il avait la sagesse de limiter son horizon au préau de sa cour emmuraillée. Sa méthode n'était pas très compliquée ; elle consistait à se promener gravement du tableau noir à l'ardoise grise, de l'ardoise grise au tableau noir. Il avait atteint son but, lorsqu'il avait logé dans le cerveau de ses élèves, des chiffres, des mots, des bribes de phrases, quelque joli compliment à l'adresse de Monsieur le Maire ou de Monsieur le Doyen. Les vieillards de l'endroit nous ont fait son éloge. L'abbé Hébant n'oublia pas cette figure originale. Il y songeait encore en 1897, quand il écrivait à des personnes à même de comparer ses lettres indécises avec ses beaux caractères d'antan : « Excusez mon griffonnage ; j'ai pourtant eu le prix d'écriture à la Mutuelle[1]. » — Il en avait eu d'autres. Chaque année, — un témoin oculaire nous l'a affirmé — on applaudissait un écolier au visage pâle, à la mine ouverte, quoique voilée de modestie, le *fieux*[2] Hébant, qui descendait de l'estrade les bras chargés de prix. « Il a tous les premiers ! » s'écriaient ses camarades, tandis que lui, rougissant, déposait son glorieux butin sur les genoux de sa mère. Chaque semaine il obtenait la récompense promise au plus méritant : la croix d'honneur. Par intervalle, M. Pattigny ménageait une surprise à ses meilleurs élèves. Une roulotte s'arrêtait-elle à Gravelines, il se campait devant l'affiche des artistes forains, mettait ses grosses lunettes et choisissait quelques numéros du répertoire. Une matinée amusante — bataille d'ombres chinoises ou assommade de marionnettes — s'organisait en faveur

---

1. *Correspondance.* — Mai 1897.

2. Expression patoise qui signifie « fils ».

des enfants qui avaient le plus de bons points. Jean-Baptiste ne fut jamais privé de ce privilège. Il n'avait donc pas les défauts de la « maudite engeance », suivant le vilain mot de La Fontaine. Il ne transformait pas sa table de travail en couchette ou matelas [1]; il ne grimpait pas « sans égards, sur un arbre fruitier, pour gâter jusqu'aux boutons, douce et frêle espérance [2] ». Ce n'est pas lui qui, d'un coup de fronde, brisant l'aile du pigeon fugitif, aurait arraché au fabuliste ce cri d'indignation : « Cet âge est sans pitié [3] ! »

Sans pitié, notre petit Jean-Baptiste! Laissons plutôt protester sa cousine Gertrude, une vénérable octogénaire. « Mon cousin, nous a-t-elle raconté, revenait de la Mutuelle. Debout sur le seuil de sa maison, il s'apprêtait à savourer une appétissante tartine. Passe un gamin en haillons, qui fixe, sur lui et sur la tartine, un regard brillant de convoitise. Jean-Baptiste comprend la muette supplication. Sans hésiter il s'approche du mendiant : « Tiens, lui dit-il en donnant sa tartine, mange-la, toi, puisque tu as plus faim que moi. » C'est la part de la compassion, il faut faire la part de l'appétit. Jean-Baptiste rentre et demande une autre tartine. « La première est déjà mangée? » observe Mme Hébant. Silence embarrassé de Jean-Baptiste. Mme Hébant ne cherche pas à sonder le mystère et coupe une seconde tranche de pain. Le lendemain, le mendiant, qui avait la mémoire de l'estomac, se représente à la même heure. La scène de la veille se renouvelle. Mais Mme Hébant se fâche. Alors Jean-Baptiste tire sa maman

1. LA FONTAINE : Fables : *La fortune et le jeune enfant*, Livre V.
2. LA FONTAINE : Fables : *L'Écolier, le Pédant et le Maître d'un Jardin*. Livre IX.
3. LA FONTAINE : Fables : *Les deux pigeons*, Livre IX.

par la manche et lui montre le petit affamé qui gambade
et mord à belles dents dans la tartine... Mme Hébant,
émue jusqu'aux larmes, attire son fils vers elle et
l'embrasse tendrement [1]. Heureuse mère ! Heureux
enfant ! Et si l'on tient compte de la différence d'âge,
— le pâtre des Landes avait douze ans, notre héros
atteignait à peine sa huitième année — serait-il téméraire d'insinuer que dans la balance du bon Dieu les
tartines du charitable petit Jean-Baptiste auront pesé
autant que les trente sous de saint Vincent de Paul?

Qui soulage le pauvre devient le créancier de Dieu.
Dieu ne tarda pas à payer sa dette à Jean-Baptiste. Il
mit sur son chemin un de ces hommes dont la rencontre
est une grâce : le chanoine Masselis [2]. Nommer l'ancien
aumônier des Ursulines, c'est évoquer le souvenir d'un
prêtre modèle. Le louer ici serait retoucher d'un pinceau malhabile une belle image enchâssée dans un beau
cadre par l'abbé Zéphyrin De Busschère [3]. M. Masselis
avait besoin d'un enfant de chœur en 1842. Jean-Baptiste
fut choisi. Qui dira son bonheur ? Quand on est conduit
par une pieuse mère qui recommande de bien prier le
bon Dieu [4], quand on croit voir Jésus faire signe à

---

1. Ce récit est basé sur les données fournies par Mme Chauvin, cousine
germaine de M. l'abbé Hébant.

2. Né à Quaëdypre, décédé à Gravelines : successivement vicaire à
Lynde et à Bailleul et aumônier des Ursulines (1812-1888). M. De
Busschère l'appelle le saint homme de Gravelines.

3. M. le chanoine Cailliau écrivait à l'auteur de la biographie de
M. Masselis : « Je viens de terminer la lecture de votre œuvre.... Je l'ai
parcourue avec un vif intérêt et je suis heureux de vous féliciter de la
manière vraiment remarquable dont vous avez rempli votre tâche. »
(*Lettre à M. l'abbé De Busschère*, 10 août 1892). M. Hébant disait de
cette vie, qu'elle était écrite par une plume élégante autant que pieuse.

4. Mme Hébant conduisait elle-même son fils chaque matin à la chapelle des Ursulines.

travers les barreaux de sa prison volontaire, alors on est ravi de balancer l'encensoir, ravi d'agiter la clochette à la consécration, ravi de considérer de plus près, curieusement d'abord, religieusement ensuite, l'hostie du célébrant. Avec la soutanelle rouge, le rocher de fine batiste, la ceinture frangée, à la lueur des cierges ou au reflet du vitrail, on ressemble à l'un des chérubins de Fra Angelico qui, pour se rapprocher de l'Eucharistie, pour se consoler de ne pas être admis à la Table sainte, aurait replié ses ailes, rapetissé sa taille, et mains jointes, les yeux dirigés vers le prêtre, dans la fixité de l'extase, resterait agenouillé sur le pavé du sanctuaire. Les Religieuses sacristines, mère Sainte-Ursule et mère Saint-Augustin, ne nous accuseraient pas d'avoir flatté le portrait de leur enfant de chœur. Celui-ci, de son côté, nous autoriserait à reproduire les lignes qu'il adressait aux Ursulines à l'occasion du cinquantenaire de la fondation de leur couvent. Ces lignes les voici : « Que j'aurais voulu prendre part au » solennel anniversaire de l'ouverture de votre cha- » pelle ! Je vous aurais parlé de vos anciennes sœurs, » en particulier de sœur Saint-Augustin dont la voix » attirait au salut une foule ravie. Cette bonne mère » me faisait asseoir à côté d'elle, quand les offices se » célébraient au réfectoire [1] et que j'arrivais à la fin du » sermon. Elle me prêtait un livre avec des images qui » frappaient ma jeune imagination. Une image surtout » m'est restée gravée dans la mémoire ; c'est celle » d'un téméraire couché sur une toile d'araignée qui » couvre l'orifice d'un puits. Je me suis plusieurs fois

---

1. Vers 1842 la tour de l'église paroissiale s'effondra. Pendant qu'on réparait les ruines, les Ursulines cédèrent momentanément leur chapelle et firent leurs cérémonies au réfectoire transformé en sanctuaire.

» servi de ce souvenir pour montrer l'imprudence du
» pécheur qui s'endort en état de péché mortel...
» Je vous aurais parlé de la mère Sainte-Ursule. Oh!
» la bonne sacristine, à la taille élancée, à l'humeur
» joyeuse ! Un jour que j'avais déchiré la dentelle de
» mon rochet, elle me gronda, mais si doucement que
» je me permis de répondre : « Vous n'avez que cela à
» faire, raccommoder des déchirures ! » Et elle d'éclater
» de rire et de riposter : « C'est cela, petit, nous n'avons
» que cela à faire ! » La bonne mère sacristine ! Elle
» était parfois un peu taquine à l'égard de l'enfant de
» chœur, mais elle le faisait si beau, si beau, qu'un jour
» de procession on l'appela le roi des enfants de chœur!
» Et j'avoue que j'en étais fier [1]. »

Le 15 août 1843, le roi des enfants de chœur figurait
à la procession de la Vierge. On vint le chercher en
toute hâte de la part de son père subitement indisposé.
Il quitta ses insignes et courut chez lui. Il arriva trop
tard ; sa mère et sa sœur pleuraient déjà près d'un
cadavre.

Le coup fut terrible, car la mort d'un père de famille,
c'est l'orage qui s'abat sur un nid, le détruit ou le dis-
perse ; c'est souvent le malheur des enfants privés de
guide. Ordre, bien-être, projets d'avenir, tout s'éva-
nouit, si la mère ne ramasse pas le sceptre paternel.
Mme Hébant le tenait du vivant de son mari, nous
l'avons constaté ; elle le garda. Sa tendresse et sa
clairvoyance la servirent admirablement en cette rude
épreuve. Elle n'eut plus qu'une pensée : élever chrétiennement ses enfants. Il fallut se gêner, se gêner
beaucoup ; elle ne recula devant aucun sacrifice. Ses

___

1. *Correspondance* ; 1895.

maigres ressources ne lui permettant plus d'occuper
une maison, elle loua des appartements chez sa sœur[1].
Jean-Baptiste ne s'aperçut pas du changement, le train
de vie était le même ; il ne lui manquait que le sourire
du père absent ; il le retrouvait sur les lèvres de sa
mère, devenue réellement « la majesté sereine et souriante du foyer[2] ». Aussi, longtemps après, chaque fois
qu'il traversait la grand'place de Gravelines, chaque
fois qu'il passait sous les fenêtres de ce logement où
sa mère seule eut à souffrir, il poussait cette exclamation significative, expression de sa filiale reconnaissance : « C'est si bon une mère ! » Et du couvent,
une voix, celle de sa sœur, répondait à sa voix : « Qui
sait aimer comme nous aimait notre bonne mère ![3] »

Ce dévouement sans borne, tranchons le mot, cet
héroïsme de Mme Hébant valait à elle et à ses enfants
de précieuses sympathies. La veuve était estimée
parce qu'elle ne vivait que pour ses enfants ; les orphelins étaient choyés parce qu'ils rendaient en gentil-
lesses et en docilité les soins dont ils étaient l'objet.
Une personne généreuse, Mme Agez, invita Mme Hébant à venir de temps en temps chez elle avec Pélagie
et Jean-Baptiste. Les dames feraient une « partie de
langue », tandis que les enfants s'amuseraient au jardin. La proposition fut acceptée. Pélagie amena quelques compagnes, Jean-Baptiste attira quelques amis[4],

1. Au café de la Marine, sur la Grand'Place, en face de l'Arsenal.
Un escalier conduisait aux appartements ; il ne fallait pas traverser la
salle réservée aux consommateurs.

2. L'abbé Hébant. *Discours de distribution de prix*, 1903.

3. *Correspondance*, 1883-1897-1898.

4. Quatre des habitués de Mme Agez ont embrassé l'état ecclésiastique : l'abbé Hébant ; l'abbé Manniez, décédé directeur de la maison

et la bande joyeuse prit ses ébats sur la pelouse. Le divertissement favori fut d'abord la vêture. Le voisinage du couvent expliquait cette préférence. On tirait à la courte paille et la victime du sort simulait toutes les cérémonies d'une prise de voile. Pélagie, fréquemment désignée, observa qu'elle entrait trop souvent en religion, qu'un génie, sinon méchant du moins malin, remplaçait la chance, enfin qu'on trichait. Pour calmer sa sœur, Jean-Baptiste parla de *jouer à la messe.* L'idée parut excellente. Mais où s'installer ? Mme Agez préférant — et non sans raison — les distractions de ce genre aux espiègleries de la rue, offrit une chambre aussi commode que spacieuse. Jean-Baptiste en fit sa chapelle. Il découpa dans du papier à tapisser une chasuble et une chape ; Pélagie confectionna une aube et des linges sacrés ; une vieille armoire servit d'autel ; le luminaire fut gracieusement fourni par les parents, et la série des offices se déroula. Jean-Baptiste pontifia avec une gravité presque comique. A la messe, il donnait la communion avec des pains à cacheter ; aux vêpres, il entonnait triomphalement son *Deus in adjutorium* que continuait sa sœur ; au salut, il levait son ostensoir de carton doré sur les têtes inclinées ; aux fêtes, il risquait une allocution de circonstance !... « Malheur à qui oubliait le sérieux exigé en pareille occurrence, un regard sévère du célébrant le rappelait au respect du saint lieu [1] ». La piété de Jean-Baptiste était si sincère, si communicative, que ses camarades, les parents, les voisins eux-mêmes, séduits par la nouveauté du spectacle, se surprenaient à prier

St-Louis à Lille ; M. Gourdin, actuellement curé de Forest ; Mgr Doublet, Prélat de Sa Sainteté Léon XIII, Aumônier des Dames de Sion Arras.

 1. Note du couvent.

avec une réelle ferveur. Avant de se séparer on récitait le chapelet et l'on se retirait au chant d'un refrain
populaire. Un des survivants de ces réunions, celui-là
même qui remplissait les fonctions d'enfant de chœur,
nous assurait qu'il était aussi recueilli « à la petite
église d'Hébant » qu'à l'église paroissiale. Un autre,
Mgr Doublet, Prélat de Sa Sainteté Léon XIII, a daigné nous retracer [1] ces scènes charmantes en ces termes délicats : « Vous me demandez de fouiller dans mes
» souvenirs ? Ce m'est plus qu'une joie, ce m'est une
» douce et profonde édification. Me rappeler les jeunes
» années du saint abbé Hébant, c'est faire revivre
» l'image d'un des plus parfaits parmi les prédestinés
» du sanctuaire. Enfants, étudiants, puis jeunes sémi-
» naristes, nous habitions Gravelines et c'est là qu'il
» me fut donné d'admirer la précoce vertu de celui qui
» fut plus tard un prêtre accompli.

» A l'âge où nous étions des enfants, lui avait déjà
» la maturité, j'allais dire la gravité de l'homme fait.
» Nos jeux ordinaires étaient, dans une chambre dont
» nous avions fait notre église, la reproduction des
» cérémonies saintes. Pour nous, c'était encore un
» amusement; pour lui, c'était déjà comme un sacer-
» doce, tant il mettait de piété à célébrer *sa messe* et
» d'onction à faire *son prône*. Sa vertu avait sur notre
» essaim léger un tel ascendant que nous l'avions d'em-
» blée nommé notre curé; nous ne voulions être que
» ses vicaires. Dès ces années là, sa nature se montrait
» telle qu'elle est restée : grave sans morosité, calme
» sans mollesse, bonne et affable toujours. »

Cependant le *curé et ses vicaires* n'avaient pas
creusé un abîme entre eux et le monde. Le jeudi ils

---

1. Lettre du 29 octobre 1902...

redevenaient de frétillants écoliers. Jean-Baptiste
était alors le boute-en-train. La chapelle se transformait
en théâtre, tout comme au moyen-âge. Les représentations n'étaient pas des mystères, mais des saynètes,
des parodies inoffensives, des défilés d'ombres chinoises. Cette dernière partie du programme était le triomphe de Jean-Baptiste. Enhardi par ses succès, il engagea
un jour ses camarades à sonner à la porte du couvent,
pour solliciter l'honneur de donner une séance au parloir du pensionnat. La mère supérieure consentit. Les
pensionnaires s'amusèrent beaucoup en face de l'écran
où grimaçaient des figures grotesques et se profilaient
des silhouettes bizarres. Le clou de la fête fut la « razzia
des porte-monnaie », tour exécuté par toute la troupe.
Ce tour consista à faire circuler, de banc en banc, le
tronc des premiers communiants pauvres. Ce fut une
pluie de gros sous et de piécettes. Pensez-y donc! Ces
quêteurs improvisés répétaient sur un ton si suppliant :
« Pour les pauvres! pour leur acheter des habits con-
venables! » L'assistance aurait rougi de ne pas joindre
le mérite d'une bonne action au plaisir d'une agréable
soirée. Résultat : plusieurs pauvres furent habillés de
neuf[1]. Ce soir-là, Jean-Baptiste regagna sa demeure
d'un pas plus alerte ; et, il nous plait de l'imaginer,
lorsqu'il s'endormit, après avoir narré l'aventure à sa
mère, il dut faire un beau rêve ; il dut voir, se déta-
chant sur un fond bleu semé de petites croix d'or, une
gracieuse théorie de premiers communiants qui l'appelaient par son nom, qui le remerciaient ; il dut distin-
guer, au milieu des premiers communiants, paré comme
eux, rayonnant comme eux, un enfant d'une beauté
ravissante qui lui souriait, qui le bénissait, qui lui

---

1. Extrait des Annales du Monastère des Ursulines.

disait : « Ce que tu as fait au moindre des miens, c'est à moi-même que tu l'as fait[1]. »

Jean-Baptiste facilitait aux pauvres l'accès de la Sainte Table ; il s'y acheminait lui-même. D'après une note datée de 1877, « il comptait les jours bien longs qui le séparaient de Jésus ». Pour accomplir dignement l'acte dont la seule pensée devait parfumer sa vie tout entière, il priait, il s'instruisait, il travaillait sur lui-même[2]. Il priait : ses visites à la chapelle des Ursulines, au retour de la classe, étaient plus fréquentes ; plus fréquents aussi ses *Ave Maria* au pied de son lit, à la fin de ses journées ; il demandait à Jésus de conserver à son âme la blancheur de l'hostie, à Marie, de le conduire à Jésus. Il s'instruisait : au catéchisme, comme à la Mutuelle, il éclipsait ses émules. Le registre paroissial nous le montre en tête des 48 concurrents au concours définitif. Il travaillait sur lui-même, s'efforçant de croître en sagesse et en grâce devant Dieu et devant les hommes, de jeter des fleurs à Jésus qui s'avançait. Jésus se présenta enfin le dimanche de la Passion, 9 mars 1845. Le cantique d'allégresse que chanta l'heureux enfant à l'heure délicieuse, unique, où le ciel visitait la terre, nous ne l'avons pas entendu, mais nous en avons un écho dans les paroles suivantes que nous transcrivons simplement, de peur de les déflorer par un commentaire quelconque : « O Jésus « de ma première communion, si je Vous aime ! Mais « rappelez-Vous donc ce que mon cœur disait à votre « Cœur, quand je croisais les mains sur ma poitrine, « devenue votre tabernacle, votre ciboire ! Ne m'é-

1. S. MATTHIEU, XXV, 40.
2. Notes de M. Hébant.

» criai-je pas : Je Vous aime, ô Beauté sublime, ô
» Douceur ineffable, ô Bonté infinie ! Dans cette pre-
» mière rencontre de mon âme avec votre âme, n'ai-je
» pas senti cette sainte langueur, cette douce défail-
» lance de l'amour divin ? Mon être tout entier n'allait-
» il pas s'abîmer en Vous, se fondre en Vous, sous
» l'action de Votre amour ? »

***

« Si je jette un regard en arrière, comme un voya-
» geur qui gravit une montagne pour mesurer la
» distance parcourue, j'aperçois des jours sombres et
» des jours ensoleillés. Parmi ces derniers il en est un
» dont le souvenir revient comme un doux parfum
» qu'on respire sans cesse. J'aime à me le rappeler
» parce qu'il fut le plus beau de tous... J'étais jeune
» encore, orné de ma première innocence ; j'étais con-
» duit par ma mère à la table eucharistique ; c'était le
» jour de ma première communion. Jésus descendait
» pour la première fois dans mon âme ; c'était sa
» première caresse, son premier baiser de paix, sa
» première bénédiction et, en ce jour, j'ai versé mes
» plus douces larmes, ressenti mes plus douces émo-
» tions, éprouvé un bonheur qui ne s'est jamais renou-
» velé depuis [1]. »

Ces extraits sont empruntés à des sermons de 1870,
1875 ; le prédicateur n'est autre que le premier commu-
niant de 1845.

Est-il nécessaire de dire que le bonheur de Jean-
Baptiste Hébant fut partagé par sa famille et par ses
amis ? Le 9 mars, Mme Hébant réunit à sa table les

---

1. Extraits des manuscrits de M. Hébant, 1870-1875.

habitués de Mme Agez et, particularité peu banale, on vit des vicaires — ceux de la petite église de Gravelines — fêter la première communion de leur curé.

Le souvenir de ce beau jour ne cessa de bercer l'abbé Hébant comme le son enchanteur d'une lointaine et douce symphonie. Il s'en inspirait souvent. Des nombreuses poésies qu'il a composées ou fait composer sur l'Eucharistie, il en est une qui a sa place toute marquée ici. Plusieurs adolescents s'y entretiennent de « leur candide enfance et se demandent quel est le plus beau jour de la vie ». Le moins âgé, Aloys, le porte-voix de l'abbé Hébant, exprime ses sentiments en ces vers où la fraîcheur le dispute à la simplicité :

Le plus beau jour de notre vie,
C'est le jour où l'âme, ravie,
Pour la première fois, reçoit son doux Sauveur.
Pour embellir ce jour, tout s'unit et conspire :
L'oiseau donne ses chants et la fleur son sourire,
Le ciel étend son pavillon d'azur,
Le temple saint étale tous ses charmes,
Les mères répandent leurs larmes,
Et l'enfant donne son cœur pur.
O Douce Eucharistie,
Donne-moi, dans la blanche hostie,
Souvent, donne-moi mon Jésus.

Ah ! viens et renouvelle
La mémoire si belle
D'un beau jour qui n'est plus !

Aloys se tait après avoir exhalé ce soupir ; il se tait, et des larmes tombent de ses yeux levés vers le ciel. C'est dans cette attitude que Jean-Baptiste, nous

aimons à le supposer, acheva la journée de sa première communion : en silence, les yeux levés vers
le Ciel, et comme saint Augustin, sur l'impression-
nante toile d'Ary Scheffer, la main dans la main de sa
mère...

CHAPITRE II.

VOCATION. — PREMIÈRES OUVERTURES. — ÉPREUVE. — LEÇONS DE LATIN. — PETIT SÉMINAIRE DE CAMBRAI.

1846-1852.

« COMBIEN de premiers communiants n'attendent
» peut-être qu'une parole, une question, un
» encouragement pour se donner à Celui qui vient de
» se donner à eux[1] ». Cette réflexion est de l'abbé
Hébant. Faisait-il allusion à lui-même? Quand il avait
remercié Jésus de sa première visite, avait-il vu poin-
dre, au petit ciel de son âme, l'étoile qui devait le
guider vers le tabernacle? Nous n'hésitons pas à le
croire d'après les renseignements qu'on nous a fournis.
En cette conjoncture, à qui appartenait-il de le conseiller, de lui dire avec autorité : « Lève-toi, enfant,
marche sans défaillance à la clarté de l'astre qui s'est
levé sur ta tête? » Ce rôle revenait à M. Masselis, car
— c'est encore l'abbé Hébant qui parle — « lorsque le
» doux Sauveur s'est penché avec tendresse vers un
» enfant pour lui dire : " *Veni, sequere me,* Viens
» suis-moi ", il lui recommande aussi d'ouvrir sa belle
» âme à un prêtre[2] ». Jean-Baptiste, fidèle à cette

1. Notes de l'abbé Hébant.
2. *Discours de distribution de prix.* — Petit Séminaire, 1893.

inspiration, révéla à M. Masselis son inclination pour l'état ecclésiastique. M. Masselis ne se départit pas de sa prudence habituelle. Bien choisir, bien éprouver, bien initier : telle était sa règle en matière de vocation. Il n'admettait à la chapelle des Ursulines ou dans sa chambre d'aumônier, qu'un sujet exemplaire, issu de parents chrétiens, ayant les qualités requises de tout aspirant au sacerdoce : la piété, l'attrait, le bon sens, la santé. A la chapelle, il prêchait d'exemple le recueillement et l'esprit de foi, ne tolérant ni réponses inintelligibles, ni mouvements précipités. Chez lui, il chargeait son enfant de chœur de lire, pendant les repas, d'abord un chapitre de l'Ecriture Sainte, puis un livre de spiritualité ou la vie des saints ou l'histoire de l'Eglise. Au dernier coup de fourchette il demandait au lecteur de rendre compte du passage parcouru. Le lecteur s'embarrassait-il, l'aumônier résumait lui-même et trouvait moyen de glisser dans la répétition quelques conseils utiles [1]. Cependant il affectait de ne pas causer d'avenir. Il restait sur la réserve, jusqu'à ce que l'enfant, après une messe mieux servie ou une communion plus fervente, se déclarait attiré vers le sanctuaire. Alors M. Masselis se contentait de sourire et de répondre : « C'est très beau, mon enfant, bénissez-en le bon Dieu et priez beaucoup. » Ensuite, sans perdre de vue son protégé, il se retranchait derrière le silence le plus absolu [2]. Si l'enfant renouvelait sa demande, s'il ne se laissait pas décourager par de nouveaux délais, l'épreuve était jugée suffisante, et les leçons de latin

---

1. Voir les documents de M. Lenelle. — *Vie de M. Masselis*, par M. De Busschère.

2. *Vie de M. Masselis*. Tome II, 3 et seq. Nous croyons devoir dire des vocations ecclésiastiques ce que M. De Busschère dit des vocations religieuses.

commençaient. La méthode était bonne, puisque suivant l'expression de M. l'abbé De Busschère, M. Masselis « s'offre à nos regards entouré d'une couronne de prêtres qui reconnaissent lui devoir, après Dieu, la pensée, le désir et la volonté de se consacrer au service des autels [1] ». Nous avons compté et admiré les joyaux de cette couronne ; ils sont nombreux et brillants, brillants et nombreux comme ces pierres précieuses que l'Eglise a enchâssées dans le diadème de la Madone : *in capite ejus conora stellarum duodecim*. Entrer au ciel suivi d'un cortège de douze prêtres qu'on a suscités, soutenus, dirigés, quelle gloire aux yeux des hommes et quel mérite devant Dieu !

Jean-Baptiste Hébant était le cinquième qui, sous la discrète influence de M. Masselis, avait senti se développer le germe déposé en son cœur par le divin Semeur lui-même. Il espérait que M. Masselis, la confidence terminée, l'engagerait à obéir sans retard à l'appel de Dieu. Déjà il jetait un regard d'envie sur la grammaire latine qu'avait à peine fermée un ancien enfant de chœur, Isidore Loquet [2]. Il se heurta à un accueil presque glacial et n'entendit que cette phrase évasive : « Etre prêtre, mon enfant, c'est beau, bien beau, mais qu'il faut prier, qu'il faut être bon pour atteindre ces hauteurs ! » Il se retira tout triste.

Pauvre petit oiseau, il se réjouissait déjà du bruit de ses ailes et on l'empêchait de prendre son essor...

Néanmoins il n'eut garde de mépriser le conseil de M. Masselis. Désireux de mériter la faveur dont il s'estimait indigne, il fut désormais plus édifiant à la

---

1. *Vie de M. Masselis*, Tome II, 19.
2. Décédé Curé de Lomme en 1886.

chapelle des Ursulines, plus studieux à la Mutuelle, plus soumis à la maison. Il renonça même à ses jeux ordinaires : aux représentations de son théâtre et aux cérémonies de son « église ». Un de ses amis fut frappé de ce changement. Il nous écrivait à ce sujet : « L'abbé » Hébant n'a jamais été jeune. Je lui appliquerais » volontiers l'éloge que le Bréviaire décerne à saint » Raymond. Dès son jeune âge, il donna les marques » de la profonde piété qu'il devait montrer plus tard. » Les jeux de l'enfance, les plaisirs du monde n'avaient » pas d'attrait pour lui ; les pieux exercices l'attiraient » tellement, que tous admiraient dans un faible enfant » une vertu virile[1] ». Mme Hébant se félicita de ce qu'elle appelait la conversion de son petit Jean-Baptiste. Elle remarqua en outre qu'il était moins expansif, qu'une idée l'obsédait, le travaillait. Elle eut bientôt l'explication de l'énigme. Dans une conversation avec sa sœur, Jean-Baptiste se hasarda à dire : « Pélagie, tu aimes les Ursulines, tu seras religieuse, au couvent ici tout près ; moi je serai prêtre, je dirai la messe, une vraie messe devant notre mère et devant toi. » Pélagie n'accepta qu'une partie de l'horoscope et répondit : « Frère, sois prêtre, si tu le désires ; quant à moi, me faire religieuse, non, mille fois non ! » Mme Hébant avait entendu le court dialogue, elle le conclut par ce mot peu encourageant : « Être prêtre, toi, mon Jean-Baptiste, allons donc ! Tu n'y parviendrais jamais ! » Mme Hébant n'avait point l'intention de contrarier son fils, elle voulait simplement s'assurer du caractère de sa détermination. C'était son droit ; elle en usa avec une habileté et une constance capables d'ébranler une

---

1. M. l'abbé G... curé de F... ; cf. l'éloge que la Sainte Ecriture donne au jeune Tobie : *Cum esset junior nihil tamen puerile gessit.* Tob., I, 4.

volonté mal affermie : offre d'une autre carrière, critiques, plaisanteries, tout fut mis en œuvre. Cette tactique affligeait Jean-Baptiste, mais sans lui arracher une plainte, sans influer sur sa décision. « Il devait être prêtre, il serait prêtre ! » Telle était sa réponse invariable à toutes les attaques comme à toutes les propositions. Un jour que l'assaut avait été plus terrible, que sa mère et sa sœur avaient rivalisé de malice, lui reprochant la vanité de ses prétentions et la délicatesse de sa santé, il se redressa soudain, et, tandis qu'un éclair passait dans son œil noir, sur un ton convaincu, il s'écria : « Si le bon Dieu a su transformer des pierres en enfants d'Abraham [1], il ne sera pas gêné de faire de moi un prêtre ! » La riposte était ingénieuse, digne — qu'on nous pardonne le rapprochement — du Joas de Racine. Jean-Baptiste s'était souvenu des avis de M. Masselis, comme le héros de la tragédie s'était inspiré des enseignements du pontife Joad. Mme Hébant et sa fille furent désarmées. Mme Hébant songea dès lors sérieusement à tisser la tunique de lin de son jeune Samuel [2]. Quant à Pélagie, elle fut tellement impressionnée, touchée au vif, qu'à dater de cet incident, elle respecta, elle admira son frère, et lui laissa répéter, soit au cours des promenades, soit en face du couvent : « Tu seras religieuse, je serai prêtre ; tous deux nous vivrons près du bon Dieu. » Elle l'écouta d'abord avec indifférence, à l'indifférence succéda bientôt un vague acquiescement que remplaça enfin une joyeuse et complète adhésion. Devenue Ursuline, elle racontait à ses compagnes les étapes de sa vocation, ses luttes intimes, sa longue résistance et sa défaite

---

1. S. Matthieu, III, 9. — S. Luc, III, 8.
2. I Rois, II, 19.

définitive. Durant sa dernière maladie, elle avouait à
l'infirmière de service qu'elle avait trouvé parmi les
images de son ancien formulaire, un billet avec ces
mots écrits de sa propre main: « Etre religieuse,
jamais, jamais! » ; elle ajoutait : « C'est à mon frère que
je suis redevable de mon entrée en religion [1]. Ainsi
Jean-Baptiste gagnait à Dieu une âme qui se flattait,
sinon d'empêcher, du moins de retarder son élan vers
Dieu. Imitateur inconscient de saint Bernard, il pré-
ludait à son apostolat par l'édification des siens, ou,
s'il n'est pas téméraire de citer ici le panégyriste du
moine de Cîteaux, il prenait sa sœur « dans les filets
de Jésus » [2].

M. Masselis avait assisté de loin aux escarmouches
dont son enfant de chœur était sorti victorieux; il
voulut intervenir. « Mon ami, lui dit-il à quelque temps
de là, vous avez treize ans accomplis, laissez votre
place d'enfant de chœur, venez chez moi, je vais vous
apprendre le latin. » Nous renonçons à décrire la joie
de Jean-Baptiste. Pour un collégien qui n'a pas rencontré d'obstacles sur sa route, qui monte régulièrement
d'une classe à l'autre, décliner *rosa*, c'est tout au plus
un menu fait scolaire, annoncé au programme et froidement accueilli, surtout entre les quatre murs d'un
sombre local, au milieu d'une bande de mutins, au pied
de la chaire d'un Orbilius quelconque. Mais pour un
aspirant au sacerdoce, longtemps retenu par des difficultés en apparence insurmontables, pour un enfant de
chœur qui allait de la sacristie des Ursulines aux
appartements de M. Masselis, pour Jean-Baptiste Hé-

1. Notes du Couvent.
2. Cf. Bossuet. *Panégyrique de St Bernard.*

bant, la première leçon de latin était un véritable événement ; la grammaire latine n'était pas un livre profane, elle semblait imprégnée d'un parfum d'encensoir ; l'ouvrir, c'était ouvrir le missel ou le bréviaire ; l'étudier, c'était étudier la langue de l'Eglise ; parler la langue de l'Eglise, c'était parler un des trois idiomes de la croix, suivant l'expression de Veuillot. Le charme de cette nouveauté, que de prêtres l'ont éprouvé [1] ! L'abbé Estève, ce délicat dont l'âme transparaît à travers des pages si délicates, feuilletait en ses rêveries de grandes Bibles enluminées « et une vieille grammaire latine ». Au-dessus de la Bible, il revoyait, incliné vers son front d'enfant, le visage doux et triste d'un prêtre un peu ancien avec lequel, les soirs d'hiver, quand la flamme pétillait dans l'âtre et quand le vent battait les vitres, il engageait d'interminables causeries. Sur le frontispice de la grammaire latine il gravait ces lignes: « En passant dans les rues, mon Lhomond sous le bras, je regardais fièrement les petits enfants qui allaient à l'école. J'avais la tête pleine de déclinaisons, j'en récitais à qui voulait m'entendre : c'était une rage de latin. » [2]

---

1. Un de nos confrères nous contait récemment que la nuit qui avait suivi l'achat de sa grammaire latine, il n'avait pas dormi de contentement, que, contraint de mener de front pendant de longs mois l'emploi de comptable et l'étude du latin, il plaçait son livre au fond d'un tiroir et l'apprenait, à la dérobée, entre deux additions.

Un autre, lui-même l'a raconté en public, s'était échappé encore enfant de la maison curiale, une grammaire latine à la main ; il la montrait à ses camarades et l'étalait sur le parapet d'un des ponts du village. Là, il l'oubliait et la retrouvait le lendemain tout humide de rosée.

Un autre encore repassait *rosa*, à la chinoise, jusqu'à étourdir son entourage et lui arracher ce cri de protestation : « Mais laisse là tes *rosa*, la rose ; tu finiras par nous étouffer sous les roses ! »

2. Cf. *Une âme de prêtre*, par l'abbé NAUDET.

Nous ignorons si Jean-Baptiste fut atteint de cette rage d'un nouveau genre, rage que bien des maîtres souhaiteraient à leurs élèves ; mais nous savons que sous l'habile direction de M. Masselis, il se familiarisa promptement avec le latin. Il s'ingéniait à travailler le plus possible et le mieux possible.

Les délassements nécessaires à la détente de l'esprit ne le séduisaient guère, pas assez même. Pour l'arracher à ses études, il fallait l'intervention, parfois énergique, des deux jeunes gens avec lesquels il était resté en relation, Manniez et Gourdin. Tous deux avaient attiré l'attention de M. Masselis ; tous deux avaient rencontré Jean-Baptiste à la Mutuelle, aux réunions de Mme Agez et chez Mme Hébant ; tous deux recherchaient la société d'un camarade dont ils partageaient les goûts et subissaient déjà l'ascendant. A certains jours ils envahissaient son logis, fermaient ses livres et l'entraînaient le plus souvent à la plage de Gravelines. Là Jean-Baptiste restait à l'écart, immobile, écoutant la chanson des flots, l'œil perdu dans l'immensité de l'océan. Le vieux marin qui passait, son béret sur l'oreille ; le sillage d'une barque qui glissait rapidement sur l'onde ; le vol capricieux d'une mouette qui rasait de son aile la crête des vagues écumantes ; le navire dont la voile ou la fumée blanchissait au loin l'espace ; l'azur de la mer qui, à l'extrémité de l'horizon, se confondait avec l'azur du ciel ; toutes ces choses lui parlaient. Manniez et Gourdin, moins imaginatifs, s'enfonçaient dans le sable ou dans l'eau, ramassaient des coquillages et cueillaient des herbes marines. Lorsque la marée les refoulait près de Jean-Baptiste, ils lui criaient : « Allons, l'ami, courons chez la mère Manniez ! » Mme Manniez, la mère de Jean-

Baptiste Manniez, demeurait au hameau des Huttes.

Les huttes sont des habitations de pêcheurs, situées à vingt-cinq minutes des remparts. Ces habitations, de très modeste apparence, sont disposées en lignes parallèles, le dos à la mer. Avec leur toit de chaume bordé de mousse ou de pannes lisérées de blanc, leurs pignons uniformes, leurs façades jaunes à volets verts, leurs portes basses, elles intriguent le touriste ; et quand le soleil, à la chute du jour, tamise sur elles sa lumière rougeâtre, elles font l'effet d'une mosaïque gigantesque, aux tons criards, abandonnée en plein rivage par un artiste négligent.

Les trois amis dévalaient dans ce hameau pittoresque, à toute vitesse, leur longue blouse noire flottant au gré du vent. Gourdin, le plus petit, se plaçait entre Hébant et Manniez. Afin de modérer leur allure, il se cramponnait à leur blouse et se laissait traîner. Les habitants des Huttes, les voyant traverser au pas de course les rues ensablées, s'écriaient malicieusement : « Tiens ! ils s'amusent nos petits curés ! ! » On les appelait ainsi aux Huttes et à Gravelines : à Gravelines, parce qu'ils fréquentaient M. Masselis ; aux Huttes, parce qu'ils ne manquaient jamais de se découvrir et de prier devant le Calvaire. Ce Calvaire — le Grand Monument, comme disait Jean - Baptiste — existe encore. Il se dresse à peu près en face de la nouvelle église construite par les soins de M. Lamant, Doyen actuel de Gravelines. Le statuaire, qui a moulé le Christ et les autres personnages, devait être brouillé avec l'esthétique, car les physionomies sont horriblement laides. Au pied de la croix se trouve un autel sur lequel les matelotes, en souvenir des hommes « péris en mer », brûlent des cierges ou déposent des bouquets d'immortelles. A la gauche du Christ est suspendu un ange, aux ailes déployées : il recueille, dans un calice, le sang qui, sous forme de filet d'or, s'échappe du côté du Sauveur. Jean - Baptiste enveloppait cet ange, comme il enveloppait la mer, d'un long regard pensif. Il se disait peut-être . « Moi aussi, quand je serai prêtre, je tiendrai en main un beau calice. Plus heureux que l'ange j'y tremperai mes lèvres, je boirai le sang du Sauveur. » Il ne se contentait pas de saisir le symbolisme de l'ornementation, il s'agenouillait à la grande édification de ses amis et des passants.

La prière terminée, on se rendait chez la mère Manniez.

La brave femme régalait les promeneurs. Son fils aîné, aujourd'hui un robuste vieillard de quatre-vingt-deux ans, nous a détaillé le menu de la collation : des pommes de terre cuites sous la cendre, une tranche de pain, un verre de tisane de groseillier. Il nous a montré la table autour de laquelle les invités devisaient joyeusement. « Ils étaient bien gais et bien bons tous les trois, nous déclarait le vieillard, mais le meilleur c'était Hébant, il était si calme, si doux ! »

Parfois les amis longeaient le port, côtoyaient l'Aa jusqu'à son embouchure, assistaient du haut des estacades à l'arrivée d'un Islandais, puis, revenant sur leurs pas, traversaient le chenal. La barque du passeur les menait au Grand Fort-Philippe où ils visitaient les travaux de l'église de M. Masselis.

Au lendemain de ces promenades hygiéniques, Jean - Baptiste s'attelait plus vigoureusement à sa besogne, soucieux d'augmenter ses connaissances, et de réjouir M. Masselis par ses progrès sensibles.

Au bout de deux ans, il savait assez de latin pour être confié à des maîtres chargés spécialement de

cultiver les vocations. M. Masselis tint conseil avec
Mme Hébant. Deux établissements se présentaient : le
Collège d'Hazebrouck dirigé par M. Dehaene [1], compatriote et ami de M. Masselis ; le Petit Séminaire de
Cambrai dont le Supérieur était M. Desrousseaux,
décédé Doyen de Saint-Géry en la même ville. On choisit
le Petit Séminaire. Mme Hébant l'avait préféré, parce
qu'elle comptait obtenir une demi-bourse, avantage
qui coûtait à son amour-propre, mais que réclamait sa
situation relativement précaire.

Cette décision était à peine prise, que les portes du
Couvent de Gravelines se fermaient sur Pélagie
Hébant. Le jour même de la distribution des prix, elle
quittait sa mère et son frère, et consacrait à Dieu ses
couronnes, ses dix-sept ans, sa vie entière. Elle, jadis
si peu empressée, devançait son frère. Dans la plénitude de sa volonté et dans la fraîcheur de sa jeunesse,
heureuse de mettre entre elle et sa famille, entre le
monde et elle, l'infranchissable barrière du cloître,
rivant son cœur au cœur du Christ, elle acceptait de
ne plus aimer que la Croix de sa cellule et le tabernacle du sanctuaire, de cheminer, priant et travaillant,
de l'un à l'autre, du tabernacle à la Croix, tout le long
du terrestre sentier qui va de la prise de voile au
suprême baiser du Crucifix. Par cette prompte et généreuse immolation, elle appartenait désormais à la
phalange des Vierges, « à la fleur de l'humanité encore
humide de la goutte de rosée qu'aucune poussière n'a

---

1. Né à Wormhoudt (Nord) et décédé à Hazebrouck. Successivement vicaire à Douai, Principal du collège d'Hazebrouck et Supérieur
de l'Institution de Saint-François d'Assise, transformée plus tard en Petit
Séminaire. Nous aurons l'occasion d'en parler souvent. Voir *L'abbé
Dehaene et la Flandre*, par l'abbé Lemire. — (1809-1882).

ternie, et qui n'a réfléchi que les rayons du soleil levant[1] ».

Le rêve de Jean-Baptiste se réalisait en partie. La sœur était au Couvent des Ursulines ; le frère était inscrit au Petit Séminaire de Cambrai. Il s'y rendit en octobre 1848.

Pénible fut la séparation.

On vit alors les pleurs qui mouillaient la paupière
Du généreux enfant, et son tendre regard
Qui, rencontrant toujours le regard de sa mère,
    Lui parlait seul à son départ[2].

Jean-Baptiste prit l'omnibus de Gravelines à Dunkerque, le chemin de fer de Dunkerque à Douai, la diligence de Douai à Cambrai. Les moyens de locomotion étaient variés ; ils n'étaient point rapides. Notre voyageur avait quitté Gravelines à quatre heures du matin, il n'atteignit Cambrai qu'à la nuit tombante. Le

---

1. MONTALEMBERT, *Moines d'Occident*, V. — Pour consoler Mme Hébant affligée du départ de sa fille, M. Masselis pouvait lui mettre sous les yeux ces autres lignes que le grand orateur écrivait après l'entrée au couvent de sa propre fille : « Un matin, une fille bien-aimée se lève et vient dire à son père et à sa mère : Adieu, tout est fini, je vais mourir à vous, à tout... Je ne serai jamais ni épouse ni mère, je ne suis plus qu'à DIEU. — Rien ne la retient, la voilà qui apparaît déjà parée pour le sacrifice avec un angélique sourire. Fière de sa riante et dernière parure, elle marche à l'autel, ou plutôt elle y court comme un soldat à l'assaut, pour courber la tête sous ce voile qui sera un joug pour le reste de sa vie, et qui doit être aussi une couronne de son éternité...

» Mais quel est donc cet amant invisible, mort sur un gibet il y a dix-huit siècles, qui attire à lui la jeunesse et la beauté, qui apparaît aux âmes avec un éclat et un attrait auxquels elles ne peuvent résister !... Est-ce un homme ? — Non : C'est un DIEU ! »

2. Extrait d'une poésie de M. Hébant, pour la fête de M. Dehaene, 1876.

lendemain, il pouvait voir au-dessus du préau de la cour, à travers le feuillage jaunissant, la statue de la Sainte Vierge. Sa Mère du ciel le saluait de la part de celle qu'il avait laissée, là-bas, à l'autre extrémité du diocèse et qui, pour la première fois, ne bénissait pas le travail de sa journée.

Cependant il ne perdit pas son temps à regarder du côté de la maison maternelle. Il avait 15 ans. Il comprit qu'il devait se mettre à l'œuvre sans retard. Placé en quatrième, il se rangea dès le début, pour n'en jamais sortir, dans la catégorie des bons élèves, durs à la peine, ayant une tête bien faite et une âme bien haute, couronnant de précieuses qualités d'esprit et de cœur par une piété profondément enracinée.

Il tranchait sur la masse.

Aussi, c'est sans surprise aucune que nous avons relevé son nom au tableau des congréganistes et sur la liste des lauréats. De ces détails, celui-ci indique la mesure de son activité intellectuelle ; celui-là, le degré de sa vertu extérieure ; l'un et l'autre prouvent son initiative. L'initiative est le trait dominant de toute individualité marquante. Notre petit séminariste la développait avec une intelligente ténacité. De lui-même il puisait l'énergie à la source eucharistique : la sainte communion était sa force et sa joie. A l'exemple de saint Louis de Gonzague, il vivait dans l'attente du Sauveur. De lui-même encore, il s'abritait sous l'égide de Marie immaculée ; recourir à elle était sa pratique familière. Comme le jeune Vianney posait une statuette de la Vierge au bord du champ qu'il labourait, afin de terminer heureusement sa tâche, ainsi il mettait l'image de Marie à l'extrémité du sillon qu'il creusait chaque jour, afin de jeter la bonne semence. Cette bonne semence, c'était, à la chapelle, la ferveur qui alimente la prière ; en classe, l'attention qui féconde les leçons du maître ; à l'étude, l'effort qui triomphe des difficultés ; partout, la réserve qui maintient les facultés au niveau des choses sérieuses. De lui-même enfin, il donnait à ses moindres travaux ce fini qui est le signe infaillible d'une application intense et constante. Son ardeur ne se ressentait ni des variations de la température, ni des caprices d'une humeur volage ; à la fin du moindre devoir il pouvait écrire, sous sa signature, l'attestation que Memling griffonnait au bas de son chef-d'œuvre : « Ceci est fait de mon mieux ».

Nous avons déniché ses cahiers de seconde et de rhétorique. Ce qui nous a surpris, en les parcourant, c'est la note personnelle. Il n'a pas l'air d'être l'écho du professeur. Loin de se laisser étourdir par le cliquetis des mots, il va droit à l'idée et l'énonce telle qu'il la conçoit, simplement et lumineusement. La pensée lui est-elle étrangère, l'expression reste originale : il n'est pas un perroquet de collège.

Le cahier de seconde trahit une imagination qui a besoin d'être maîtrisée ; elle ressemble trop à la cavale de Mazeppa, dévorant l'espace, naseaux fumants et crinière au vent. L'humaniste copie furieusement, trop furieusement, de longs extraits de Joseph de Maistre. Il traduit le *Salvete flores Martyrum* et tourne en distiques latins ces stances du bonhomme Ducis à son ruisseau :

> Ruisseau peu connu, dont l'eau coule
> Dans un lieu sauvage et couvert,
> Oui, comme toi, je crains la foule,
> Comme toi j'aime le désert.

---

1. Châsse de Sainte-Ursule, conservée à Bruges, hôpital Saint-Jean.

> Ruisseau, sur ma peine passée,
> Fais couler l'oubli des douleurs,
> Et ne laisse dans ma pensée
> Que ta paix, tes flots et tes fleurs.
>
> Ton flot pour la mélancolie
> Se plaît à murmurer des vers ;
> Près de toi l'âme recueillie
> Ne sait plus s'il est des pervers.

Les pervers sont-ils les auteurs païens contre lesquels l'abbé Gaume menait alors sa trop fameuse campagne [1] ? On le croirait à voir notre élève de seconde rompre des lances en faveur des Pères de l'Eglise. Il fonce, visière baissée, sur saint Jérôme et reproduit le songe de Chalcis sous de sombres couleurs. L'éminent Docteur est cité au tribunal du Souverain Juge, qualifié de vulgaire cicéronien et fouetté par les anges!... Ces fantaisies littéraires sont d'un goût douteux. Elles ne déparent plus le cahier de rhétorique. Un choix judicieux y remplace un particularisme exclusif. Le rhétoricien, après avoir écarté les écrivains dont la lecture est déprimante, accorde une importance presque égale aux auteurs sacrés et profanes, à David et à Homère, à Démosthène et à saint Jean Chrysostome, à Cicéron et à saint Augustin, à Virgile et à Racine. Heureux temps que celui où l'on appliquait la maxime de La Bruyère : « Quand une

---

1. La théorie de l'abbé Gaume a été défendue de nos jours par l'abbé Garnier. Il a rencontré sur son chemin le Père Delaporte, comme l'abbé Gaume avait rencontré sur le sien les RR. PP. Daniel et Cahour. La vérité est dans ce juste milieu indiqué par Pie IX à l'abbé Gaume lui-même devenu Mgr Gaume : « Faites étudier à la jeunesse, avec les ouvrages classiques des anciens, purgés de toute souillure, les plus beaux écrits des auteurs chrétiens (1864). »

lecture vous élève l'esprit et qu'elle vous inspire des
sentiments nobles et courageux, ne cherchez pas une
autre règle pour juger de l'ouvrage, il est bon et fait de
main d'ouvrier [1]. » Au premier rang des ouvriers de la
pensée française brillent Bossuet et Corneille. Jean-
Baptiste Hébant laisse percer sa préférence pour les
chefs-d'œuvre cornéliens ; il ne cache pas son admiration pour les oraisons funèbres. A cette double marque on reconnaît l'empreinte de M. Pruvoost, littérateur
distingué et ancien élève de Juilly. Promu à la dignité
de vicaire général de Cambrai, M. Pruvoost aimait,
comme tous les prêtres qui ont consacré à l'enseignement le meilleur de leur sacerdoce, à revivre ses
années de professorat, à replacer dans l'humble cadre
de sa classe les vivantes physionomies des jeunes
gens, à l'âme neuve, à l'intelligence pénétrante, qui
se pressaient autour de sa chaire, frémissaient d'enthousiasme au commentaire ou à la simple lecture
d'une page éloquente, et, subitement épris d'idéal, ne
se lassaient point d'écouter la cadence d'une magnifique période et la fanfare d'un beau vers.

Il se souvenait surtout de ceux qui primaient par le
talent et la régularité. Venait-il à prononcer leur nom,
il l'enguirlandait de fleurs de rhétorique. A Jean-Baptiste Hébant il décernait ce compliment flatteur. « Je
conserverai de lui un impérissable souvenir ; il priait
et travaillait beaucoup ; il voyait juste. C'était une des
abeilles les plus actives de ma ruche. Il succombait
presque à la tâche, tant il s'efforçait de satisfaire son
maître et d'avancer dans la science. *Tantus amor
florum et generandi gloria mellis* [2] !... »

---

1. LA BRUYÈRE : *Caractères*. Chapitre I, *Des ouvrages de l'Esprit*.
2. VIRGILE : *Géorgiques*, IV, 205. L'appréciation de M. Pruvoost sur

M. Pruvoost ne ménageait pas son estime à Jean-Baptiste Hébant ; l'autorité lui témoignait sa confiance. M. Duvilier [1], directeur du Petit Séminaire sous M. Desrousseaux, avait remarqué ses aptitudes pour la musique ; il le chargea de surveiller la tribune et d'entonner les cantiques à la messe de communauté. Ce même M. Duvilier avait imaginé un système de contrôle, accepté jadis, mais qui, aujourd'hui, — la simplicité du bon vieux temps est devenue si rare — ne serait plus supporté. Il choisissait, dans chaque classe, deux ou trois élèves modèles, qu'il plaçait, à l'étude, au dortoir, au réfectoire, de façon à leur permettre d'observer leurs camarades. Il leur remettait un passe-partout, soit pour circuler eux-mêmes, soit pour assister les autres. Chaque semaine il les réunissait en conseil et marquait avec eux les notes de la conduite. Ces auxiliaires du directeur étaient appelés « Présidents ». Jean-Baptiste Hébant fut investi de cette fonction et s'en acquitta à la satisfaction générale. A ses yeux un élève en charge était une lumière placée sur le candélabre.

Ce qu'il pensait, il le faisait : sa vertu était rayonnante[2]. Un élève de troisième venait d'arriver du fond de la Flandre. Dépaysé au milieu des Cambrésiens que surprenaient ses manières et ses expressions, il finit par se décourager et résolut de retourner chez lui. Jean-Baptiste Hébant s'aperçut de la chose. Il alla trouver les meilleurs élèves de la classe et n'eut pas

M. Hébant nous a été communiquée par M. l'abbé Wallaert, missionnaire apostolique, qui était le commensal de M. Pruvoost à Cambrai dans la maison Saint-Charles.

1. Plus tard supérieur de Roubaix. Décédé doyen de Saint-Jean-Baptiste à Dunkerque.

2. M. W..., curé de B...

de peine à les apitoyer sur le sort de leur condis-
ciple. Accostant ensuite celui-ci, il lui remonta le
moral ; le départ fut d'abord ajourné ; puis renvoyé
aux calendes grecques. L'élève de troisième est devenu
prêtre. Lui-même, quelque temps avant sa mort, nous
a raconté son histoire. « Que j'ai bien prié pour
M. Hébant ! nous a-t-il dit ; sans son intervention charitable, je renonçais à tout, jamais je n'aurais eu le bonheur d'être prêtre [1]. »

Nous avons eu la bonne fortune de rencontrer le voisin d'étude de Jean-Baptiste Hébant ; il nous a communiqué cette note que nous reproduisons tout entière :
« J'ai connu M. l'abbé Hébant il y a cinquante ans, et
» malgré cette distance d'un demi-siècle, son souve-
» nir m'est encore bien présent. Je vous dirai même
» que je ne l'ai jamais perdu de vue. Volontiers je me
» rappelais, pour m'encourager au bien, sa physiono-
» mie grave et sereine. C'était le modèle du petit
» séminariste, et il a dû l'être de tous, à mesure qu'il
» avançait dans la vie. Sa parole impressionnait, sa
» présence seule parlait, c'était la règle vivante ; il
» était d'ailleurs de la congrégation de la Sainte
» Vierge, peut-être même Président. Sans affectation,
» sans effort, il prêchait d'exemple le travail, le silence,
» la discipline. Distant de lui de quatre années, car il
» était en rhétorique et je n'étais qu'en quatrième,
» j'avais de ce chef un motif de plus de le prendre en
» considération. Mais c'était surtout par comparaison
» que je m'attachais à l'étudier, et, je le crois, c'est la
» raison de l'ineffaçable impression qui m'en est restée.
» Il était recueilli à l'étude comme à la chapelle, invin-

---

1. M. l'abbé Deram, décédé prêtre habitué à Steenbecque (Nord),
1904.

» cible à toutes les attaques dont la vertu est l'objet
» de la part des condisciples taquins ou espiègles.
» Notre surveillant d'étude avait bien apprécié le
» caractère de M. Hébant et le mien. Aussi me l'avait-
» il donné comme voisin. C'était un mur contre lequel
» venait se heurter ma turbulence. Un jour, — sans doute
» je l'avais poussé à bout — sa main se leva et retomba
» sur ma joue avec assez d'éclat pour attirer l'atten-
» tion du surveillant et ramener la mienne au devoir.
» La correction était juste, je crois pouvoir dire
» qu'elle m'a été salutaire. ' »

Le pacifique Jean-Baptiste administrant en pleine
étude un magistral soufflet ! *Horresco referens !*
Cette vivacité choquera peut-être ceux qui exigent que
tout soit parfait dans les âmes d'élite ; nous, nous ne
regrettons pas de l'avoir signalée : elle nous fournit
l'occasion de constater que l'égalité d'humeur, admirée
en M. Hébant et devenue sa marque distinctive, était,
non pas l'épanouissement spontané d'un don naturel,
mais la résultante progressive d'une lutte quotidienne,
quelque chose comme un fruit savoureux greffé sur un
rude sauvageon. D'ailleurs l'impatience, racontée
plus haut, n'étonna personne, puisque Jean-Baptiste
Hébant ne cessa pas d'être appelé un modèle de vertu
aimable².

Ces excellentes dispositions édifiaient ses maîtres
et ses condisciples ; elles charmaient les Gravelinois
à l'époque des vacances. Quand sonnaient les cloches
de Pâques, quand les faucilles couraient dans les blés
mûrs, il y avait fête sous le toit de Mme Hébant, au
couvent des Ursulines, chez Mme Manniez. Mme Hébant

---

1. M. l'abbé W..., doyen de B..., 22 octobre 1902.
2. M. le chanoine D..., doyen de N.-D. à T.

ne pouvait se défendre d'une certaine fierté, lorsqu'elle revoyait son fils ; il portait si gravement l'austère costume des petits séminaristes de 48 : la longue capote noire, genre clergyman, le solennel chapeau montant ; il avait l'air *si religieux* qu'on lui aurait volontiers demandé une bénédiction, voire même une absolution[1]. La religieuse avait avec son frère, à travers la grille, des entretiens sur lesquels les heures coulaient trop rapides. M. Masselis attendait son ancien élève à la sortie du parloir : « Votre bulletin est-il bon ? » interrogeait-il. Le bulletin examiné, il posait ses mains sur les épaules de Jean-Baptiste et formulait son appréciation sous cette forme originale : « Ah ! mon ami, si vous saviez comme j'aime mes anciens enfants de chœur ! » L'enfant de chœur retrouvait ses amis près de la cheminée de la mère Manniez. La bonne femme cherchait ses meilleures pommes de terre, enlevait la poussière de ses verres, et la tisane de groseillier coulait à plein bord en l'honneur du petit séminariste. Les excursions recommençaient. Les curieux remarquaient que les *petits curés* priaient plus fréquemment au Calvaire des Huttes ou à la chapelle du Petit Fort Philippe. L'amour de Jésus et de Marie cimentait une amitié toute chrétienne.

Les vacances de 1849 furent marquées par un incident tout à la louange de Jean-Baptiste. M. l'abbé Dehaene était venu à Gravelines. Il avait promis à M. Masselis de se charger de l'éducation de Manniez. Informé de la nouvelle, Jean-Baptiste engagea Oscar Gourdin à solliciter de son père la permission de suivre Manniez. « Je le désire beaucoup, répondit Gourdin, mais je n'ose le demander à mon père ; il s'use dans sa forge pour

---

1. Note de M. l'abbé L., V. D., curé de P. S.

MONSEIGNEUR MONNIER.

gagner le pain de la famille. » — « Viens, riposta Jean-Baptiste, viens, nous irons chez ton père et je vais intercéder pour toi. » Voilà nos jeunes gens à la forge du père Gourdin. Jean-Baptiste plaide la cause de son ami, et le père Gourdin consent. A la rentrée d'octobre, Gourdin accompagnait Manniez au collège d'Hazebrouck.

Jean-Baptiste se félicita du succès de sa démarche ; il espérait que, par des chemins différents mais sûrs, ses amis atteindraient le but qu'il visait lui-même : le Grand Séminaire.

Il termina ses études secondaires en 1852. Il n'était pas bachelier. Les élèves ecclésiastiques de cette époque repoussaient les lauriers universitaires [1]. Le geste paraissait fier, il n'était que maladroit, car ces Messieurs ne prévoyaient pas l'éventualité du professorat. Dans la délicate question de l'enseignement libre, le diplôme est une arme qui facilite la lutte loyale ; s'il n'est pas la garantie des aptitudes pédagogiques, il relève le prestige du prêtre éducateur. Jean-Baptiste Hébant eut tort de sacrifier à un préjugé ou à une routine que M. Pruvoost [2] essayait de combattre et que lui-même condamna plus tard. Toutefois, hâtons-nous de le reconnaître, à défaut de l'estampille officielle, il reçut au Petit Séminaire une touche forte, de bons principes et de bonnes habitudes. Sa vocation s'était affermie, son caractère s'était trempé, son intelligence s'était formée.

---

1. Peut-être redoutait-on encore les fameuses ordonnances de 1828.

2. M. Pruvoost avait établi des cours spéciaux pour aider ceux qui désiraient se présenter au sortir du Séminaire. Jean-Baptiste les suivit.

Il apprécia ces bienfaits à leur juste valeur et resta profondément attaché à ses maîtres. A une distribution de prix que présidait, à Saint-François, Mgr Monnier, successeur de M. Desrousseaux vers 1851, l'abbé Hébant prononçait le discours d'usage. Parlant de l'éducation chrétienne, il s'exprimait ainsi : « L'éducation chrétienne dont je viens d'énumérer les avantages et la nécessité, nous l'avons reçue nous-mêmes. Messieurs, parmi les souvenirs de notre vie, un des plus doux, c'est le souvenir des jours que des maîtres chrétiens nous rendaient si heureux. Vous, Messieurs les ecclésiastiques, vous conserverez dans votre âme l'image de celui que vous appelez toujours Monsieur le Principal, Monsieur l'abbé Dehaene, car ce nom fait revivre un passé bien cher à vos cœurs reconnaissants. Vous, mes enfants, vous vous souviendrez de son digne successeur, Monsieur l'abbé Baron. Et moi, je veux à mon tour citer un nom qui réveillera toujours en moi des souvenirs également délicieux. J'eus aussi des maîtres dévoués, j'eus surtout pour Supérieur un homme que ses talents et ses vertus ont porté à l'épiscopat. Il vit, Messieurs, il est parmi nous. Dans Monseigneur de Lydda je salue avec respect et amour mon ancien et bien-aimé Supérieur du Petit Séminaire de Cambrai ! [1] »

On devine la réponse de Mgr de Lydda.

Il disait que, si le petit séminariste s'empressait de payer publiquement la dette du cœur à son ancien Supérieur, à son tour, le Supérieur n'hésitait pas à déclarer, devant son auditoire, qu'il avait toujours

---

[1]. Discours des prix (1884).

éprouvé pour son ancien élève une profonde sympathie, faite de tendresse et de fierté : la fierté d'un père pour un fils distingué, la tendresse du Sauveur pour le disciple bien-aimé.

CHAPITRE III

GRAND SÉMINAIRE. — TONSURE. — PROFES-
SORAT. — ROUBAIX-DUNKERQUE. — ORDRES
SACRÉS. — PREMIÈRE MESSE.

1852-1859

L'ABBÉ Hébant avait vingt ans, lorsqu'il franchit le
seuil du Grand Séminaire de Cambrai. De taille
élancée, bien à l'aise dans sa soutane neuve, avec sa
figure ascétique qu'éclairaient des yeux doux et profonds, grâce à la dignité que respirait déjà toute sa
personne, il avait l'air d'un grave vicaire plutôt que
celui d'un débutant. Les séminaristes, qui ne l'avaient
pas encore rencontré, étaient tentés de lui poser la question de Tobie à son guide[1] : « *Unde te habemus, bone
juvenis ?* D'où venez-vous donc, bon jeune homme ? »

Il prouva aussitôt que les dehors n'étaient point
trompeurs. M. l'abbé Leleu, le supérieur du Grand
Séminaire, avait dit à ses élèves, probablement à la
rentrée d'octobre : « Messieurs, voulez-vous être de
» dignes, de saints prêtres, des prêtres sauveurs, soyez
» d'excellents séminaristes ; si vous n'avez qu'une
» vertu médiocre, votre persévérance n'est pas assu-
» rée[2]. » L'abbé Hébant prit ces paroles à la lettre. Parce
qu'il était fermement décidé à fuir le terre à terre et à

1. L'Ange Raphaël, cf. TOBIE, V, 6.
2. Notes de l'abbé Hébant.

s'élever vers les cimes ; parce qu'il souhaitait de devenir un de ces prêtres qui s'imposent à la vénération des
fidèles, il essaya, dès son année de philosophie, de se
modeler sur le CHRIST, d'adapter à ce moule divin son
cœur, son esprit, son âme, tout lui-même.

Son premier soin fut de se plier aux moindres exigences de la règle. A l'encontre de ceux qui qualifient
d'étroite servitude la soumission complète à l'autorité,
il était persuadé — et cette conviction trahissait ses
vues surnaturelles — que la véritable indépendance
consistait à se dégager des liens du moi, et à suivre,
docilement, joyeusement même, les voix qui nous
apportent l'expression de la volonté de DIEU : la voix
de la conscience, la voix du règlement, la voix des
supérieurs, la voix de la cloche.

La règle commandait le silence : il l'observait fidèlement. « Cet abbé Hébant, disait son vis-à-vis de chauf-
» foir, a un cadenas aux lèvres ! » « Qu'on ne s'imagine
pas cependant que l'abbé Hébant rivalisait avec Jean
le silenciaire. « Aux heures de récréation, il avait le
» talent de dérider les autres. En promenade, quand
» les séminaristes longeaient l'Escaut, sous les peu-
» pliers qui bordent la route de La Neuville, il parlait
» quelquefois des marins qu'il désirait évangéliser, le
» plus souvent du sacerdoce et du bonheur qu'il aurait
» à célébrer la sainte messe. On ne perdait pas à l'en-
» tendre. Ceux qui bénéficiaient de sa conversation
» éprouvaient pour lui plus que de l'estime, presque
» du respect². »

La règle recommandait le travail ; il s'y appliquait
sérieusement. En tête de ses notes, il avait représenté,

---

1. M. l'abbé P..., Curé de H...
2. M. le Chanoine J..., ancien Doyen de D...

au milieu de jolis dessins, l'œil de la Providence. C'était signifier qu'il entendait travailler sous le regard de Dieu. Aussi sa besogne était de la bonne besogne. Sans négliger les matières essentielles : Ecriture sainte, philosophie, histoire ecclésiastique, liturgie, il trouvait le moyen de composer un traité d'une quarantaine de pages sur le cœur humain. Ce traité, dont il a butiné les matériaux de çà et de là, est une étude intéressante et pratique sur les passions, leur nature, leur rôle, les dangers qu'elles présentent, le traitement qu'elles réclament. En étudiant le cœur des autres, il faisait subir au sien une refonte totale. « Quel sera le » moyen de connaître mon propre cœur ? écrivait-il. Le » plus infaillible sera toujours de travailler à le réfor- » mer. Pour le réformer, il est nécessaire d'y descendre » souvent, d'en découvrir les faiblesses, d'en connaître » les mauvais penchants, d'en sonder les plaies. Le » mal une fois connu, il faut l'extirper ; il faut tailler, » couper ; il faut arracher la fibre qui n'est pas pour » Dieu[1]. »

La règle recommandait de se pénétrer de l'esprit chrétien. L'abbé Hébant le puisait aux sources les plus pures : dans l'Evangile et dans l'Imitation. De l'Imitation il préférait le chapitre cinquième du troisième livre : « Des effets admirables de l'amour divin ». Ce chapitre immortel, qu'on relirait cent fois devant le tabernacle ou le Crucifix, embrasait son âme et la transformait en une sorte d'encensoir où le feu ne s'éteignait jamais et d'où montaient incessamment vers le ciel de suaves parfums. De l'Evangile, il méditait les enseignements du Sauveur, ses paraboles, ses comparaisons. Il notait les images simples et gra-

---

1. Extrait du manuscrit de M. Hébant : *Le cœur humain.*

cieuses, dont le Maître a daigné revêtir ses sublimes leçons pour captiver l'attention de ses auditeurs.

Alors c'était des commentaires assez heureux. En voici un exemple :

« Le Sauveur a dit : Considérez les lis des champs ;
» voyez comme ils croissent ; ils ne travaillent pas, ils
» ne filent pas. Cependant Salomon dans toute sa
» gloire n'a jamais été vêtu comme l'un d'entre eux.
» Le Sauveur dit encore : Considérez les oiseaux du
» ciel ; ils ne sèment ni ne moissonnent ; ils n'engran-
» gent pas ; pourtant votre Père céleste les nourrit. Ne
» valez-vous pas plus qu'eux [1] ? Il y a là pour nous une
» exhortation à la confiance et non un encouragement
» à la présomption. *Nous devons compter sur Dieu,*
» *mais nous devons aider Dieu.* Le lis travaille à sa
» manière, il remplit certaines conditions pour être
» plus richement vêtu que Salomon ; il est obligé de
» plonger ses racines dans le sol et d'y puiser la sève
» qui entretient la force de sa tige et la fraîcheur de sa
» corolle ; mais il n'a pas l'air d'être inquiet et ne sau-
» rait l'être. L'oiseau cherche la graine ou l'insecte
» nécessaire à sa subsistance ; mais il cherche tran-
» quillement et semble ignorer les soucis. Le Sauveur
» veut donc que nous nous occupions de la nourriture
» et du vêtement à la façon des oiseaux et des lis, que
» nous prenions, de nous-mêmes et librement, les habi-
» tudes que ces créatures ont, les unes naturellement,
» les autres par instinct. Faisons de notre côté tout ce
» que nous pouvons faire et laissons la Providence faire
» le reste [2]... »

L'abbé Hébant imita l'oiseau et le lis : il fit ce qui

---

1. S. MATTHIEU, VI, 26 à 31.
2. Cahier d'Écriture sainte de l'abbé Hébant.

dépendait de lui, la Providence se chargea du reste. Elle l'introduisit dans le sanctuaire où il reçut la tonsure des mains de Mgr Régnier, le 21 mai 1853.

A cette époque un souffle de liberté passait sur la France, depuis la promulgation de la loi Falloux. Sous sa bienfaisante action, des collèges catholiques sortaient de terre, comme par enchantement, de tous les points du diocèse. Mgr Régnier favorisait ce généreux mouvement, lui accordant l'appui de son autorité et le concours de son clergé. Au mois d'octobre de la même année 1853, une légion d'abbés fut envoyée dans le professorat. L'abbé Hébant fut nommé à Notre-Dame des Victoires à Roubaix. Son ancien Directeur du Petit Séminaire de Cambrai, M. Duvilier, était supérieur de cet établissement.

A peine fondé par M. l'abbé Lecomte, principal de Tourcoing, cet intrépide propagateur de l'enseignement libre dans la partie française du diocèse de Cambrai, comme l'abbé Dehaene l'était dans la partie flamande, le collège de Roubaix, loin d'avoir l'installation spacieuse et commode qu'il possède aujourd'hui, n'était qu'une simple maison bourgeoise, hâtivement appropriée à sa nouvelle destination. On s'y trouvait à l'étroit : trois professeurs étaient réduits à occuper la même chambre, et quelle chambre ! Le plafond menaçait ruine et les lattes disjointes se dissimulaient mal sous une toile d'emballage. On y vivait en Spartiate[1] Le légendaire brouet ne figurait pas sur la table, mais les convives n'avaient guère l'occasion de faire

---

1. A l'époque de la crise financière des collèges, il fallut rationner les professeurs ; ils furent 6 mois sans boire de vin et plusieurs fois ils durent se rendre à Tourcoing pour faire un repas substantiel.

LE CARDINAL RÉGNIER.

.... en bien mangeant l'éloge des morceaux [1].

Une seule chose ne manquait pas à ces rudes ouvriers de la première heure, c'était le dévouement. M. Duvilier, surnommé le supérieur sans le sou, prêchait d'exemple.

Il accueillit avec joie l'abbé Hébant que n'effrayait pas la situation précaire du collège. « Vous allez faire un peu de bien aux petits enfants, mon ami, lui dit-il ; je vous charge de la septième. » Faire du bien aux petits enfants ! L'abbé Hébant ne retint que cette recommandation. Dès qu'il vit ses élèves, il ne considéra en eux que des esprits à former et des âmes à édifier. De suite il s'attacha à eux, et eux s'attachèrent à lui, naturellement, sans contrainte, entraînés par cette sympathie secrète qui rapproche les cœurs purs et bons de ceux qui leur ressemblent. Son bonheur était de les sermonner à petite dose : « Mes enfants, » leur répétait-il, à votre âge l'enfant Jésus priait » beaucoup, travaillait bien, obéissait promptement ; » imitez-le, si vous voulez que vos parents soient con- » tents de vous. » Il leur adressait ces paroles sur un ton si onctueux et si paternel que les lutins, sans trop savoir pourquoi, l'écoutaient et réjouissaient leurs parents par leur sagesse autant que par leur travail. Ce dernier résultat, notre professeur de septième ne l'obtenait pas sans peine : il serrait ses élèves de très près ; toutes leurs copies étaient passées au crible. « Mais laissez donc ces malheureuses copies, lui disait un de ses collègues [2], laissez-les, vous allez les user ! » L'abbé Hébant souriait, et biffait toujours.

1. BOILEAU : *Le repas ridicule.*
2. Monsieur le Chanoine C..., Doyen de S.-N., à V.....

Un de ses élèves, âgé de neuf ans et quelques mois, Paul Loridant — gracieux chérubin égaré sur cette terre — étant tombé malade des suites d'un accident, il le visita journellement et l'aida à sanctifier ses souffrances. Quand des complications imprévues eurent enlevé tout espoir de guérison, il le prépara à sa première communion, l'assista durant cette touchante cérémonie et lui ferma les yeux le 3 mai 1854. « Ne pleurez pas votre petit Paul, dit-il aux parents. » Le cher enfant a commencé le mois de Marie sur » la terre, il est allé le continuer dans le ciel. » Sur l'image mortuaire il prêtait au jeune disparu ce langage consolant :

DIEU que je vois déjà ne me mit sur la terre
Que pour Le recevoir, souffrir et puis mourir.
Bien moins heureux que moi, l'ange, mon autre frère,
Aura toujours en vain ce triple et beau désir.

Sa délicatesse, en cette triste circonstance, fut le point de départ de ses relations avec la famille Loridant, relations dont le temps n'altéra ni le caractère chrétien, ni la franche intimité.

Le souvenir de son élève de septième ne s'effaça jamais de sa mémoire. A la mort de la mère du petit Paul, il écrivit à M. Loridant : « Comme vous, je lève » les yeux au ciel avec la confiance que celle que vous » pleurez y occupe déjà la place que sa piété lui pré- » parait... Que l'on est heureux à ces heures doulou- » reuses de pouvoir espérer se revoir un jour ! Le cher » petit Paul sera accouru au-devant de sa mère. Elle » qui l'aimait tant, qui ne pouvait l'oublier, avec quel » bonheur elle l'aura revu, embrassé. Ils seront deux » désormais à prier pour ceux qui restent sur la terre,

« à leur faire sentir que la séparation n'est pas com-
» plète et que les familles chrétiennes demeurent tou-
» jours unies [1]. »

L'abbé Hébant se dépensait pour ses élèves; cependant il ne négligeait pas sa propre sanctification. « Malgré les ménagements que réclamait parfois sa santé, il se levait toujours de grand matin, il ne manquait jamais ni sa méditation, ni sa lecture de l'Ecriture Sainte, ni aucun de ses exercices de piété. Sa ponctualité était un stimulant pour ses confrères [2]. »

Il n'était pas moins régulier qu'au Grand Séminaire. Aussi, lorsqu'il regagna Cambrai, après les deux années qu'on exigeait alors des abbés professeurs, il se remit immédiatement dans l'engrenage de la discipline.

Il reçut les ordres moindres le 17 mai 1856. On pensait qu'il achèverait sans encombre ses cours de théologie ; l'autorité en décida autrement. Le supérieur de Notre-Dame des Dunes, M. Ledein [3], avait besoin d'un sur-

---

1. Correspondance, 1872. — Ces détails nous ont été communiqués par les demoiselles L......, dignes sœurs de l'ancien élève de M. Hébant.

2. Monsieur le chanoine C..., Doyen de V...

3. M. Ledein était le deuxième supérieur de Dunkerque. Ce collège avait été fondé en 1850, le 8 décembre, par M. l'abbé Dehaene. Le premier supérieur fut l'abbé Delelis, prêtre originaire d'Arras. Les débuts furent faibles : 9 élèves et une maison telle quelle ! M. Ledein le rappelait le 21 mai 1885 au jubilé du 3e supérieur, M. Durant, lorsqu'il disait : « Au mois de janvier prochain, il y aura 35 ans que la petite colonie envoyée par M. Dehaene arrivait à Dunkerque. L'établissement, aujourd'hui si vaste, se bornait aux deux maisons situées sur la place du Marché au Blé. Tout le monde y était à l'étroit, et Notre-Seigneur tout le premier. Il fallait vraiment la bonté d'un DIEU pour que le divin Maître daignât résider dans un oratoire si pauvre et si modeste. Dans la cour, abondance de sable, de vieux arbres fruitiers qui ne supportaient plus de rester attachés aux murs, deux superbes figuiers que les jeux de

veillant d'étude [1], capable de maîtriser les Dunker-
quois, assez remuants, comme tout vrai compatriote de
Jean-Bart. L'abbé Hébant fut désigné ; il ferma son
Bouvier et partit pour Dunkerque où il réussit à souhait.

L'année suivante il rentra à Cambrai. La direction
du Grand Séminaire venait d'être confiée aux Lazaristes. La transition aurait pu être difficile ; elle fut
aussi douce que possible, grâce à l'excellent esprit
des séminaristes, affirme le biographe du Cardinal
Régnier [2]. L'abbé Hébant se distingua par son abandon
absolu à la volonté des nouveaux directeurs. Ses deux
amis, Manniez et Gourdin, qui l'accompagnaient cette
fois, l'apprirent presque à leurs dépens. Comme ils le
traitaient en Gravelinois et en intime, ils le tutoyèrent
pendant une des premières récréations. L'abbé Hébant
leur rappela que le règlement conseillait de n'employer
que la deuxième personne du pluriel, parce que *vous*
était plus noble que *tu*. Manniez et Gourdin protes-
tèrent. L'abbé Hébant répliqua énergiquement en
accentuant chaque répétition : « Vous direz : *Vous !*
Vous direz : Vous !! Vous direz : VOUS !!! c'est la
règle ; c'est peu de chose, mais ce n'est pas à dédaigner.
L'amour de Dieu donne du prix aux plus petits riens. »
Manniez et Gourdin cédèrent, non sans crier au rigorisme.

vos premiers camarades ruinèrent bientôt, et un acacia qui a survécu par
miracle aux secousses et aux orages. » Cf. *Notes et documents* pour servir
à l'histoire des institutions ecclésiastiques de l'enseignement secondaire
à Dunkerque, par l'abbé FLAHAUT.

1. En remplacement de M. l'abbé Panniez, mort en Angleterre.

2. *Vie du Cardinal Régnier.* Tome I, Livre III. On sait que les
Lazaristes viennent de céder la place aux prêtres du diocèse.

Enclin au rigorisme, l'abbé Hébant ne l'était pas ; il ne le fut jamais, croyons-nous. Seulement il était une de ces natures délicates qui ont une horreur instinctive pour les écarts les plus légers, non à cause de la gravité qu'elles leur prêtent, mais à cause du manque de générosité qu'elles y trouvent. Allant à l'autel par le chemin semé d'épines, il jugeait, comme Lacordaire, que le sacerdoce était l'immolation de l'homme ajoutée à celle de Dieu, et que cette immolation devait commencer pendant l'année préparatoire au sous-diaconat.

Nous ne le suivrons pas d'étape en étape jusqu'à sa promotion au sacerdoce. Disons néanmoins qu'au lendemain de son diaconat il prit sa plume, et, dans la ferveur de l'ordination, traça rapidement les lignes suivantes : « O mon Dieu, serai-je le seul à ne rien faire

» pour les âmes ! Non ! J'ai contracté de nouveaux
» engagements à votre égard, je les tiendrai. Je veux
» m'exercer à acquérir les vertus qui font le saint prê-
» tre. Vous désirez que pour sanctifier les autres je me
» sanctifie moi-même : je le ferai...

» Marie lisait et méditait souvent les divines Ecri-
» tures ; comme elle je les lirai et je les méditerai, pre-
» nant soin de graver dans mon cœur, pour les mettre
» en pratique, les saintes maximes qui y sont conte-
» nues.

» Je ferai ce que fit Jésus dans le désert. L'Evangé-
» liste me Le représente se préparant à sa vie publique
» par les austérités, par la pénitence la plus sévère. Le
» Sauveur n'avait pas besoin de cette préparation, Lui,
» l'Agneau sans tache, mais Il voulait m'apprendre à
» me sanctifier moi-même, à résister jusqu'au sang, de
» peur de devenir moi-même l'esclave de ce roi du
» mal que je suis appelé à détruire.

» *Ah ! Seigneur ! que toute ma vie se résume dans*

« *ces quelques paroles : Dieu seul pour témoin ;*
« *Jésus-Christ pour modèle ; Marie pour soutien ; et*
« *puis rien, rien qu'amour et sacrifice, pour la plus*
« *grande gloire de Dieu et le salut des âmes !....* [1] »

C'est dans ces sentiments que l'abbé Hébant se prépara au sacerdoce. Il fut ordonné prêtre par Mgr
Régnier le 19 juin 1859.

La coutume de chanter des prémices solennelles
n'existant point ou ne se généralisant pas encore, il
aima mieux, comme saint Vincent de Paul au milieu
du bois de Buzet [2], n'avoir pour témoins de sa première
messe que les anges et quelques amis. Ce qui se passa
entre le Ciel et lui quand

Il abreuvait sa lèvre aux flots du saint calice [3],

nous pouvons le supposer d'après la vie d'humilité et
d'abnégation qu'il mena jusqu'à son dernier jour. De
son cœur débordant de reconnaissance et d'amour aura
jailli, ardente et spontanée, cette supplication vraiment sacerdotale : « Mon Dieu, ne permettez pas que
je sois prêtre sans être hostie... Faites que je Vous
immole et que je m'immole moi-même ! Que chaque
matin, sur la patène, à côté de votre cœur adorable, je
place mon pauvre cœur, afin que tous deux se consu-
ment ensemble et ne fassent qu'un seul holocauste !
Qu'à chaque instant je m'unisse à Vous par des liens
de plus en plus étroits, que je devienne et reste l'homme
de la prière et du sacrifice, l'homme de la doctrine et
du pardon, l'*homo Dei*. »

Les Ursulines lui demandèrent de célébrer la sainte

---

1. Résolution. — Journal de l'abbé Hébant.
2. Voir *S. Vincent de Paul* par Emmanuel DE BROGLIE, I, 7.
3. *Le plus beau jour de la vie*. Poésie déjà citée.

messe dans leur chapelle où l'attendait M. Masselis, et où lui-même avait si longtemps rempli l'office d'enfant de chœur. Elles choisirent le jour de la fête des saints Paul et Jean, frères et martyrs. C'était une délicate attention de leur part : le nouveau prêtre s'appelait Jean-Baptiste et sa sœur portait en religion le nom de mère Saint-Paul. La coïncidence fut remarquée par l'abbé Hébant, lorsqu'il récita l'oraison où l'Eglise loue Jean et Paul d'avoir ajouté à la fraternité du sang, la fraternité de l'immolation [1]. Le ministre de Dɪᴇᴜ et la servante de Dɪᴇᴜ renouvelèrent leur consécration, et après que le célébrant eût communié sa sœur, donné sa meilleure bénédiction à la pieuse assistance, achevé son *magnificat* intime, alors, sans doute, il entendit au fond de son cœur une voix enfantine qui avait le timbre de la sienne et qui murmurait avec une force de persuasion irrésistible : « Pélagie, tu seras religieuse ; je serai prêtre ; je dirai la messe, une vraie messe devant notre mère et devant toi [2]. »

Mᵐᵉ Hébant était présente. Ses yeux, baignés de pleurs, allaient de ses enfants au Tabernacle et du Tabernacle à la voûte du sanctuaire, comme si elle cherchait quelqu'un qui manquait à la fête... le père absent.

Pendant la cérémonie, mère Saint-Paul fut au Thabor, elle n'en descendit que pour chanter :

Mon frère, il me souvient de ce jour plein de charmes
Où prêtre du Seigneur, pour la première fois,
Tu montais à l'autel, les yeux mouillés de larmes ;
J'écoutais les accents de ta tremblante voix.

---

1. Cf. Missel : Jean et Paul, 26 juin.
2. Voir chapitre II, p. 20.

Notre mère était là dans notre humble chapelle,
Nous offrant au Seigneur en son cœur généreux :
« Voici mon fils, ma fille, ô mon DIEU, disait-elle,
» Tu me les as donnés, je te les rends tous deux. »

CHAPITRE IV

IDÉAL.

Le nouveau prêtre fut destiné à l'enseignement. Avant de le suivre à son poste, essayons d'ébaucher sa physionomie morale. Quand nous en aurons saisi quelques traits, nous trouverons un réel plaisir à les voir ressortir d'eux-mêmes et toujours en plein relief, dans les cadres les plus différents, dans le riant décor des beaux jours comme dans le sombre appareil des jours pénibles.

Les hommes dont la personnalité reste bien accusée, les hommes de caractère, sont

> ... ceux qui luttent ; ce sont
> Ceux dont un dessein ferme emplit l'âme et le front ;
> Ceux qui d'un haut destin gravissent l'âpre cime,
> Ceux qui marchent pensifs, épris d'un but sublime [1].

Quel était le but de l'abbé Hébant au matin de son sacerdoce ? C'est à lui de le préciser, puisque nul ne sait ce qui se passe dans le cœur d'un homme, hormis cet homme [2]. Or, en divers endroits de son journal intime, il se trace un règlement de vie dont voici les points principaux [3].

---

1. Victor Hugo.
2. I Cor., II, 11.
3. Les en-têtes et les subdivisions sont de nous.

I. — SANCTIFICATION PERSONNELLE.

Transfiguration en Notre-Seigneur Jésus-Christ.

Le jour de mon ordination, l'évêque consécrateur nous a dit au nom de Dieu : « Je ne vous appellerai plus mes serviteurs, mais mes amis [1]. » Or, *amicitia pares invenit aut facit.* Donc je dois devenir un autre Jésus-Christ.

Je suis prêtre ; avec le secours de la grâce, je ferai de ma vie *une perpétuelle transfiguration en Notre-Seigneur Jésus-Christ ;* je travaillerai à cette transfiguration ; il faut qu'en moi comme en Jésus-Christ, Dieu mette ses complaisances et qu'il puisse dire à ceux qui s'approchent de moi : « Ecoutez-le, c'est mon fils bien-aimé [2]. »

Le peuple croit que le prêtre doit avoir la sainteté du Christ ; il croit presque à l'impeccabilité du prêtre. En face de l'opinion générale, que suis-je... ?

En voyant saint Vincent de Paul on disait : « Si le Christ revenait sur la terre, il prendrait les traits de saint Vincent de Paul. » Quelle leçon pour moi !... Contempler en Jésus les vertus qui répugnent à la nature. Etudier ce divin modèle et le reproduire sur la toile de mon âme. Demander au divin Artiste de broyer lui-même les couleurs sur ma pauvre palette, de conduire lui-même ma main novice : ensemble nous ferons un chef-d'œuvre.

II. — MOYENS DE SANCTIFICATION PERSONNELLE.

1° — Soumission complète à la volonté de Dieu. — *Deus meus !* Que de fois je prononce ces mots

---

1. Cf. le Pontifical romain.
2. Marc, IX, 6.

sans les comprendre, par habitude. Mon Dieu!... Dieu a des droits sur moi : Il est mon Créateur ; j'ai des droits sur Dieu : Il a fait de moi son prêtre.

Dieu a des droits sur moi : droits d'auteur, de conservateur, de rédempteur, droits auxquels j'ai ajouté librement le don de tout moi-même. Donc soumission complète... J'enfoncerai le clou, je frapperai, fort et juste, jusqu'à ce que la pensée de mon entière dépendance vis-à-vis de Dieu ait profondément pénétré mon âme.

J'ai des droits sur Dieu : Jésus-Christ tout entier est à moi. Sa parole, ses sacrements, ses mérites, ses trésors spirituels sont entre mes mains ; je possède son corps adorable et Il attend pour se donner que je juge qu'il est convenable qu'Il se donne. Donc puisque je suis le bien de Dieu et que Dieu est mon bien, je me livrerai totalement à Lui afin qu'Il daigne toujours se livrer à moi.

2° Règle. — Avoir une règle et la suivre : l'âme a besoin de règles comme l'oiseau a besoin d'ailes, comme le char a besoin de roues.

Régler et surnaturaliser le temps : j'aurai à rendre compte à Dieu du temps qu'Il m'a prêté et qui reste le sien.

Chaque action de ma vie doit être un acte d'amour. Me rappeler souvent ces paroles du bon Maître : *Qui in minimo fidelis est et in majori fidelis est ; et qui in modico iniquus est et in majori iniquus est* [1]. Jésus n'a pas dit : *erit* mais *est*. Attacher la plus grande importance aux petites choses bonnes ou mauvaises, pour éviter celles-ci, pour faire celles-là, surtout dans les exercices de piété et les devoirs d'état.

1. Cf. Luc., XVI, 10.

3° Devoirs de piété. — Prier en union avec Jésus-Christ. Les vitraux des églises donnent aux rayons de lumière qui les traversent leurs riches couleurs ; ainsi les mérites de Jésus-Christ donnent à ma prière une valeur inappréciable.

Être affectionné à mes exercices de piété ; y être invariablement fidèle coûte que coûte. Le prêtre doit s'élever vers le ciel par les exercices de piété, la prière, la méditation, le bréviaire, la sainte messe ; il doit redescendre sur la terre les mains pleines de bénédictions, de grâces de paix et de salut.

Faire mon examen particulier, cinq minutes avant midi, sur l'humilité alternativement avec l'amabilité et la douceur. *Discite a me quia mitis sum et humilis corde* [1]. Chercher à imiter Notre-Seigneur en ces deux vertus surtout.

4° Recueillement. — Je vivrai dans le recueillement ; je me conserverai dans une douce mais continuelle attention aux opérations de la grâce et aux mouvements de la nature : aux mouvements de la nature, pour les réprimer ou les diriger ; aux opérations de la grâce, pour les comprendre et les seconder. Plus je chercherai le monde, plus je m'éloignerai de Dieu.

5° Dévotions. — A) *Eucharistie.* — Penser à l'Eucharistie, à Jésus-Christ habitant sous le même toit que moi ; y penser le jour, cette pensée relèvera mon courage, elle me préservera ; y penser le soir avant de m'endormir, le sommeil sera plus paisible ; y penser la nuit quand je m'éveillerai, le matin quand je me lève-

---

1. Matt., XI, 29.

rai : *toujours voir briller devant moi la lampe du sanctuaire.*

B) *Crucifix.* — Avoir, voir, savoir mon Crucifix. Être un « habitué de la Croix [1] » ; y passer ma vie. Au réveil, saluer le Crucifix. Pendant la journée, me tenir par la pensée au pied de la Croix de Notre-Seigneur, avec Marie, Jean et Madeleine... Avoir le Crucifix devant les yeux pendant la prière et le travail. Toujours raviver ma dévotion au Crucifix,... avoir des yeux pour lire dans ce grand livre, un cœur pour aimer tant d'amour, une main pour graver en moi les plaies du divin Crucifié [2].

C) *Marie.* — Imiter saint Hyacinthe qui fuyait ses ennemis, tenant d'une main l'Eucharistie, de l'autre, la statue de Marie. Fuir ainsi les ennemis de mon âme, de mon sacerdoce, avoir au cœur deux amours, deux saintes passions : l'amour de l'Eucharistie et l'amour de Marie.

6° Mortification. — L'amabilité de Jésus ne mérite-t-elle pas quelque retour?... O ami de mon cœur, pourrai-je vous refuser quelque chose !

Il faut faire la guerre aux aises ; quand on a une fois coupé les racines d'un chêne vigoureux, il suffit de la

---

1. Cf. R. P. Ravignan : « Possédons un Crucifix : qu'il y ait une habituelle et tendre communication entre lui et notre âme, prenons-le pour confident, pour modèle ; que notre première action le matin soit de le saluer ; demandons-lui de nous diriger, de nous protéger pendant le jour ; et en lui faisant hommage de nos actions, de nos efforts, puissions-nous lui offrir, le soir, quelques sacrifices que nous aurons accomplis pour son amour. »

2. Cf. Bossuet. « Bernard était toujours au pied de la croix, lisant, contemplant et étudiant ce grand livre. Ce livre fut son premier alphabet, dans sa tendre enfance ; ce même livre fut tout son conseil dans sa sage et vénérable vieillesse. » *(Panégyrique de saint Bernard.)*

main d'un enfant pour le renverser. *Non vivere sed valere vita*, disait Martial : « La vie n'est pas donnée pour jouir, mais pour agir, pour souffrir. »

Ne pas mépriser les petits sacrifices. Deux petits morceaux de bois ne font qu'un petit feu. Les petits sacrifices sont les petits morceaux de bois de la croix ; si je les entasse, ils allumeront dans mon cœur un incendie d'amour. L'Écriture ne dit-elle pas : « L'abeille est bien petite, et pourtant son miel est si doux [1] ! »

Prendre la discipline trois fois par semaine pendant la récitation du *Miserere*, du *Salve Regina* et du *Parce Domine*, tantôt en expiation de mes propres fautes, tantôt pour les âmes du purgatoire, tantôt pour les âmes dont je suis chargé ou pour un motif particulier que les circonstances pourront faire naître [2].

Se refuser quelquefois ce qui est permis, car celui qui s'accorde tout ce qui est permis s'expose à glisser dans ce qui est défendu.

7° **Travail**. — Ne rien accorder au rêve, à l'oisiveté, à des conversations sans but, à des lectures frivoles.

Me souvenir du mot de saint Ignace de Loyola : « Vous ne pouvez rien faire de mieux que de travailler, à condition de ne pas faire de l'étude votre fin, mais un moyen pour arriver à la fin. »

Travailler sérieusement : ne pas effleurer comme les esprits frivoles, superficiels, impatients ou incapables.

Travailler constamment ; me garder du travail par bonds ou par boutades.

---

1. Eccli., XI, 3.

2. Cette résolution pourra surprendre les lecteurs. Ils la trouveront toute naturelle s'ils nous permettent de dire que M. Hébant fut longtemps dirigé par M. Dehaene. M. Dehaene, on le sait, conseillait la discipline à ceux de ses pénitents qu'il croyait capables d'accepter une pareille mortification.

Travailler ardemment, sans lenteur ni découragement, malgré les obstacles.

Suivre la règle connue : *multum, cum methodo, cum constantia, in methodo*. Travailler beaucoup, avec méthode, avec persévérance, sans s'écarter de la méthode.

III. — SANCTIFICATION DU PROCHAIN.

1º **Apostolat.** — Travailler à développer, à faire grandir le CHRIST dans l'enfant et dans toutes les âmes.

Me présenter comme le vieillard Siméon, portant Jésus dans mes bras ; être véritablement une lumière par mes prédications, mes catéchismes, mes classes, mes conversations, en toute occasion, surtout par mon exemple ; avoir la gravité du vieillard dans l'abandon de l'intimité comme dans l'exercice de mes fonctions.

Communiquer aux enfants une double science : les connaissances naturelles et surnaturelles ; une double force : une conscience bien formée et un caractère bien trempé ; un double amour : l'amour de DIEU et l'amour du Prochain.

2º **Charité.** — S'unir, s'aider, s'aimer, se soutenir, se consoler entre confrères.

Aux wagons des chemins de fer on a placé des coussinets pour amortir le choc des wagons entre eux ; nous sommes rudes, violents ; mettons-nous des coussinets, soyons charitables.

IV. — RÉSOLUTION GÉNÉRALE.

Je serai homme de prière ardente, de conversation charitable et céleste, de travail opiniâtre.

*_**

L'abbé Hébant se proposait donc d'être comme une douce apparition du Sauveur, de vivre de règle, courbé sur sa tâche, ne levant la tête que pour prier, pour se mortifier, pour édifier ses élèves et ses confrères, et, d'un geste calme mais expressif, leur montrer la croix, le tabernacle et le ciel.

Son idéal était beau ; la suite nous dira s'il eut le courage de le poursuivre.

CHAPITRE V

L'ABBÉ HÉBANT PROFESSEUR ET SURVEIL-
LANT A DUNKERQUE. — SUPÉRIEUR DU COL-
LÈGE DE GRAVELINES.

1859-1864.

L'ABBÉ Hébant fut nommé à Notre-Dame des Dunes.
Il revit avec joie la ville et le collège de Dunkerque. La ville lui plaisait ; c'était Gravelines consi-
dérablement agrandie : des remparts plus imposants
sur lesquels erraient encore les ombres de Louis XIV
et de Jean-Bart ; un port immense où se balançaient
une forêt de mâts, livrant au souffle du Nord des pavil-
lons de toute nationalité ; une rade vaste et profonde,
refuge des grands navires ; une plage pittoresque, aux
perspectives sans limite. Le collège, où il s'était
dévoué en 1856, l'attirait comme nous attirent les personnes et les choses à qui nous avons donné un peu de
nous-mêmes : un rayon de notre intelligence, un effort
de notre volonté, un élan de notre cœur.

M. Ledein avait cédé la direction du collège à
M. Durant[1], le fils de prédilection de M. Dehaene.

Le nouveau supérieur, apôtre par le zèle et le désintéressement, se consacra aussitôt à l'œuvre pour

---

1. Né à Flêtre (Nord) au pied du mont des Cats ; décédé à Dunkerque (1831-1900).

laquelle il devait se dépenser et se dépouiller pendant quarante-et-un ans, de 1859 à 1900[1].

Le 11 octobre, il réunit ses professeurs et les pria de l'aider à s'acquitter des délicates fonctions qui venaient de lui être confiées. Tous, d'une voix unanime, lui promirent leur concours[2]. L'abbé Hébant ne fut pas le moins fidèle à sa parole. M. Durant, qui avait deviné ses aptitudes pédagogiques et son dévouement sacerdotal, le chargea de la troisième et de la congrégation des Saints-Anges. L'abbé Hébant se confina dans ses attributions : il ne vécut que pour ses élèves et ses

1. Sur la tombe de M. Durant, *M. Cavrois* disait au nom des anciens élèves : « Les ressources manquaient… Vous vous êtes dépouillé en donnant tout ce que vous possédiez !… cet acte de générosité vous l'avez toujours soigneusement dissimulé, vous contentant de la satisfaction intime, intérieure, du devoir accompli. Mais aujourd'hui que vous n'êtes plus là pour m'empêcher d'en faire, à votre place, l'aveu, il me plaît de le proclamer parce qu'il met en lumière la noblesse de votre caractère. Le public appréciera et il vous en aimera davantage, sachant désormais que vous avez quitté cette terre, pauvre par votre propre volonté. »

M. l'abbé Lemire, député du Nord, succédant à M. Cavrois, ajoutait : « Il était d'une de ces vieilles familles du terroir flamand où l'on sait être très fidèle à DIEU, très respectueux de l'autorité, mais très indépendant et très noblement fier vis-à-vis des hommes, parce que, comme on n'attend d'eux que la Liberté, on ne leur doit que la Justice. Il fut élevé chez nous. Placé, jeune, au collège communal d'Hazebrouck, il a laissé dans les annales scolaires de cette Maison, le souvenir d'une nature d'élite et d'une intelligence de premier ordre ».

Enfin, *M. le vicaire général Lobbedey* s'exprimait ainsi au banquet des funérailles : « La date du 7 février restera longtemps une date funèbre. Ce jour-là le diocèse a perdu un prêtre éminent, la Flandre, un bienfaiteur insigne, le collège de Notre-Dame des Dunes, un père foncièrement bon. Sur la fosse, où nous avons déposé la dépouille mortelle du vénérable chanoine, qu'une croix se dresse et qu'une main reconnaissante y grave ces mots : *Virtute vixit, memoria vivit, gloria vivit.* » Cf : *Notes et documents*, par l'abbé FLAHAUT.

2. *Notes et Documents* pour servir à l'histoire des Institutions ecclésiastiques de l'enseignement secondaire à Dunkerque à partir du XVIIIe siècle, par l'abbé FLAHAUT.

congréganistes. Il s'intéressait surtout à ces derniers.
Plus tard il déclarait à M. le chanoine Flahaut qu'il
n'avait jamais rencontré, même au Petit Séminaire
d'Hazebrouck, des enfants aussi bons que ses petits
anges de Dunkerque[1]. Ce qu'il cachait à M. Flahaut,
c'était la sollicitude dont il entourait ses congréganistes
afin de les rendre dignes « de leurs frères des cieux ».
Prières, instructions soigneusement préparées, prestige de l'exemple, bonté exempte de condescendance
excessive, dignité tempérée par la douceur : aucun de
ces éléments de sanctification n'était négligé.

M. Durant remarqua l'heureuse influence qu'exerçait autour de lui l'abbé Hébant. Comme il craignait
que la discipline ne souffrit un peu de la timidité d'un
surveillant, il recourut à l'abbé Hébant pour remédier
à la situation. Il l'appela et lui dit sans préambule :
« Monsieur Hébant, aimez-vous votre classe ? » — « Je
l'aime beaucoup, Monsieur le Supérieur ! » répondit M.
Hébant. — « Et si je vous demandais de laisser votre
classe pour l'étude ? » continua M. Durant — « J'irais
aussitôt à l'étude », répliqua l'abbé Hébant. « Hé bien !
ajouta M. Durant, le surveillant prendra votre classe,
vous ferez son étude. » Le jour même, l'abbé Hébant
s'installait à l'étude. Son apparition inattendue intrigua
les plus remuants ; son calme imperturbable intimida
les autres, et tous se tinrent cois : l'ordre était rétabli.
Il sut le maintenir grâce à une sévérité qui servait
mal sa popularité, mais qui prévenait le retour du
désordre.

Après quelques semaines de surveillance, il constata
chez les élèves trop peu de déférence à l'égard des
maîtres ecclésiastiques, pas assez de précautions vis-à-

---

1. *Notes et documents*, par l'abbé FLAHAUT.

vis des suppôts du mal, un certain mépris pour la vertu
mêlé d'engouement pour la science [1]. Ces tendances
devaient être réprimées. Il en conféra avec M. Durant
et obtint de prêcher sur la grandeur du Sacerdoce, sur
le danger des mauvaises compagnies et sur la supériorité de la vertu. Des auditeurs nous ont presque
refait les deux premiers sermons ; voici quelques idées
du troisième d'après un canevas que nous avons
retrouvé : « Mes enfants, n'avez-vous pas regardé vos
» condisciples vertueux comme de faibles esprits, se
» renfermant dans un cercle d'idées étroites ou dans un
» état de pratiques minutieuses, tandis que vous vous
» êtes crus des esprits forts, parce que vous vous placiez
» au-dessus de ce que vous appelez leurs scrupules ou
» leurs superstitions ?... N'auriez-vous pas eu honte de
» vous déclarer ouvertement bons ?... ou bien, si la
» vertu est jugée par vous comme une chose belle en
» soi, ne la jugez-vous pas chose indifférente ?

» Cette idée est fausse !... il n'y a point de faiblesse à
» être vertueux : la vertu c'est la force ; il n'y a point
» de honte à être vertueux : la vertu c'est l'honneur ;
» il n'y a point de tristesse dans la pratique de la vertu :
» la vertu c'est le bonheur.

» A qui la force ?... Au soldat sans courage qui, à la
» première attaque, met bas les armes et se livre aux
» ennemis, ou au soldat brave, sans défaillance, qui
» résiste vaillamment et préfère la mort à la capti-
» vité ?... L'enfant vertueux, parce qu'il triomphe des
» passions, est un enfant plein d'énergie ; il appartient
» à la phalange de Gédéon [2] ; l'enfant vicieux, parce

1. C'était le triple mal dont souffrait la jeunesse de l'époque. Cf. Mgr
Dupanloup. Tome II.

2. JUGES, VII. On sait que 300 hommes sur 10.000 furent jugés
dignes d'accompagner Gédéon.

M. LE CHANOINE DURANT,

SUPÉRIEUR DE NOTRE-DAME DES DUNES, A DUNKERQUE. (1859-1900.)

» qu'il cède aux mauvais instincts, n'a que des bras
» sans nerf et un cœur sans flamme ; il grossit le
» bataillon des traînards de la grande armée du bien.

» A qui l'honneur ?... Au coupable Caïn ou à l'inno-
» cent Abel ?... Un jeune homme tel que l'a dépeint un
» célèbre orateur, un jeune homme qui s'en va, d'un
» pied méprisé, porter son corps au tombeau où ses
» vices dormiront avec lui et déshonoreront ses cendres
» jusqu'au dernier des jours, un de ces êtres avilis,
» méprisables, serait-il comparable à un jeune homme
» au front rayonnant de candeur, à un Louis de Gon-
» zague dans lequel l'Eglise a vu un reflet de la gloire
» et de la beauté d'en-Haut, puisqu'elle l'a appelé
» l'angélique jeune homme ?...

» A qui le bonheur ?... A l'enfant qui fait la joie de
» ses parents ou à celui qui empoisonne leur existence ?
» Auriez-vous l'affreux courage de vous dire heureux,
» quand vous savez que vous êtes la honte et le tour-
» ment de votre père et de votre mère, par votre
» inconduite, par votre persistance à traîner dans la
» boue le nom de votre famille ? N'oubliez pas que
» l'Écriture jette en pâture aux corbeaux du torrent et
» aux aigles des montagnes le fils assez ingrat pour
» insulter les auteurs de ses jours !... '

» De quel côté voulez-vous être, mes enfants ? Du
» côté de la vertu ou du côté du vice, près de Jésus ou
» près de Satan ? Que votre virilité sera grande, que
» votre gloire sera éclatante, que votre félicité sera
» parfaite, quand vous suivrez la blanche bannière
» de l'innocence, tenant d'une main le lis symbo-
» lique et de l'autre le glaive du combat. Aimés des
» hommes, bénis de Dieu, vous marcherez vers le ciel ! »

---

1. Proverbes, XXX, 17.

Parfum d'âme.

Ces paroles, prononcées avec conviction et souli-
gnées par un geste sobre, firent une profonde impression et révélèrent à la fois le zèle et le talent du jeune
prédicateur.

M. Durant comptait garder longtemps un auxiliaire
si précieux. M. Dehaene changea la face des choses.
Vers la fin de septembre 1861, il cherchait un homme
pour diriger le collège qu'il avait fondé à Gravelines
de concert avec M. Masselis [1].

Le supérieur de cette maison naissante, M. Delélis,
le même qui avait ouvert l'Institution de Notre-Dame
des Dunes, onze ans auparavant, n'avait qu'une santé
chétive, et désirait être relevé de ses fonctions [2].
M. Dehaene jeta les yeux sur l'abbé Hébant. Celui-ci
objecta qu'il n'avait pas de diplôme. « Vous le pren-

---

1. Après la loi de 1850, l'abbé Dehaene avait prêché une mission à
Gravelines. Il déclarait à M. Bollengier, alors doyen, que le seul moyen
d'assurer l'avenir était de donner à la jeunesse des maîtres chrétiens.
M. Bollengier convint de la nécessité de fonder un collège libre, mais
il mourut avant d'avoir pu exécuter son projet. M. Vandenbusche, son
successeur, le reprit en 1857 sur la proposition de M. Masselis et
de M. Dehaene. M. Masselis acheta une ancienne maison de commerce maritime, les Ursulines avancèrent les fonds et M. Dehaene
envoya M. Delélis comme Supérieur. Celui-ci arriva le 8 novembre et
s'installa dans les locaux presque déserts avec un seul collègue, M. l'abbé
Dehaine et 3 élèves. Cf. : *L'abbé Dehaene et la Flandre*, par l'abbé
LEMIRE. — *M. Masselis*, par l'abbé DE BUSSCHÈRE.

2. La santé de M. Delélis lui interdisait tout travail sérieux ; il était
réduit à chercher le repos ou la distraction dans le travail manuel.
M. Flahaut dit de lui : « Ceux qui l'ont connu à N.-D. des Dunes
comme ailleurs, le voient encore installé ou plutôt noyé dans sa chambre
comme en un bazar, parmi les débris de machines de toutes sortes.
M. Delélis ajustait des serinettes, raccommodait des pianos, construisait
des harmoniums. Sa mission remplie à Gravelines, il passa quelque
temps au collège d'Hazebrouck et termina sa carrière dans le précep-
torat. »

drez sans peine et promptement », répondit M. Dehaene
qui se souvenait peut-être que lui-même, en 1837, avait
triomphé des épreuves du baccalauréat après quelques
semaines de préparation. Seulement il oubliait que
l'archevêque de Cambrai et le maire d'Hazebrouck
s'étaient entendus alors pour lui aplanir les difficultés,
l'un en plaidant sa cause auprès du recteur de Douai,
l'autre en le déchargeant de tout ministère[1]. Il aurait
dû, ce semble, avant de lancer son collègue dans l'imprévu, lui ménager le temps de remplir les conditions
légales. Mais, pressé par les réclamations de M. Delélis,
comptant d'autre part sur le bon vouloir de l'inspecteur universitaire, il promit à l'abbé Hébant, s'il
acceptait, de lui adjoindre un suppléant qui allégerait
le fardeau de la direction et lui permettrait de conquérir le diplôme indispensable.

L'abbé Hébant n'osa pas résister : il devint ainsi, à
vingt-neuf ans, supérieur du collège de Gravelines,
placé sous le patronage de Saint-Joseph.

Sa mère, sa sœur, M. Masselis applaudirent à cette
nomination. L'aumônier des Ursulines payait sa pension au collège, il ne fut pas contrarié d'habiter sous
le toit de son ancien enfant de chœur ; la religieuse
gémissait de l'éloignement de son frère, elle remercia
la Providence de l'avoir rapproché du couvent de
Gravelines ; Mme Hébant avait été invitée à demeu-
rer avec son fils, elle était enchantée de cette proposition. Quant à l'abbé Hébant, il se résigna et s'arma de
courage. Il en avait bien besoin, car, à la rentrée d'octobre, le suppléant promis n'était pas encore arrivé.
Seul prêtre, n'ayant que deux abbés pour collabora-
teurs, il était à la fois professeur, surveillant, économe,

---

1. Cf. : *L'abbé Dehaene et la Flandre.*

chargé des confessions et des prédications ; sa population scolaire, au développement de laquelle il fallait travailler, se composait d'une quarantaine d'élèves, venus de tous côtés, même d'outre-Manche, et admis à des prix dérisoires; ses finances étaient si prospères que le coffre-fort était rempli de notes... à payer[1]. La situation n'était ni facile, ni brillante. Il l'envisagea froidement. Placé entre la nécessité d'assurer son avenir et l'obligation de s'occuper de son collège, il n'hésita pas — on ne l'a pas assez remarqué — à sacrifier son intérêt personnel. Il s'exposait à briser sa carrière, il le pressentait; mais avait-il le droit de négliger la jeunesse confiée à sa garde? Son établissement, situé à deux pas de la mer, derrière le talus verdoyant des remparts, lui rappelait le berceau du petit Moïse déposé par une mère aimante et ingénieuse sur le bord du fleuve. Il s'imaginait entendre le CHRIST, l'Eglise, la Patrie qui l'interpellaient, et, la main tendue vers les enfants, lui disaient tour à tour: « Prends-les et nourris-les pour moi!... » Il ne sut pas rester sourd à des supplications si pressantes[2].

---

1. Le 19 septembre 1861, M. Dehaene poussait vers M. Plichon ce cri de détresse :

« Monsieur le Député,

» Vous savez combien souvent on est seul quand il s'agit de faire quelque chose. C'est ce que j'éprouve aujourd'hui pour une de mes œuvres. Nous avons fondé à notre corps défendant, un petit établissement à Gravelines ; cette maison ne comptant à peine qu'une quarantaine d'élèves, ne se suffit pas et cette année nous avons un déficit de 2 à 3.000 fr.

» Tout le monde est découragé ; moi je ne le suis pas, mais je n'ai pas de ressources. Vous qui faites tant de bien, auriez-vous quelque chose de reste pour cette œuvre de régénération par excellence ? »

M. Plichon envoya 1000 fr. (Voir l'*abbé Dehaene et la Flandre*).

2. Manuscrits de l'abbé Hébant.

Nourrir un enfant, dans le sens chrétien, c'est l'élever, c'est lui rompre le pain de la science et l'armer pour les grandes batailles morales, c'est diriger son intelligence vers le vrai, son cœur vers le bien, sa volonté vers le devoir, c'est entraîner son âme vers Celui qui est la source du vrai, l'auteur du bien et la sanction du devoir, c'est l'orienter vers Dieu.

L'abbé Hébant concevait ainsi sa mission. Comprenant que la plupart de ses élèves venaient chercher au collège une teinte d'instruction plutôt qu'une formation complète, il s'appliqua principalement à faire d'eux d'excellents chrétiens. La part des études limitée, il donna, aux plus âgés, de fortes convictions, capables de résister aux tempêtes des passions ; aux plus petits, de bonnes habitudes assez ancrées pour combattre les inclinations dangereuses ; à tous, un solide enseignement de la Religion. Les dimanches et les jours de fête, il leur adressait une courte et substantielle allocution, bien appropriée à leurs besoins spirituels. Lorsqu'il les voyait s'approcher de la sainte table, rayonnants de ferveur, « lorsqu'il les contemplait » à l'époque du mois de mai, formant autour de Marie » une couronne parfumée des senteurs du ciel, brillante » de la rosée de la grâce, plus belle que les fleurs » étalées sur l'autel de la Vierge, alors il tressaillait » d'espérance et de joie, et s'estimait largement payé » de ses peines : il avait confiance de n'avoir pas défriché en vain le sol des âmes[1]. »

Il avait choisi les meilleurs pour les enrôler sous la bannière des Saints-Anges. A ceux-là il disait : « Mes enfants, une congrégation, dans une maison » comme celle-ci, ressemble à un parfum qui commu-

---

1. Notes de l'abbé Hébant pour l'ouverture du mois de Marie (1862).

» nique son odeur suave et pénétrante à tous les objets
» qui l'environnent. Un bon congréganiste, c'est la
» violette qui embaume le parterre... Oh ! mes chers
» enfants, soyez le parfum, soyez la violette du collège
» Saint-Joseph ; répandez autour de vous le parfum de
» la piété et de la vertu. Surtout soyez pieux. Oh !
» que la piété est chose aimable !... J'ai vu des enfants
» pieux ; je les ai vus humblement prosternés au pied
» du DIEU des tabernacles, au pied de l'autel de Marie ;
» ils offraient l'encens d'une ardente prière. Quels
» charmes irrésistibles s'étaient répandus sur tous
» leurs traits !... Quelques grâces qu'ils aient eues
» auparavant, je ne les ai jamais trouvés plus beaux,
» plus ravissants que dans ces moments de sainte
» extase où leur âme semblait tout abîmée en DIEU.
» Les anges que je me suis figurés quelquefois inclinés
» devant l'Eternel, sur les marches de son trône, sont-
» ils plus beaux ? Allez, anges du collège Saint-Joseph,
» déployez vos ailes et soyez partout les messagers de
» la prière, du travail, du bon exemple. Entraînez vos
» condisciples vers le ciel [1]. »

Multiplier les recommandations de ce genre, c'est
sagesse ; veiller à leur exécution, c'est prudence. L'abbé
Hébant ne l'ignorait point, et la discipline régnait en
souveraine incontestée dans son établissement. « Rien
n'échappait à son contrôle ; tout recevait de lui une
impulsion vigoureuse : il était la tête et le cœur de la
maison. Son autorité était grande ; il n'avait qu'à se
montrer pour empêcher les troubles ou rétablir l'ordre.
Père de famille plutôt que régent de collège, il étendait sa sollicitude à tous ses enfants sans exception,
mais il se penchait de préférence vers les Benjamins

---

1. Sermon aux congréganistes de Gravelines.

dont la faiblesse réclamait son appui. *Suaviter et fortiter :* telle était sa devise. Sa fermeté triomphait dans les circonstances où avait échoué la douceur. Un élève violait-il la règle après de multiples observations, recommençait-il à se relâcher à l'étude ou en classe, il l'appelait, et, le cinglant du fouet de sa parole, avec un air de mentor irrité, il l'amenait d'abord à regretter, ensuite à réparer son inconduite ou sa légèreté. Quand le coupable sortait de sa chambre, les yeux rouges, le mouchoir à la main, la portière, une bonne femme trop accessible à la pitié, murmurait en hochant la tête : « Encore un que M. Hébant a secoué. Le pauvre enfant, a-t-il la contrition parfaite ! »

Ces interventions sensationnelles étaient assez rares, et le collège de Gravelines n'avait point l'aspect de la sombre geôle que redoutait Hugo au fond des Feuillantines ; il n'offrait pas au jeune enfant

Ivre de liberté, d'air, de joie et de roses,
Ses bancs de chêne noirs, ses longs dortoirs moroses,
Ses salles qu'on verrouille et qu'à tous les piliers
Sculpte avec un vieux clou l'ennui des écoliers,
Ses magisters qui font, parmi les paperasses,
Manger l'heure du jeu par les pensums voraces[2],

Le collège était une ruche bourdonnante. L'abbé Hébant considérait cette activité joyeuse comme la compagne de la vraie piété et la preuve du fonctionnement normal d'une institution chrétienne. Aux mères inquiètes, dont la tendresse comparait les écoliers à des captifs impatients de briser leurs chaînes, aux

---

1. Notes de plusieurs Gravelinois.
2. V. Hugo. *Ce qui se passait aux Feuillantines.*

familles qui nourrissaient des préjugés contre la vie de pension, il ne craignait pas de faire publiquement cette franche déclaration : « Quelles sont vos pensées, » lorsque votre esprit se reporte vers cette maison » où vous avez laissé quelqu'un des vôtres ?... Serait- » il vrai que chaque fois que le souvenir de vos enfants » se présente à votre esprit, ces êtres tant aimés vous » apparaissent comme dans un rêve pénible, que vous » les croyez tristes, languissants, semblables à de » pauvres petits pinsons *condamnés à user leurs ailes* » *aux barreaux d'une cage, tandis que sur les arbres* » *des vergers voisins les autres oiseaux voltigent* » *de branche en branche ?* Tranquillisez-vous, vos » enfants sont heureux sous le toit béni de Saint- » Joseph ; ils ne connaissent ni l'ennui, ni la peine, et, » si vous aviez l'oreille subtile, vous pourriez entendre, » même de chez vous, les rires bruyants qui s'envolent » de notre cour de récréation [1] ».

La note gaie ne manquait pas à Saint-Joseph. Quand l'occasion se présentait, le Supérieur organisait des séances récréatives où l'on jouait les tragédies alors en vogue : « Vildac et la malédiction d'un père [2].» Il exerçait les acteurs, composait et mettait en musique les chœurs nécessaires à l'apothéose. Les Gravelinois, accourus à la représentation, se retiraient émerveil- lés, ne sachant ce qu'ils devaient admirer le plus, de l'habileté que les jeunes artistes déployaient sur la scène, ou du dévouement avec lequel le Supérieur tra- vaillait à l'œuvre de l'éducation.

Ce dévouement, l'abbé Hébant aurait voulu le com- muniquer aux parents, et, à une distribution de prix [3], il

---

1. Distribution des prix (1862).
2. Cf. *Nouveau Théâtre de la jeunesse*, par LEVÊQUE.
3. Année 1863.

leur soufflait une étincelle du feu qui l'embrasait.
« Notre tâche est finie, chers Parents, disait-il, la vôtre
» commence, ou plutôt vous allez continuer de plus
» près, et par vous-mêmes, au foyer domestique, ce que
» nous n'avons cessé de faire pendant cette année dans
» ce collège, de concert avec vous. Vous n'abandonnerez
» pas, durant les vacances, l'œuvre de l'éducation de
» vos chers enfants. Le temps de repos qui s'ouvre
» n'est pas un temps d'engourdissement ; ce n'est pas,
» à plus forte raison, un temps de destruction et de
» mort. Et pourtant une expérience annuelle ne vient-
» elle pas attrister les instituteurs de la jeunesse ? Ils
» s'étaient bien fatigués à cultiver une terre légère, à
» jeter la semence dans le sillon ; ils souriaient déjà à
» la moisson qui se levait. Deux mois ne s'étaient pas
» écoulés que le souffle de la tempête renversait, dé-
» truisait les gerbes.
» Parents chrétiens, aidez-nous, et ne permettez pas
» que le repos des vacances dégénère en oisiveté dan-
» gereuse. Vous ne voulez point, n'est-ce pas, que le
» vent des passions ravage dans leur fleur les fruits de
» vertu que vous attendez de vos enfants ? Vous ne
» voulez point pleurer sur de misérables prodigues ?
» Eh bien ! songez que vos enfants sont à DIEU et que
» vous devez les mener à DIEU par le chemin de l'inno-
» cence. Songez que vos enfants sont à la Patrie et que
» vous devez les conduire à elle par le rude sentier du
» travail. »

L'abbé Hébant ne ménageait donc ni les exhortations,
ni les efforts, et cependant, soit par suite du manque
de sympathie effective, soit à cause de la difficulté des
communications, son collège végétait, faute de pensionnaires. Durant trois ans, il se débattit littéralement
contre toutes sortes d'obstacles, dont le moindre n'était

pas la pénurie d'argent. Comme Catulle il ne logeait que des araignées dans sa bourse. M. Dehaene, informé de cette détresse, écrivait vers 1864 : «Saint-Joseph marche à force de confiance et de sacrifices. J'espère cependant qu'il deviendra le *filius accrescens* de la Bible, et qu'un jour on accourra sur les remparts de Gravelines pour voir passer ses enfants. *Discurrerunt super muros[1]...* » L'abbé Hébant montait en vain sur les remparts ; les enfants n'arrivaient pas !... M. Dehaene et M. Masselis auraient désiré qu'il fît la chasse aux recrues ; mais ne trouvant pas le moyen de concilier ses occupations multiples avec les sorties fréquentes, très peu porté d'ailleurs à se répandre au-dehors, il se contenta d'agir discrètement sur les familles et d'attendre leur décision.

En juin 1864 il réclama de nouveau le professeur suppléant, promis au début de son supériorat. Au lieu du professeur suppléant, ce fut l'inspecteur qui se présenta la menace à la bouche. « Le collège Saint-Joseph devait immédiatement régulariser sa situation, avoir un supérieur diplômé, sinon la fermeture allait être prononcée. On avait patienté trois ans, c'était assez. » L'abbé Dehaene eut peur et courut à Cambrai demander un prêtre, ayant stage et titre. L'autorité diocésaine désigna M. l'abbé Z. De Busschère, fils et frère de professeur, ecclésiastique aussi distingué que savant[2].

---

1. Genèse, XLIX. 22. Voir *l'abbé Dehaene et la Flandre*, par l'abbé LEMIRE.

2. M. l'abbé De Busschère est fils de M. A. De Busschère qui établit les cours français au collège communal sous l'abbé Dehaene. Il était frère de l'abbé Léon De Busschère dont nous aurons l'occasion de parler plus loin et qui enseigna successivement au collège communal et au Petit Séminaire d'Hazebrouck.

L'abbé Hébant se disposa à plier bagage...

On a fait du bruit autour de son brusque déplacement ; on a même prétendu qu'il était de ceux qui
brillent au second rang et s'éclipsent au premier. Bien
que les détails déjà racontés nous dispensent de nous
arrêter à des insinuations ou à des commentaires dé-
favorables, bien qu'il nous paraisse inutile de rappeler que les hommes ne rendent guère justice aux
victimes des événements, cependant, par respect pour
une mémoire qui nous est chère, nous avons tenu à
consulter le successeur immédiat de M. Hébant, plus
apte que tout autre à nous fournir des renseignements
sur ce point contesté. M. De Busschère a bien voulu
nous répondre :

« Cher Monsieur l'Abbé,

» Vous me demandez pour quel motif M. l'abbé
Hébant a quitté l'Institution Saint-Joseph, et quelle
fut son attitude à mon égard, dans la transmission des
pouvoirs de Directeur. Il m'est facile de répondre à
ces deux questions, en évoquant des souvenirs déjà
lointains, mais qui restent gravés dans ma mémoire.

» Peu de jours avant mon ordination sacerdotale,
vers le 20 juin 1864, M. Dehaene, alors Principal du
collège d'Hazebrouck, se rendit à Cambrai et passa
quelques heures au Grand Séminaire. Après avoir
présenté ses hommages au vénéré supérieur, M. Sudre,
il vint s'entretenir, pendant la récréation, avec ses
anciens élèves, qui s'empressèrent de former autour
de leur bien-aimé principal une magnifique couronne
composée d'une trentaine de séminaristes.

» Je n'ai pas besoin de dire que, grâce à la présence
et à l'ardente parole de M. Dehaene, la conversation
fut animée, intéressante et pleine d'édification.

• En prenant congé, M. Dehaene m'invita à le suivre, et me fit en particulier une communication à laquelle j'étais loin de m'attendre : « Un nouveau Directeur, me dit-il, est absolument nécessaire à l'Institution Saint-Joseph. M. Hébant possède, sans doute, les aptitudes et les qualités voulues pour s'acquitter parfaitement des fonctions qu'il exerce depuis trois ans ; mais, comme il n'est pas muni du diplôme de bachelier, sa situation est irrégulière aux yeux du gouvernement. Après plusieurs réclamations, M. le Recteur m'a mis en demeure d'observer la loi en ce qui concerne l'établissement de Gravelines. J'ai pensé que vous pourriez remplacer M. Hébant. Vous êtes bachelier et vous comptez six années d'exercice dans l'enseignement. Vous remplissez donc les conditions légales et je vais vous proposer à Monseigneur comme nouveau Directeur de l'Institution Saint-Joseph. »

• J'exprimais à M. Dehaene l'étonnement mêlé de crainte que me causait une proposition aussi inattendue ; mais il tint bon, et, après m'avoir adressé des paroles d'encouragement, il se retira.

• Le lendemain de l'Ordination, au cours de la visite que les nouveaux prêtres ont l'habitude de faire à Monseigneur l'Archevêque, Sa Grandeur m'annonça officiellement que j'étais nommé Directeur de l'Institution Saint-Joseph.

• Quels furent les procédés de M. Hébant à l'égard de son futur successeur ? Je ne me les rappelle point sans éprouver un sentiment de reconnaissance envers ce généreux confrère. Au commencement des vacances scolaires, j'allais à Gravelines pour voir mon poste et prendre, avec M. Hébant, les mesures que nécessitait le changement de Directeur de l'Institution Saint-Joseph. Je reçus le meilleur accueil de mon ancien collègue de N.-D. des Dunes, et j'eus sujet d'admirer, dans cette circonstance, l'abnégation du digne prêtre qui devait bientôt résigner ses fonctions en ma faveur.

» Continuant d'avoir à cœur les intérêts de la maison Saint-Joseph, M. Hébant me proposa de faire avec lui un voyage en Belgique : « Nous avons, me dit-il, des pensionnaires belges, dont les parents demeurent dans la province d'Anvers. C'est une mine à exploiter et je crois qu'une visite de notre part aurait pour résultat d'amener à Gravelines d'autres élèves de la Belgique. » J'acceptais avec empressement une offre si bienveillante et si désintéressée. Après une entente préalable avec deux familles belges de Grobendonck et de Herenthals, localités situées sur le bord de la Campine, le voyage projeté eut lieu ; et, comme mon dévoué collègue l'avait prévu, notre visite ne fut pas infructueuse. Vers la mi-septembre, quand j'allai prendre possession définitive de mon poste, M. Hébant, avec une modestie touchante, me céda gracieusement sa place à table et me remit l'entière administration de l'Institution Saint-Joseph.

» Vous voyez, Monsieur l'Abbé, que l'attitude de cet excellent confrère dans la transmission des pouvoirs a été non seulement correcte, mais tout empreinte de cordialité et de désintéressement.

» Avant de terminer, je tiens à faire justice d'une accusation portée contre mon prédécesseur, quand il quitta l'Institution Saint-Joseph. On a dit qu'il manquait d'autorité sur MM. les Professeurs et sur les élèves.

» Pour réfuter cette assertion erronée, je pourrais invoquer le témoignage de ceux qui ont vu M. Hébant à l'œuvre ; mais la réputation qu'il avait laissée à Saint-Joseph, m'a permis de constater par moi-même,

que le reproche relatif au manque de prestige et d'autorité ne reposait sur aucun fondement.

« L'unique motif qui a fait éloigner M. Hébant de
l'établissement qu'il dirigeait, c'est que, faute du
diplôme de bachelier, sa situation était anormale,
qu'elle excitait les réclamations pressantes de M. le
Recteur, et qu'elle pouvait même avoir pour consé-
quence la fermeture de l'Institution Saint-Joseph.

« Veuillez agréer, cher confrère, l'expression de mon
entier dévouement en Notre-Seigneur.

« Z. DE BUSSCHÈRE, *Aumônier*.

« Bailleul, 5 octobre 1902. »

La conclusion s'impose : l'abbé Hébant ne fut ni
disgracié par M. Dehaene, ni écrasé sous le poids de sa
charge ; il fut sacrifié aux circonstances. S'il avait
moins songé au collège Saint-Joseph et plus à lui-
même, il n'aurait pas appris à ses dépens « que les
« délicats sont malheureux ».

Pour sa mère et sa sœur le coup fut rude ; pour ses
élèves et leurs parents la surprise fut douloureuse.
Seul, il ne laissa paraître aucune émotion, ne proféra
aucune plainte et accepta la croix que lui présentait la
Providence. Ainsi font les saints : quand l'épreuve
s'abat sur eux, ils regardent le calvaire, puis, retenant
les battements de leur cœur, ils marchent à la suite du
divin Maître.

CHAPITRE VI

COLLÈGE COMMUNAL D'HAZEBROUCK.
INSTITUTION SAINT-FRANÇOIS D'ASSISE.

1864-1865

Où dresser ma tente? avait demandé l'abbé Hébant, lorsqu'il refermait derrière lui les portes du collège Saint-Joseph. L'auteur involontaire de son déplacement, M. Dehaene, lui avait répondu : « Venez chez moi. » Accepter l'invitation, c'était quitter Gravelines pour Hazebrouck.

Hazebrouck écrivait alors son histoire aussi tranquillement qu'aujourd'hui [1].

Couronnée d'arbres, enveloppée d'un frais manteau de verdure, sur lequel le printemps brode ses pâquerettes, l'automne, ses blonds épis, fière de son église gothique à la tour majestueuse surmontée d'une flèche ajourée, plus fière encore de l'activité patiente et de la foi robuste de ses fils, cette cité, essentiellement flamande de mœurs et de physionomie, montre aux étrangers, et son hôtel de ville dont les arcades dominent une vaste place rectangulaire, et son hospice à façade Renaissance qu'habitaient avant la Révolution les religieux

---

1. Cette histoire a été racontée par M. Taverne de Tersud, ancien magistrat.

augustins, et son élégante sous-préfecture [1] qui atteste
une supériorité relative sur d'autres localités ou plus
agréablement situées ou moins pauvres en souvenirs,
et — enfin — bordées de gazons, ombragées de peupliers
ou de chênes, ses larges routes qui mènent les promeneurs, en quête de rêveries, tantôt à des sentiers fuyant
à travers un petit bois plein de mystères et de nids [2],
tantôt à des chemins poudreux d'où l'œil découvre : ici,
le mont des Cats qui découpe son monastère entre le
ciel bleu et l'herbe des plaines ; là, Cassel qui fait mi-
roiter au soleil ses maisons et ses moulins étagés sur
les flancs de la colline historique.

Au centre d'Hazebrouck se trouve le collège communal. Ce collège, un des rares établissements universitaires encore confiés à des ecclésiastiques, agonisait
en 1837. M. Dehaene, sur les instances du maire d'Hazebrouck, M. Cleenewerck, s'était approché de ce
moribond pour lui insuffler une vie nouvelle. Comme il
maniait bien la langue du pays, connaissait ses habitudes, devinait ses aspirations, il avait parcouru les
villes et les hameaux, donnant aux fêtes religieuses,
prémices, adorations, missions, l'attrait de sa présence
ou le charme de sa parole. Il n'avait pas tardé à remuer
les populations et à peupler d'oiseaux gazouillants la
volière autrefois presque vide et silencieuse. En 1864,
il avait 300 élèves ; son corps professoral était composé
de prêtres et de laïcs distingués ; les sympathies des
familles lui étaient acquises, et nul n'ignorait qu'aux
élections de 1848, le peuple, soulevé par son éloquence,
avait failli l'envoyer à l'Assemblée nationale, à côté de

---

1. L'ancienne sous-préfecture, trop modeste, est destinée à recevoir
les orphelins.

2. Le joli bois des 8 rues où se trouve le rendez-vous de chasse du
fameux général Vandamme de Cassel.

Lamartine et de Berryer[1]. La Flandre s'était attachée au prêtre qui lui avait dit, avec l'irrésistible accent du CHRIST : « Laissez venir à moi vos petits enfants ! Envoyez-moi vos jeunes gens ; j'en ferai des hommes et des chrétiens ! » Elle l'avait appelé « son Principal ».

L'abbé Hébant était donc invité à collaborer à l'œuvre de M. Dehaene, en la bonne ville d'Hazebrouck. Etait-ce une compensation suffisante ? Cette pensée n'effleura même pas son âme. Il était nommé au collège d'Hazebrouck ; il s'y rendit : l'homme surnaturel ne calcule pas ; il marche dans la direction du doigt de DIEU.

Cependant les cadres étaient remplis à la rentrée d'octobre. M. Dehaene ne put confier à son nouveau collègue qu'une surveillance au collège communal et l'aumônerie de la Sainte Union. Une sinécure en comparaison du supériorat de Gravelines ! « La Providence me gâte, pensait l'abbé Hébant, j'ai des loisirs. » Il ne regrettait qu'une chose : sa ville natale

Et la chanson des flots mourant sur le rivage,
Le bruissement léger qui court dans le feuillage
Des ormes, des sapins, le long des vieux remparts[2]......

Toutefois, s'il ne percevait plus de la fenêtre de sa chambre, comme à Notre-Dame des Dunes ou à Saint-Joseph, le lointain remous des vagues, en revanche, aux heures de récréation, il croyait entendre le souffle de la brise lui murmurer ce joli dicton :

---

1. Cf. Abbé LEMIRE. — L'*Abbé Dehaene et la Flandre*.

2. Note du couvent et poésie de M. Hébant.

> Hazebrouck, délicieux vallon,
> Y venir, c'est y rester, dit-on[1]....

Hélas ! ici-bas nous ne sourions qu'en tremblant. Un violent orage allait s'abattre sur le délicieux vallon. Pour avoir salué la bure de quelques capucins du couvent d'Hazebrouck, frappés, dans l'ombre, du stylet de la calomnie, et injustement contraints de repasser la frontière[2] ; pour n'avoir pas brisé avec le député Plichon[3], dont la fière indépendance et la haute valeur personnelle exaspéraient Napoléon III et ses satellites, affolés par la bombe d'Orsini ; pour avoir fondé, soutenu de ses deniers, encouragé de ses conseils les collèges de Gravelines et de Dunkerque, établissements chrétiens, dont les murailles à peine assises troublaient le sommeil des adversaires de la liberté d'enseignement ; pour avoir cru qu'il était libre dans un pays libre, l'abbé Dehaene était déclaré suspect, dangereux, disqualifié. Le 6 mars, un arrêté ministériel le jetait brutalement hors du collège communal, sur le pavé. Vingt-huit années de dévouement ne pesaient pas un atome dans la balance administrative.

Mais on ne s'attaque pas impunément à un homme populaire. Quand le Recteur de Douai vint présenter le nouveau principal, — un prêtre qu'il s'était bien gardé de renseigner exactement — les professeurs ecclésiastiques donnèrent leur démission, les familles réclamèrent leurs enfants, et, raconte l'abbé Lemire, « malgré le

---

1. Voici l'original pour les linguistes : *Haezebrouck zoeten dal.*
Die hier komt blyft hier al.

2. M. Taverne de Tersud se fait l'écho de ces calomnies. L'abbé Lemire les a victorieusement réfutées.

3. Père de M. Jean Plichon, député actuel de la 2ᵉ circonscription d'Hazebrouck.

concours de l'autorité locale[1] dans Hazebrouck, et
l'appui du monde officiel dans les deux arrondisse-
ments des Flandres, sur 150 pensionnaires qu'avait
l'abbé Dehaene, M. l'abbé Pourtaulz, son successeur,
n'en conservait que 11[2]. »

Mgr Régnier mêla sa voix au bruit de cette débâcle :
il nommait le principal révoqué chanoine honoraire de
la métropole de Cambrai[3], et refusait de reconnaître
le candidat de l'Université.

M. Dehaene résolut de ne pas renoncer à l'enseignement. Le couvent des capucins était inoccupé depuis
trois ans, il s'y retira et annonça l'intention d'y rallier
ses anciens élèves. Il s'abritait derrière la loi de 1850.

Le gouvernement prétendit empêcher l'exécution de
ce projet, sous prétexte que la seule présence de M. Dehaene à Hazebrouck lui paraissait un obstacle à la
prospérité du collège communal[4]. Alors commencèrent
de mémorables débats au cours desquels un pouvoir
ombrageux vida, opiniâtrément, son sac à mesquines
roueries : lenteurs, enquêtes, contre-enquêtes, procé-
dures, intimidations, promesses vagues. Ces manœu-
vres échouèrent contre la loyauté des membres du
conseil de l'instruction publique[5], contre le talent des
défenseurs de la justice, et surtout contre l'énergique
attitude de Mgr Régnier. Après cinq mois de lutte, le

---

1. M. Kien avait succédé comme maire à M. Cleenewerck.

2. *L'abbé Dehaene et la Flandre* — abbé LEMIRE.

3. L'abbé Dehaene disait à l'occasion de cette nomination : « Les
hommes me soufflettent sur une joue, DIEU me caresse sur l'autre. »

4. Ces craintes se sont réalisées. Le collège communal végéta quelque
temps. Aujourd'hui il est vide : on parle de le transformer en hospice.

5. L'abbé Lemire signale le beau rôle de M. Deschodt en cette circonstance. Ce M. Deschodt, conseiller à la cour d'appel, chevalier de la
légion d'honneur, est le père de M. Deschodt, avocat au barreau d'Hazebrouck, conseiller municipal, ancien conseiller général.

chanoine Dehaene obtint gain de cause et plaça son
institution sous le vocable de saint François d'Assise [1].

Pendant ce duel entre l'arbitraire et le droit, où
s'était réfugié l'abbé Hébant ? Au couvent des capucins. Lorsqu'il franchit le seuil de cette retraite qui
pleurait toujours ses religieux si brusquement balayés
par le vent de la persécution, le silence du cloître, l'aspect morne de la chapelle déserte, la tristesse ambiante
le jetèrent dans une de ces rêveries profondes où ceux
qui saisissent la plainte des objets inanimés [2], les poètes,
se plongent et s'abîment, se bercent et s'endorment,
jusqu'à ce que, se posant sur leur épaule et les rappe-
lant à la réalité, une main amie chasse l'essaim des
souvenirs comme le caillou qui frôle les branches d'un
saule fait envoler des nitées d'oiseaux blottis sous les
feuilles.

Le chanoine Dehaene arracha son compagnon d'in
fortune à l'obsédante mélancolie des choses délaissées.
« Mon cher, lui dit-il, à demain le *sunt lacrymæ
rerum* [3], installez-vous où bon vous semble et occupez-
vous de la Sainte Union. » L'abbé Hébant s'installa
dans une cellule abandonnée. Il pouvait écrire à la
religieuse de Gravelines : « Je suis presque capucin.
» J'habite entre quatre murs de briques rouges. Par
» les petits carreaux de ma petite croisée, je n'aperçois
» qu'un petit bout de ciel, juste assez pour laisser mon
» âme voler à tire d'aile vers le couvent de Grave-

---

1. L'abbé Dehaene disait de son institution : « Je la nomme du nom
de S. François d'Assise, ce grand saint que j'aime tant parce qu'il a tant
aimé le bon DIEU, parce qu'il a tant aimé les pauvres et la vertu de
pauvreté. »

2. LAMARTINE, Cf. Objets inanimés avez-vous donc une âme
Qui s'attache à notre âme et la force d'aimer ?

3. Cf. VIRGILE — *Énéide* — Livre I. 462.

» lines... J'ai vite fait mon voyage autour de ma cellule,
» d'abord parce que je n'ai pas de fauteuil, meuble
» indispensable aux méditatifs [1], ensuite parce que je
» n'ai encore chez moi, après ma malle et mon bré-
» viaire, qu'un crucifix de cuivre et deux modestes
» gravures. Lesquelles? me demandes-tu. Un saint
» Benoît et une sainte Scholastique [2]. Souris, si tu veux,
» mais je tiens à ces gravures. L'imagination et le
» cœur m'entraînent-ils vers toi, je regarde le moine
» et son illustre sœur et je me prends à dire : « Pourquoi
» faut-il que ma sœur soit cloîtrée? Que n'a-t-elle le droit
» de sortir de son couvent et de me rencontrer une fois
» par an comme sainte Scholastique rencontrait saint
» Benoît [3]! Nous choisirions un joli jardin, fermé par
» une haie d'aubépine où grimperaient le lierre et les
» pervenches, un jardin tout embaumé de lis : là,
» ensemble, nous pourrions feuilleter les saintes Écri-
» tures, parler de Dieu, de l'immolation de nous-
» mêmes, de la couronne de roses qui remplacera là
» haut la couronne d'épines volontairement acceptée
» ici-bas [4]; nous causerions de tout cela, délicieuse-
» ment, sans fatigue, sans fin, jusqu'à ce que les étoi-
» les s'allumeraient au firmament. Mais qu'ai-je besoin
» de courir après les papillons du désir! Ce vœu, nous
» le réalisons tous les jours, puisque nous nous sommes
» donné rendez-vous au pied du Tabernacle! C'est là
» que tu prieras pour ton frère, pour celui qui sera
» désormais l'ermite de S. François d'Assise [5]. »

L'ermite de Saint-François d'Assise aimait sa cellule,

---

1. Le mot est de Xavier de Maistre.
2. Il garda toujours ces gravures.
3. Bréviaire, *fête de Ste Scholastique*, 10 février.
4. Ste Catherine de Sienne.
5. Correspondance — *passim et notes*.

comme Mère saint Paul, sa sœur, aimait la sienne. Est-ce là qu'il découvrit et destina à son usage une discipline oubliée par un capucin dans l'empressement du départ ? On l'a supposé. Ce qui n'est pas douteux, c'est qu'il ne s'éloignait de son logis qu'autant que l'exigeait l'aumônerie de la Sainte-Union.

Il n'eut pas d'autre fonction avant le mois d'octobre 1865, date de l'ouverture du nouveau collège de M. Dehaene. Alors il fut chargé d'une classe.

De 1865 à 1890 il mènera de front deux ministères également difficiles et assujettissants : la formation intellectuelle des jeunes gens et l'instruction religieuse des jeunes filles. Aussi, afin de ne pas compliquer notre tâche, nous verrons successivement à l'œuvre le professeur et l'aumônier. Auparavant prouvons que le professeur et l'aumônier furent dominés par le prêtre, que le prêtre, uniquement préoccupé de son devoir, acheva de prendre son pli, de fortifier de plus en plus son goût pour le travail, son habitude de s'envelopper de dignité et de bonté, sa tendance à sacrifier le commerce des hommes à l'intimité de Dieu.

Cette persévérance à poursuivre son idéal, à *se transfigurer*[1], impliquait une incessante vigilance sur soi-même et la continuelle contemplation du Bon Maître. Sachant qu'on n'apprend Dieu que de Dieu[2], l'abbé Hébant demandait à « l'artiste divin de conduire Lui-même son pinceau novice ». Il le demandait pendant la méditation qu'il appelait « l'aurore de la journée sacerdotale » ; il le demandait pendant la sainte messe qu'il préparait et célébrait avec ferveur ; il le demandait pendant le bréviaire qu'il récitait à des heures mar-

---

1. Se rappeler le chapitre IV.
2. S. Hilaire. *De Trinitate.*

quées et dans le recueillement le plus profond ; il le
demandait pendant l'examen particulier auquel il tenait
beaucoup ; il le demandait tandis qu'il effeuillait sous
les pas de la Vierge les fleurs du Rosaire ; il le demandait en ouvrant la Bible et l'histoire des saints ; il le
demandait surtout au pied du Tabernacle qu'il visitait
le plus souvent possible et près duquel il passait les
derniers instants du jour. Avant ses actions, il se posait
la question de saint Vincent de Paul : « *Quid nunc
Christus ?* Comment le Christ agirait-Il à ma place ?
Comment parlerait-Il? » Le Christ avait pénétré sa vie.

S'il faisait très large la part des exercices de
piété, il ne restreignait pas celle du travail. « C'est de
travail qu'il faut forger sa vie », disait Varron, qui
n'était pas fâché de s'entendre surnommer « un englou-
tisseur de livres ». L'abbé Hébant ressemblait au
fameux grammairien ; il avait horreur de l'inaction.
Tout le temps que ne réclamait pas la classe ou
l'aumônerie, il le consacrait à des occupations sérieuses : à la théologie et à des lectures utiles. Il repassa
le dogme et la morale jusqu'à la fin de son existence.
Un jour, ayant reçu la visite d'un de ses anciens
élèves, professeur au séminaire de Saint-Lazare à
Paris [1], « il l'entretint de théologie, lui désigna les
auteurs récents, les apprécia à leur juste valeur et
souleva quelques questions épineuses qu'il traita avec
aisance et autorité. » Au reste, il était bon théologien. Malheur aux téméraires qui soutenaient une
thèse fausse ou une opinion suspecte ; pour culbuter
leurs batteries, il n'avait pas besoin d'aligner des
arguments, une courte explication suffisait.

---

1. M. l'abbé L..., Lazariste, Paris, rue de Sèvres. — Correspondance,
30 août 1902.

La lecture succédait à la théologie. Ses auteurs favoris étaient le Cardinal Pie, le Père Félix, le Père Faber, le Père Monsabré, Montalembert, le Marquis de Ségur, Mgr de la Bouillerie, Louis Veuillot. Chez les uns il puisait une doctrine sûre ; chez les autres, une forme élégante ; chez tous, des matériaux destinés à documenter ses classes, ses catéchismes et ses instructions. Il lisait, la plume ou le crayon à la main, et transcrivait sur un cahier spécial les passages intéressants. N'avait-il pas son cahier près de lui, il se servait d'une copie d'élève, d'une bande de journal, d'une circulaire, d'une lettre de faire-part. Le procédé était expéditif. Etait-il pratique ? Non, puisque les bouts de papier s'accumulaient sur le bureau, et que le domestique finissait par les balayer d'un impitoyable coup de plumeau. Alors les précieuses et pauvres notes avaient le sort des feuilles d'automne, au grand désespoir de l'abbé Hébant. Celles qu'il pouvait retrouver, il les serrait dans son recueil de poésies.

Ces poésies n'étaient pas nombreuses, car il rimait seulement lorsque les circonstances l'exigeaient. Il craignait d'être emporté vers les régions du rêve. Sa volonté inébranlable était d'être occupé continuellement et chrétiennement, à la façon des religieux des « moutiers antiques » qui, tout en copiant les manuscrits d'après les conseils de Cassiodore, regardaient de temps en temps le CHRIST, seul témoin de leur labeur ingrat, puis, convaincus que le moindre caractère qu'ils reproduisaient était compté par l'ange du cloître et placé dans la balance de la justice divine pour servir de contrepoids à leurs fautes, se remettaient à l'ouvrage. *Laborare est orare*, pensaient-ils. Travailler, c'est prier. L'abbé Hébant le pensait comme eux.

On le conçoit, un tel attrait pour le travail n'allait point sans l'amour de la solitude. L'abbé Hébant ne recherchait pas la société. Bien qu'il possédât les qualités de la conversation, la facilité d'élocution, la finesse d'esprit, une affabilité exquise, une compétence indiscutable, il n'était pas « grand parleur [1] », et se renfermait volontiers dans un silence qu'il savait encore rendre aimable. Sortait-il de sa réserve, c'était pour prononcer des paroles pleines d'à-propos, toujours sérieuses, jamais désobligeantes [2]. Ses lèvres distillaient le miel de la charité. « Je l'ai eu trente-six ans pour confrère, affirmait M. le chanoine Baron, jamais je ne l'ai entendu critiquer ou blâmer le prochain. » A l'exemple de saint François de Sales, il ne voulait voir que le bon côté des hommes et des choses. La légèreté décochait-elle en sa présence quelque trait mordant, s'il n'avait pas le droit de réagir, il laissait voir par son air attristé que le trait le blessait autant que le prochain [3]; s'il pouvait intervenir, il arrêtait la langue malicieuse par des protestations comme celle-ci : « On étouffe ici ! ouvrez vite la fenêtre et que le vent de la critique aille souffler plus loin ! »

Attentif à ménager les autres, il souffrait tout de leur part. Durant plusieurs années, « au moment des repas, un de ses collègues se plaisait à l'accabler de plaisanteries agaçantes ; il répondait toujours de la meilleure grâce du monde, sans donner le moindre signe de mécontentement [4]. » Qu'on n'en conclue pas cepen-

---

1. Correspondance.

2. Parfois aussi pour rire, et combien joyeusement, des saillies qu'il entendait.

3. Cf. Proverbes, XXV, 23 : « L'aquilon dissipe la pluie ; et le visage triste arrête la langue médisante. »

4. Correspondance. — M. X., ancien professeur au Petit Séminaire.

dant qu'il était insensible aux attaques. Comme le doux évêque de Genève, il avait maintes fois besoin de « tenir son cœur à deux mains ». Un fugitif éclair passait alors dans ses yeux, mais cette marque d'impatience était presque imperceptible et il reprenait son calme habituel. La raillerie n'avait pas de prise sur lui. Par contre, remarquait-il qu'un de ses confrères était peiné de servir de cible à un phraseur quelconque, il trouvait moyen de verser sur la blessure un baume réparateur. Un jeune prêtre avait été vexé de la sévérité avec laquelle on avait critiqué sa manière de célébrer la sainte messe. L'abbé Hébant s'en aperçut ; il s'approcha de ce confrère et se contenta de lui adresser ce mot réconfortant : « Vous dites bien la messe, mon cher, évitez les imperfections qu'on vous a signalées, et vous la direz *très bien*. »

L'intervention était aussi charitable qu'intelligente.

A cette bienveillance expansive se joignait un extérieur recueilli qui ne sentait point la gêne et trahissait un profond sentiment de la présence de Dieu. « Marche devant moi et sois parfait », disait Jéhovah au Père des Croyants[1]. L'abbé Hébant suivait ce conseil.

Qui n'a lu l'histoire de cette femme du peuple qui, dans une visite à la cathédrale d'Amiens, remarque un prêtre agenouillé en face du Très Saint Sacrement ? Frappée de son maintien modeste, de la sérénité de son visage, de ce je ne sais quoi d'attirant que donne à l'homme la prière fervente, elle le considère longtemps et finit par s'écrier : « Tiens ! celui-là, c'est tout comme le Bon Dieu ! » Si, par impossible, au sortir de la cathédrale, cette femme du peuple avait rencontré l'abbé Hébant, si elle l'avait vu passer près d'elle, un doux et

---

1. Genèse, XVII, 1.

léger sourire sur les lèvres, les yeux à demi-baissés, répondant à son «bonjour» par une gracieuse inclination de tête, elle se serait certainement arrêtée, l'aurait regardé avec une surprise mêlée de respect, et n'aurait pas manqué de dire : «Tiens! lui aussi, c'est comme le Bon Dieu! Seulement même dans la rue il a l'air d'être à l'église!»

Et de tous ceux qui ont approché l'abbé Hébant, nul n'aurait désapprouvé cette naïve réflexion.

CHAPITRE VII

LE PROFESSEUR. — TROISIÈME. — SECONDE. — CHOIX ET CORRECTION DES DEVOIRS. — LE LITTÉRATEUR ET LE POÈTE. — DISCOURS : LA POÉSIE, L'ÉDUCATION CHRÉTIENNE, L'ÉGLISE ET L'INSTRUCTION. — TÉMOIGNAGE DE Mgr FERRANT.

1865-1890.

« LA froide clarté qui tombe des étoiles ne fait pas épanouir la fleur qui embellit nos jardins ; la science d'un homme, quelque brillante qu'elle soit, n'ouvrira jamais ce lis qui doit réjouir les regards de DIEU : une âme d'enfant. La fleur de nos jardins réclame les caresses de la brise et le sourire du soleil ; une âme d'enfant a besoin d'un courant de sympathie et d'un rayon de bonté. Le maître donnera donc à ses élèves non seulement les lumières de son intelligence et l'enseignement de ses exemples, mais encore, et surtout, les industries de son dévouement et les tendresses de son cœur. Alors, dépassant le vulgaire pédagogue de toute la hauteur de la tête, comme Saül dépassait ses compagnons d'armes, il prendra rang parmi les éducateurs. »[1]

L'abbé Hébant esquissait ce portrait du maître chré-

1. Distribution des prix, 1884, Petit Séminaire.

tien dans un discours de distribution de prix. Sans le vouloir, il se crayonnait lui-même. Édifier et instruire : instruire comme le chancelier Gerson catéchisait, simplement et religieusement ; édifier, comme saint François d'Assise prêchait, par sa seule présence ; pour atteindre ce double but, ne jamais se départir d'une *gravité souriante*[1] où s'harmonisaient parfaitement la distinction et l'aménité : une distinction supérieure qui commandait le respect, une aménité captivante qui gagnait la confiance ; se montrer principalement soucieux de la formation morale ; en un mot faire de l'étude un sentier qui menait à Dieu : tel fut son programme. Il le suivit pendant un quart de siècle, inclinant de plus en plus vers une paternelle indulgence, au fur et à mesure que les années s'accumulaient sur sa tête, et que le collège de M. Dehaene, perfectionnant son organisation, devenait une riche pépinière de prêtres et d'apôtres.

On l'appela de suite le *Bon Monsieur Hébant*.

C'est ainsi, auréolé de science et de mansuétude, qu'il parut en 1865 dans sa classe de troisième.

Les élèves ne tardèrent pas à l'entourer d'une filiale vénération. Il leur enseignait la grammaire avec méthode et leur expliquait les auteurs avec autant d'exactitude que d'élégance. Il excellait à mettre en évidence les expressions choisies que les jeunes latinistes saisissent au passage pour les enfoncer à coups de plume dans leurs petits chefs-d'œuvre.

Les Géorgiques le séduisaient. Le travail, père de l'industrie et vainqueur de tous les obstacles ; l'éloge de l'Italie, étalant aux regards des peuples étonnés les

---

1. L'expression est de M. le Docteur Delassus, Professeur aux Facultés catholiques de Lille. — Correspondance, 11 avril 1902.

produits de ses plaines et les lauriers de ses héros ; la
vie champêtre, si éloignée des embarras de la ville et
du tumulte des camps, si pleine d'ombrage, de paix
enveloppante et de vrai bonheur ; les campagnes de
Naurique, dévastées par un fléau implacable qui ren-
verse l'agneau expirant près de la crèche remplie
d'herbe, qui abat le bœuf au milieu du sillon commencé
sous les yeux du laboureur inconsolable ; le jardin de
Tarente, bordé de lis, de verveines et de pavots, dont
l'heureux propriétaire, un robuste vieillard, nous
apparaît, dans l'aube blanchissante d'un matin de
printemps, une rose à la main ; les aventures du pasteur Aristée, pleurant ses ruches détruites ; le désespoir d'Orphée qui, semblable à Philomèle gémissant
sous la feuillée, durant sept mois entiers, seul au pied
des hautes roches et des rives solitaires, redit sa
douleur aux antres glacés ; ces épisodes, vivantes
toiles peintes pour l'immortalité, lui semblaient autant
de fleurs semées par Virgile sur la route du traducteur.
Il s'y arrêtait, s'y attardait, s'y fixait, admirait, s'exta-
siait, un peu comme l'amateur de La Bruyère devant
ses tulipes. Que n'étions-nous parmi ses auditeurs !
Certes nous n'aurions pas imité un jeune homme, à
l'humeur capricieuse, que M. Hébant rappelait souvent
à l'ordre. Tandis que son professeur décrivait les
combats des abeilles, cet aimable distrait regardait
vaguement la muraille de la classe et rêvait d'expédi-
tions lointaines. Il s'est enrôlé successivement dans le
bataillon de Charette et dans le régiment des mobiles [1].

1. L'abbé Hébant lui écrivait :

« Mon bien cher ami,

» J'aurais dû commencer par vous féliciter de vos galons, vous êtes
donc un zouave valeureux, vous comprenez ce que c'est que d'être un

Après le traité de Francfort, il a échangé sa tunique de soldat contre la blanche robe du missionnaire. A l'heure actuelle il évangélise les Africains. Naguère il longeait les rives du Tanganika. Avec l'obstination d'un exilé, il cherchait à percevoir, dans le murmure des roseaux du lac, quelque faible écho de la patrie absente. Le courrier de France lui ayant apporté la nouvelle de la mort de M. Hébant, il regagna sa case pour nous écrire une lettre où nous avons puisé les détails précédents. Nous en détachons encore ces lignes : « M. Hébant a été mon professeur de Troisième. Il y a 37 ans de cela. Depuis j'ai fait bien du chemin, rencontré bien des hommes. J'ai vu Pie IX à Rome et j'ai lutté pour lui ; j'ai vu Faidherbe et j'ai combattu à Villers-Bretonneux sous les ordres de mon compatriote le Baron de Saint-Maert ; j'ai vu le cardinal Lavigerie et j'ai reçu de lui ma croix de missionnaire. Cependant la physionomie de M. Hébant m'a suivi partout, moins marquante assurément, mais aussi aimable que celle des personnages que j'ai eu l'honneur d'approcher... Jamais je n'oublierai sa charité pour Dieu et pour les hommes, ses paroles bienveillantes et ses manières

---

soldat chrétien, un défenseur du Saint-Siège. Je remercie le bon Dieu de m'avoir accordé l'honneur d'avoir été le professeur d'un zouave pontifical, digne d'un si beau nom. Si un jour vous êtes admis à une audience du Saint-Père, veuillez le prier de me bénir et de bénir aussi notre association des zouaves du silence, que j'ai établie à la Sainte-Union. On se tait, et c'est un sacrifice assez pénible (pour des enfants), pour la cause de Pie IX. Plusieurs élèves communient tous les dimanches pour le bien-aimé Père. On combat enfin contre soi-même pour se rendre plus agréable à Dieu et capable d'être exaucé dans les prières qu'on adresse pour la cause de l'Eglise. Vous tenez l'épée, nous prions. Espérons que votre courage et nos sacrifices attireront le secours de Dieu et la victoire. Priez aussi quelquefois pour notre chère maison de Saint-François, quand vous êtes dans un des sanctuaires privilégiés de l'Italie, et comptez aussi sur mes faibles prières. » — (1870).

distinguées. Je le revois en ce moment dans le pauvre local qui nous servait de classe : un corridor long et étroit ; sur les murailles, pas de mortier ; pour tout mobilier, des bancs ; de pupitre, point... Les sauvages m'empêchaient peut-être d'écouter ou de raisonner juste, car j'entends encore M. Hébant qui m'interpelle et me dit avec un bon sourire : « Dromeaux, à votre besogne ! Dromeaux, au travail donc ! Vous donnerez bien du fil à retordre à votre professeur de philosophie.... » Notre classe marchait bien, nous avions bon esprit et nous étions quelque peu fiers de braver la persécution. »[1]

Il y a une petite sonnerie de clairons dans la dernière phrase du R. Père Dromeaux. Elle rend bien l'enthousiasme de cette jeunesse, qui osait jeter aux adversaires de l'abbé Dehaene un courageux défi, et qui, l'ayant jeté, savait le soutenir avec une chevaleresque ardeur. Pour cela, cette jeunesse allait gaiement à son labeur quotidien ; elle supportait, sans se plaindre, les multiples contrariétés d'une installation primitive et partant défectueuse. Aujourd'hui le Petit Séminaire n'a plus d'amélioration matérielle à désirer ; il étend le long de la rue Warein ses deux ailes, reliées par la grille de son entrée principale ; les locaux sont nombreux et convenablement aménagés ; deux cours très vastes, garnies de chaussées de pierres, encadrées de marronniers et de tilleuls, invitent les pensionnaires à prendre leurs joyeux ébats ; un solide préau protège contre toutes les intempéries ; l'air et la lumière se répandent partout à flots pressés. Aussi, nous avons peine à croire ceux qui nous disent : « Autrefois la maison se réduisait au couvent des Capucins rehaussé

---

[1]. Correspondance, Tanganika, 24 janvier 1903.

M. LE CHANOINE DEHAENE,

SUPÉRIEUR DE L'INSTITUTION SAINT-FRANÇOIS D'ASSISE, A HAZEBROUCK.

d'un étage ; la classe se faisait en pleine sacristie, au réfectoire, au grenier, voire même dans les étables ; la cour de récréation, aux jours de pluie, n'était qu'un affreux bourbier où l'on pataugeait misérablement, malgré les briques posées en guise de pierres de pas ; pendant les bourrasques, le cloître seul offrait un abri ; la place et le soleil manquaient : on étouffait. ' »

Le contraste n'est pas poussé au noir : il est fidèle. Les débuts de l'Institution Saint-François furent très pénibles. C'est l'ordinaire : les œuvres, que la Providence marque de son sceau divin, ne commencent pas brillamment : sombre est l'époque de leurs semailles ; radieuse l'époque de leur moisson.

Les premiers élèves de M. Dehaene avaient donc accepté les épreuves inévitables de la fondation : ils étaient de la race des forts. Cependant n'est-il pas logique de réserver à leurs maîtres une part de nos éloges ? *Fortes creantur fortibus et bonis* ².

L'abbé Hébant mérite cet hommage. Ses élèves étaient fiers de braver la persécution parce que lui-même la souffrait et s'acquittait de son devoir de la façon la plus humble et la plus généreuse.

Il donna une preuve de son désintéressement au cours de l'année 1868. Le professeur de seconde, un laïc originaire de Paris, avait dû descendre de sa chaire. Grand amateur de romans, il perdait un temps précieux à lire en classe des livres légers dont le meilleur ne valait rien ; peu jaloux de son autorité, il reléguait la surveillance à l'arrière-plan. M. Dehaene pria M. Hébant de remplacer le Parisien, et lui

---

1. Cf. l'abbé LEMIRE. *L'abbé Dehaene et la Flandre.*
2. HORACE : *Odes*, IV, 3. *Qualem ministrum fulminis alitem.*

Parfum d'âme. 7

demanda, pour réparer le préjudice causé aux élèves, d'abord de serrer le frein de la discipline, ensuite d'expliquer les classiques chrétiens. La tâche était ardue. C'était après les vacances de Pâques, et quelques jeunes gens étaient englués au point de ne plus fuir les libres excursions à travers la littérature sentimentale. M. Hébant appliqua brusquement, trop brusquement même, les remèdes prescrits par M. Dehaene. Il traduisit de longs extraits de saint Basile et de saint Cyprien ; il réprima les moindres infractions au règlement. Les élèves lui firent grise mine, mais il doubla tout tranquillement ce petit cap des tempêtes et atteignit sans encombre la fin du troisième trimestre.

Il resta chargé de la seconde. Cette classe, de nos jours et par suite des exigences du baccalauréat, menace de devenir une espèce de laboratoire à la porte duquel la poésie frappe en vain. Semblable à l'alchimiste du moyen âge en face de sa mystérieuse cornue, l'élève promène la loupe sur les phrases et les mots des textes ; il les tourne et retourne ; il fouille, creuse, dissèque les chefs-d'œuvre avec la prétention, un tantinet excessive vraiment, de découvrir le minuscule défaut échappé à la perspicacité de ses prédécesseurs. Il oublie « que le plaisir de la critique nous ôte celui d'être vivement touché de très belles choses. [1] » *Quantum mutatus ab illo !* Jadis l'humaniste considérait la seconde comme le temple du bon goût et le sanctuaire de la poésie. Il n'avait ni l'audace de mordiller le royal diadème des génies, ni la velléité de suspendre la lyre... au clou d'un vestiaire. Désireux avant tout d'exploiter son propre fonds, il laissait sa

1. LA BRUYÈRE, *Des Ouvrages de l'Esprit.*

plume aller de son pas naturel, la bride sur le cou,
pour noircir des pages où le cœur s'efforçait de battre
et où l'imagination répandait à profusion ses vives
couleurs. C'était une éclosion printanière, une poussée
de feuilles sur un fouillis de rameaux. Heureux ces
sauvageons à la sève débordante, pour lesquels produire, produire encore, produire toujours était un réel
besoin ! Trois fois heureux pourtant ceux qu'émondait
ou greffait la main d'un habile jardinier !

L'abbé Hébant fut cet habile jardinier. Il débutait
par l'étude de ses sujets. Seraient-ils poiriers, pom-
miers, pruniers, abricotiers? Leur force relative
demandait-elle qu'ils fussent plantés en pleine terre,
exposés à tout vent ; ou bien, leur faiblesse exigeait-
elle qu'ils fussent abrités contre un mur et que,
gracieux espaliers, ils réjouissent la vue par leurs dispositions régulières et leurs fruits plus rares mais plus
savoureux? Autant de questions à résoudre. Pour
connaître ses élèves, il leur conseillait de suivre leur
inspiration. On lui apportait des narrations d'une
longueur démesurée et des vers plus ou moins bien
frappés. Il arrivait bientôt chargé de copies. *Rudis
indigestaque moles !* gémissait-il, en déposant les
copies sur le bureau. Puis, d'un ton bienveillant, il
ajoutait : « L'impression d'ensemble n'est pas découra-
geante ; bon nombre pèchent par exubérance : tant
mieux ! il est facile d'émonder un arbre qui a trop de
branches ; quelques-uns souffrent d'anémie : le mal
n'est pas incurable, il est possible de greffer, même
sur un tronc peu garni. Que nul ne se déconcerte : la
confiance en soi-même est la condition indispensable
du succès. »

Après avoir donné des ailes à ses élèves, il dirigeait
leur vol par des indications comme celles-ci : « Ne

vous perdez pas dans les nuages : soyez clairs. Maintenez-vous à une hauteur convenable : biffez de votre vocabulaire tout terme trivial ; évitez les expressions vulgaires et les sentiments peu élevés. N'êtes-vous que d'humbles roitelets, ne croyez pas avoir une envergure d'aigle ; restez simples ; ciselez votre phrase, mais ne la parez pas d'ornements recherchés ; ayez une prose correcte, coulante, sobre. »

Ces principes de style revenaient sans cesse dans la correction des devoirs dictés. Le choix de ces devoirs fut un des soucis de notre professeur de seconde. M. Dehaene avait dit au conseil : « Messieurs, ne donnez aux élèves que des textes instructifs. Quand vous ne dicteriez qu'une phrase, qu'une ligne, qu'un modèle d'écriture, qu'il y ait là dedans une vérité, quelque chose qui nourrisse l'esprit et le cœur de l'enfant. [1] » Excellente recommandation que l'abbé Hébant s'empressa de suivre. Ses cahiers de textes, revus et approuvés par M. Dehaene, [2] ont une réelle portée religieuse, morale et littéraire. Nous les avons examinés le crayon à la main. Quel parfum de poésie s'échappe de ces pages déjà défraîchies par le temps! Nous nous sommes surpris, tantôt à souligner des titres suggestifs et des rapprochements inattendus [3],

1. *L'abbé Dehaene et la Flandre*, par l'abbé LEMIRE.

2. M. Dehaene les revit deux fois. Voici sa première appréciation : « Textes bien variés et très bien choisis ». La seconde n'est pas moins élogieuse ; elle est ainsi conçue : « Choix qui me paraît heureux et riche. »

3. Cf. L'avette va voletant çà et là, au printemps, sur les fleurs, non à l'aventure mais à dessein, non pour se récréer seulement à voir la gaie drapure du paysage, mais pour chercher le miel, lequel ayant trouvé elle le suce et s'en charge ; puis le portant dans sa ruche, elle l'accommode artistement en séparant la cire et avec elle faisant la cellule, dans

tantôt à lire des extraits aussi habilement choisis que finement dosés, tantôt à savourer des canevas où passaient et repassaient des bardes aux accents prophétiques, des premiers communiants au brassard frangé d'or, de jeunes malades à genoux sur les marches d'un reposoir, des enfants offrant à Marie les cantiques et les fleurs de mai, des paladins — émules de Roland — prêts à frapper de rudes coups, des soldats tombés sur le champ de bataille et serrant de leurs doigts crispés le drapeau déchiré par les balles, de bons curés de campagne réduits à vendre les plantes rares de leur jardin pour soulager les miséreux de leur paroisse, de jeunes pensionnaires songeant — sous les blancs rideaux de leur alcôve — aux souffrances qui accablent les pauvres durant la froide saison, des missionnaires debout sur le pont du navire qui les emporte vers la terre lointaine, de nouveaux prêtres montant à l'autel, avec leur premier calice et leur première hostie, au chant des hymnes et à travers des nuages d'encens...

Nos lecteurs trouveront peut-être que nous allongeons outre mesure une fastidieuse énumération. Qu'ils se détrompent. S'ils pouvaient analyser les nombreuses notes que nous avons prises, ils nous reprocheraient de ne leur avoir présenté qu'une gerbe trop maigre ; d'eux-mêmes ils reconnaîtraient que

---

laquelle elle réserve le miel pour l'hiver suivant. Appliquez aux lectures que l'on fait.

Dès que le fer a senti la puissance de l'aimant, il se retire devers lui, puis il commence soudain à se démener par de petits tressaillements, témoignant en cela la complaisance qu'il ressent, ensuite de laquelle il s'avance et se porte vers l'aimant cherchant tous les moyens de s'unir à lui. Comparez au fer le cœur de l'enfant et celui de sa mère se tournant vers Dieu.

(St François de Sales.)

l'abbé Hébant remplissait à la perfection le rôle assigné au Professeur de Seconde : celui d'éveiller l'imagination des élèves ; d'eux-mêmes aussi ils reconnaîtraient que l'abbé Hébant ne sortait pas, de parti pris, du cercle des idées sérieuses, qu'il visait, avec une persévérance couronnée de succès, à créer en sa classe une atmosphère de foi et de générosité, que presque chaque jour, mais discrètement, dans des versions puisées aux meilleures sources, dans des thèmes présentés de façon à dissimuler les difficultés techniques sous les charmes d'un récit attrayant, dans des narrations et des critiques d'une délicatesse exquise, déconcertantes parfois pour certaines natures positives [1], dans des vers latins et français où vibrait tout ce qui chante au fond d'un cœur chrétien, dans les moindres compositions, il faisait sonner les grands mots dont l'humanité pensante a jalonné sa route vers l'au delà, mots immortels et profonds comme les cieux d'où ils viennent et les âmes où ils tombent, les mots Idéal, Travail, Charité, Vertu, Patrie, Providence, Religion, Dieu.

Ce sont les conclusions que nous avons tirées en fermant les cahiers de M. Hébant. Et ces cahiers, nous les avons plusieurs fois rouverts, afin de relire encore trois devoirs qui nous charmaient il y a quelque 25 ans : une page de Mgr Gerbet, donnée en thème latin ; une version latine ; une églogue biblique. Ces devoirs étaient restés dans notre mémoire, et nous les avons revus avec le plaisir d'un amateur qui retrouve, entre les feuillets d'un vieux livre, sa fleur préférée. Voici la page de Mgr Gerbet : « Pendant que j'écrivais,

_____

1. Par exemple : « Que vous dit un cerisier couvert de neige ? — Réflexions sur une abeille morte dans le calice d'une fleur. »

un papillon de nuit, qui était entré par la fenêtre entr'ouverte, s'est abattu sur les briques de ma chambre. Il s'était probablement fait mal et il voltigeait par terre, faisant *un grand petit bruit* par ses efforts pour se relever. Son bruit m'a fait penser à lui. Je me suis dit que s'il parvenait à voler comme de coutume, il viendrait bien vite brûler ses ailes à la lumière et qu'il valait mieux le mettre dehors, en liberté, sous les étoiles. Je l'ai poursuivi avec un cornet de papier pour le prendre. Je l'ai pris et mis en liberté. Pauvre papillon, nous sommes comme toi. *Blessés par la douleur, nous nous agitons terre à terre, mais en même temps nous battons des ailes, des ailes que Dieu nous a faites : l'Espérance et la Prière.* »

La version est d'Ausone. Elle nous mène dans un joli jardinet. Le jour se lève à peine. Le poëte se promène au milieu de ses rosiers. Sur la corolle des fleurs brillent des gouttes de rosée que vont boire les premiers rayons du soleil. Le poëte va d'une rose à une autre, admirant les couleurs, aspirant le parfum, parfum qu'emporte la brise, couleurs qui se confondent avec les teintes de l'aurore. Soudain le front du poëte s'assombrit ; il songe que les roses se penchent vite sur leur tige épuisée, et, d'une voix émue, il nous adresse ce mélancolique adieu : *Enfant, cueille la rose pendant que sa fleur est nouvelle, et que nouvelle est ta jeunesse, et souviens-toi que tu passes aussi vite que la rose.*

Florem carpe, puer, dum flos novus et nova pubes,
Et memor esto ævum sic properare tuum.

Si l'on nous demande d'entretenir la tombe de l'abbé

Hébant, nous planterons des rosiers tout autour, et sur le marbre nous graverons le distique d'Ausone.

L'églogue biblique est charmante. Joseph et Benjamin sont dans la vallée de Mambré. Au-dessus de leur tête, le soleil mourant empourpre l'horizon. Les deux frères se communiquent leurs joies et leurs peines jusqu'à ce que retentissent, et les cris des pâtres qui s'appellent, et les clochettes des brebis qui se rapprochent des pâtres. Alors, parlant de l'accueil que leur réserve leur bon père, le patriarche Jacob, ils regagnent leur demeure. Ce devoir nous fut dicté à la veille des vacances. N'était-ce pas délicat de deviner ainsi les légitimes aspirations des élèves et d'ouvrir, en quelque sorte, la fenêtre de la classe pour laisser entrer une bouffée d'air natal ?

L'abbé Hébant choisissait bien les devoirs ; les corrigeait-il aussi bien ? Une fois fixé sur la force de sa classe, il triait les copies et prenait les meilleures qu'il retouchait lui-même en public. Cette critique équivalait, pour les privilégiés, à une citation à l'ordre du jour, pour les autres, à l'étude d'un modèle achevé. La méthode avait l'inconvénient de ne pas stimuler les partisans du moins possible. Qui veut atteindre cette catégorie si peu intéressante, doit la soumettre à un contrôle incessant et sévère. L'abbé Hébant n'en avait ni le désir ni le loisir. Le désir lui manquait : par une répulsion naturelle aux hommes de goût, il n'aimait pas à promener son crayon sur des pages tout embroussaillées de fautes et d'imperfections. Le loisir lui manquait également : l'aumônerie de la Sainte-Union absorbait une grande partie de son temps. La besogne l'accablait.

En 1870, il se sentit débordé, et, afin de pouvoir s'occuper davantage de ses élèves, il pria M. Dehaene de lui permettre de descendre en huitième.

M. Dehaene refusa. Il eut raison. Si l'abbé Hébant ne se résignait pas à regratter de méchantes copies, par contre, il surveillait son enseignement oral de manière à revêtir ses pensées d'expressions toujours justes, toujours élégantes, parfois colorées. Ainsi sa seule parole était une captivante et continuelle leçon. Il y parvenait sans effort, car, nos lecteurs l'ont déjà constaté, il était poète et littérateur.

Littérateur, il appartenait à l'école de la tradition. Adversaire irréductible des fantaisies hugotines, il se rangeait presque d'instinct du côté du classicisme. Chez lui ce mot n'était pas un panache démodé, mais un glorieux drapeau qui signifiait bon sens, épanouissement normal des facultés, noble emploi du talent. Conséquemment il frappait d'ostracisme les écrivains qui transformaient leur plume en stylet mortel, et, chaque fois qu'il les rencontrait, il jetait à ses élèves ce cri d'alarme :

« Colombes, ôtez-vous de là, le vautour passe ! »[1]

Conséquemment encore il glanait les meilleurs épis du champ de la littérature païenne. Avec une complaisance de dilettante, il répandait des lis à pleines mains sur les tombes des Marcellus, des Nisus, des Euryale, des Pallas, ces héros fauchés par le glaive des batailles dans le charme de leur jeunesse et l'élan de leur bravoure. On sentait que Virgile avait ses préférences. Il prisait moins Horace, à cause de sa philosophie trop facile. Cependant il ne sortait pas volontiers des villas de Tibur et de Sabinum. Elles lui

---

1. Victor Hugo.

souriaient, ces paisibles maisons de campagne, la dernière surtout. Ceux-là s'en souviennent qui ont noté avec lui ce vœu du poète satirique : « Ce que je désire, c'est une propriété pas trop grande : au milieu serait une maison entourée d'un jardin que traverserait une source d'eau vive : le tout serait caché derrière un vert rideau d'arbres. »[1]

Plusieurs de nos confrères, et nous les en remercions ici, nous ont cité des maximes dont l'abbé Hébant détaillait les nuances, comme un joaillier fait ressortir les facettes d'un diamant. Au milieu de ses explications, il cherchait à glisser une réflexion utile. Par exemple, après avoir décrit le gracieux coin de terre où Horace rêvait de finir ses jours, il ajoutait sur un ton grave : « Horace ne pense qu'à son corps ; il veut mourir le front couronné de roses, il veut goûter le miel de l'Hymette et tremper ses lèvres à une coupe de vin meilleur que le Falerne ; *mais il ne s'inquiète pas de son âme...* » La voix du maître élevait l'esprit des disciples plus haut que le livre banal, comme l'Angelus qui tinte dans les campagnes élève un peu l'âme du laboureur au-dessus du sillon[2]. N'était-ce pas tirer des auteurs païens le meilleur parti possible ?

De temps en temps, pour rompre la monotonie du cours, l'abbé Hébant déclamait lui-même un morceau

---

1. HORACE. *Satire*, II, 6.

2. LAMARTINE. *Les laboureurs*. Qu'on nous permette de citer le passage.

> Mais quel son a vibré dans les feuilles ? La cloche,
> Comme un soupir des eaux qui s'élève du bord,
> Répand dans l'air ému l'imperceptible accord
> Et par des mains d'enfant au hameau balancée
> Vient donner de si loin son coup à la pensée.
> C'est l'Angélus qui tinte et rappelle en tout lieu

saillant : la description du cheval de Job qu'il rapprochait de la description de Buffon ; le passage du Rhin, de Boileau ; la prière ou l'aigle, de Lamartine... Alors, paraît-il, l'admiration était générale.

Conticuere omnes, intentique ora tenebant.

Malheureusement, ce silence solennel était parfois troublé de singulière façon. Un élève manifestait-il son étonnement par une attitude trop expressive ou un geste inattendu, l'abbé Hébant remarquait aussitôt cette note comique, et, subitement, il éclatait de rire. Le rire gagnait la classe entière ; elle n'écoutait plus, ni le galop du cheval de Job, ni la voix de la tempête qui berce l'aigle de Lamartine ; elle ne voyait plus, ni le roi brillant du jour se couchant dans sa gloire, ni le grand fleuve, tranquille et fier du progrès de ses eaux ; elle n'entendait et ne regardait que le professeur secoué par un rire convulsif ; elle riait de lui, elle riait avec lui. C'était le rire inextinguible d'Homère. Les nerfs jouaient de ces tours au grave abbé Hébant !

La crise passée, on se remettait à l'ouvrage et les élèves admiraient le goût exquis de leur maître. Ils admiraient aussi son amour de la poésie. Cette fille du ciel, cette aile de l'âme, l'abbé Hébant la voulait à son service pour combattre la vulgarité des idées et des expressions, pour orner le langage d'images et de

---

Que le matin des jours et le soir sont à Dieu.
A ce pieux appel le laboureur s'arrête,
Il se tourne au clocher, il découvre sa tête,
Joint ses robustes mains d'où tombe l'aiguillon,
Elève un peu son âme au-dessus du sillon,
Tandis que les enfants, à genoux sur la terre,
Joignent leurs petits doigts dans les mains de leur mère.

Millet aurait-il lu ces vers avant de peindre son *Angelus ?*

comparaisons qui colorent le style et lui donnent un puissant relief. Il enveloppait dans la même estime le vers latin et le vers français. Ce n'était pas lui qui aurait félicité le Ministre de l'Instruction publique d'avoir supprimé le *Gradus* du catalogue universitaire. Il croyait avec Mgr Freppel « que le vers latin habitue l'élève à resserrer la pensée, à lui donner du nerf et du coloris, à trouver le mot propre, le trait qui porte et qui frappe. [1] » Les sujets de ses vers latins étaient le plus souvent les hymnes du bréviaire. « Il adorait les hymnes du bréviaire, nous écrivait un religieux. Je me souviens qu'il nous désespérait, pour ainsi dire, quand, après nous avoir fait entrevoir quelque chose des inimitables beautés de ces hymnes, il nous commandait de les mettre en strophes de rythme différent. L'heure de la correction était une heure délicieuse ; il nous ravissait par ses commentaires sur le *Jesu dulcis memoria* et le *Vexilla Regis ;* on se serait cru à la chapelle. »

Il nous revient que M. l'abbé Bels a mis en distiques latins les hymnes du Bréviaire. Serait-il téméraire d'affirmer que M. Bels a forgé sur l'enclume de son ancien maître ses vers marqués au bon coin [2] ?

L'originalité était la qualité principale que M. l'abbé Hébant exigeait des fervents du Parnasse. Le R. Père Hamez, Rédemptoriste, nous a conté l'anecdote suivante : « Il s'agissait de concourir en vers latins. Le sujet de composition était : *De Ludis Puerorum*, et sur ce thème M. Hébant donna un canevas de quelques lignes où il était question de plusieurs jeux en honneur au Petit Séminaire. Je savais qu'on méritait

---

1. Mgr Freppel. *Discours de Distribution de Prix* à Mongazon.

2. Voir *Præcipui hymni de Vesperis versu hexametro et Sequentiæ de Missa distichis redditi.* Société Saint-Augustin : Desclée, De Brouwer et Cie, 41, rue du Metz, Lille.

la préférence en tirant de son propre fonds le développement d'une idée en rapport avec la matière proposée. D'autre part, nul n'ignorait l'axiome du sage professeur : *non numerantur sed ponderantur*. Je résolus donc de décrire le jeu de barres auquel il n'avait pas été fait allusion dans le canevas : premier atout ; puis de ne faire qu'une dizaine de vers au plus, quitte à les tailler, peigner, brosser de façon à les perfectionner le plus possible : deuxième atout, grâce auquel je comptais obtenir la palme.

» Mon travail réussit à souhait. D'abord les tâtonnements du début : choix des chefs, séparation des camps. Pour esquisser ces laborieux préparatifs : deux vers, composés de spondées, car M. Hébant se plaisait à redire en termes qui faisaient comprendre le précepte : « Le spondée, lourdaud, se traîne, en boitant, au but ; mais le dactyle, rapide, vole et s'y précipite. » Ensuite je mis en scène la course elle-même : deux champions se défient, deux autres interviennent, chassé-croisé vertigineux, finalement l'un d'eux se fait prendre. Tous ces détails en hexamètres d'une allure très vive, grâce aux dactyles multipliés. Ma pièce avait dix vers.

Vingt fois sur le métier *je remis* mon ouvrage.

» J'aurais pu ajouter encore de nombreux vers, j'en avais le temps. Mais non, je m'arrêtai là, avec la conviction orgueilleuse d'Horace : *exegi monumentum*. Comme bien l'on pense, j'attendis impatiemment le dimanche où le résultat devait être proclamé. Mon ambition ne fut pas déçue : j'étais le premier. Le lendemain, en classe, compte-rendu. M. Hébant voulut bien renchérir encore sur les éloges que je m'étais déjà décernés à moi-même en relisant cent fois au moins mes dix vers. Il fit remarquer le mérite de l'inno-

vation, vanta l'ordre et la sobriété de la mise en scène,
exalta chaque vers l'un après l'autre. Surtout il s'exta-
sia devant un rejet : *advolat hic*, qui, rapide comme la
flèche, amenait le vainqueur de la course. Soudain,
coup de théâtre : « Monsieur, ce vers n'a que cinq
pieds ! » C'était mon concurrent à la première place
qui faisait cette remarque. Je devins bleu, vert, rouge
pourpre... Mais M. Hébant de repartir aussitôt. « Hé !
mon ami, il en reste encore neuf excellents... Le rejet
n'a rien perdu de sa valeur... Et puis, ne vous semble-
t-il pas que le vers est plus rapide encore ? Le coureur
a jeté sa galoche afin de fuir plus vite. [1] »

L'abbé Hébant appréciait les vers latins en connais-
seur ; lui-même les tournait habilement. Nous avons
lu ses strophes saphiques sur l'Enfant Jésus, ses
strophes alcaïques sur la Salutation Angélique et sur
la fuite de Pie IX à Gaëte. Ces poésies, de facture
coulante, pleines d'entrain, sont les effusions d'un
cœur de prêtre, et le prêtre chante ce qu'il aime : le
Christ, la Mère du Christ, le Vicaire du Christ.

Et les vers français ? Il les cultivait avec une réelle
facilité. C'était à lui qu'incombait la charge de faire
parler la muse dans les circonstances où il fallait
prêter une voix à l'enthousiasme scolaire : fête de
M. le Supérieur, visite de Mgr l'Archevêque, cérémonie religieuse ou profane. Ces pièces, d'une harmonie
toute racinienne, ont pour caractéristique la fraîcheur
et la simplicité [2].

Le poète des Humbles se compare « à un bouvreuil
qui chante à une fenêtre d'un faubourg de Paris [3]. »
L'abbé Hébant fut le bouvreuil de Saint-François.

---

1. Correspondance. Avril 1903.
2. Nos lecteurs pourront s'en convaincre en lisant l'appendice.
3. *Discours de réception à l'Académie*, 1884. François COPPÉE.

Et le bouvreuil de Saint-François n'effarouchait pas
les oisillons qui se posaient sur sa branche, près de lui,
pour essayer leurs timides gazouillements.

Les élèves que tourmentait l'ardeur de rimer, trouvaient en M. Hébant un guide sûr et bienveillant. Il
les laissait traduire en vers leurs versions latines ou
grecques, et leur réservait une place de choix à l'Académie, fondée au Petit Séminaire par le R. Père Siméon,
Jésuite, chargé de la Rhétorique à l'époque des décrets.
Toutefois il leur recommandait d'être les abeilles et
non les papillons du Parnasse. A l'entendre, une œuvre
poétique, qui n'aboutissait qu'à la rêverie, n'était qu'un
gaspillage d'esprit et de temps ; le poète n'était pas une
flûte légère propre à flatter des oreilles de sybarite,
mais un clairon sonore destiné à donner le signal des
grands combats. S'il blâmait la poésie énervante et
molle, celle qui sème « de fleurs le bord des précipices [1] » ou trahit « la vertu sur un papier coupable [2] »,
en revanche, il comblait d'éloges, il déclarait utile,
nécessaire même, la poésie fidèle à sa mission, celle
qui arrache les âmes aux réalités décevantes et les
entraîne vers l'idéal.

Cette poésie-là, — la seule digne d'être louée, — il
la défendit en 1873 dans un discours qui eut les honneurs de l'impression [3]. Ne pas mettre cet éloquent
plaidoyer sous les yeux de nos lecteurs serait leur
causer une déception. Nous allons donc le copier in
extenso. L'orateur disait à la distribution des prix :

« Un sage de la Grèce, affligé du lugubre spectacle
» que lui offrait sa patrie, se confia aux ailes de son

---

1. Racine. *Athalie.*
2. Boileau, *Art poétique.*
3. *Indicateur d'Hazebrouck*, 14 août 1873.

» génie pour s'élancer dans les régions de l'idéal. Il
» y bâtit une république, où l'on ne devait plus voir
» ni les divisions sanglantes des partis épuiser la vie
» de toute une nation, ni le caprice populaire ou l'in-
» constance de la fortune élever aux honneurs des élus
» pour les précipiter bientôt dans la poussière ou sur le
» chemin de l'exil, ni les médiocrités intrigantes
» conquérir toutes les dignités et toutes les couronnes.
» Platon devait, par son gouvernement pacifique,
» paternel et durable, faire le bonheur des peuples.
» Dans un élan de générosité magnanime, il appela tous
» les humains à venir puiser aux sources de félicité
» qu'il avait fait jaillir. Les poètes seuls, malheureux
» déshérités de l'estime du grand homme, virent se fer-
» mer pour eux les portes du nouvel Eden.

» Soyons justes cependant. Le philosophe cueillit
» quelques fleurs pour en tresser une couronne qu'il
» plaça sur le front déshonoré des pauvres bannis :
» c'est ainsi que l'on parait de fraîches guirlandes
» les victimes destinées au sacrifice. Il pensait peut-
» être que les poètes parviendraient un jour à
» s'emparer du gouvernail, et que, dès lors, le vais-
» seau irait se briser contre l'écueil. Leur refusant
» donc l'inoffensif plaisir de charmer par leurs accords
» les fatigues et les ennuis du pilote et de l'équipage,
» il les jeta à la mer comme si la plus belle portion du
» génie devait être la plus inutile ou la plus nuisible à
» un Etat.

» On lance encore quelquefois un semblable arrêt
» d'ostracisme, injuste et déraisonnable, à la poésie et
» à ceux qui la représentent. Mais je ne crains pas,
» Messieurs, de trouver parmi vous, même des juges
» sévères. Si nous n'accordons pas aux poètes des
» honneurs qu'ils n'ont jamais ambitionnés, nous vou-

» lons partager l'estime que tous les siècles ont con-
» servée pour leurs immortels ouvrages ; nous voulons
» que l'étude de la poésie garde, dans l'instruction
» de la jeunesse, le rang distingué qu'elle a toujours
» occupé.

» Maintenant voici ma pensée : on peut avec avan-
» tage se livrer à une étude qui embellit le langage,
» règle et agrandit l'intelligence, à une étude enfin
» qui donne pour tout ce qui est beau un noble enthou-
» siasme.

» Je ne pourrai que développer à grands traits ma
» pensée, en l'appliquant à l'étude des poètes. De votre
» côté, veuillez suppléer, par vos souvenirs, aux cita-
» tions nombreuses que je pourrais apporter comme
» preuves, mais qui donneraient à un discours de trop
» vastes proportions.

» Les fleurs de la poésie sont proverbiales ; mais
» j'entends que ce soit un premier éloge. Le bon Dieu
» n'a pas seulement créé les déserts avec leur morne
» silence, les chaînes de rocs sauvages avec leurs
» flancs dénudés ; il a étendu sous nos pas le vert tapis
» des gazons, partout il a semé les fleurs, partout il a
» ménagé à nos regards de charmantes surprises dans
» des sites enchanteurs, et dans la nature entière
» résonne un harmonieux ensemble de voix qui
» charme nos oreilles. *La poésie a copié l'œuvre de
» Dieu.* Personne ne lui refuse cette fraîcheur, cet
» éclat, ces formes élégantes qui la font regarder
» comme un gracieux parterre tout étincelant des plus
» vives couleurs.

» Tout le monde admet encore la vérité de cette
» autre parole : *Ut pictura poesis.* La poésie est
» comme la peinture ; elle prête une physionomie à la
» pensée, elle la représente sous des formes drama-

» tiques et saisissantes, lui donne du relief par d'écla-
» tantes images, de sorte qu'après avoir lu un récit de
» Virgile ou d'Homère, si vous êtes peintres, vous
» n'avez qu'à prendre vos pinceaux et à reproduire le
» tableau vivant qui vous sert de modèle.

» Que dire de cette mélodie continuelle qui fait
» encore de la poésie une musique ineffable ? Le lan-
» gage, manié par un poète habile, devient une lyre
» qui, comme les harpes éoliennes sous le souffle qui
» les anime, fait entendre un mélange suave de tons,
» de nuances, d'accords inimitables.

» Et sans aller plus loin, n'est-il pas vrai, Messieurs,
» que celui qui fera son séjour habituel sur les bords
» du Permesse ou des fontaines de Castalie, sur les
» coteaux riants du Pinde ou du Parnasse, ne pourra
» plus souffrir, dans ses écrits, la stérilité, l'aridité des
» sables, des vastes solitudes, la rudesse et l'âpreté
» d'un chemin rocailleux ; qu'il voudra faire naître
» d'autres fleurs que les pavots assoupissants, et que,
» comme les oiseaux qui avaient voltigé sur le
» tombeau d'Orphée, il conservera une voix plus
» mélodieuse et des chants plus doux ?

» Il est cependant des grâces de langage que le pro-
» sateur doit renoncer à imiter, car il est des sujets
» qui ne peuvent se passer de la forme poétique, sans
» être défigurés, en quelque sorte anéantis. Cette
» forme leur est indispensable comme le plumage à
» l'oiseau. Privé de sa riche parure, *l'oiseau n'est*
» *plus l'oiseau, ce n'est plus cette vive créature que*
» *Dieu a faite, le messager aérien, la fleur qui chante*
» *et qui vole.* La poésie est encore une expression néces-
» saire de la pensée humaine, quand il s'agit de lui don-
» ner plus de force, une énergie plus serrée. Avez-vous
» pesé, Messieurs, la substance d'un bon vers ? Dans

» les limites étroites de douze syllabes au plus, vous
» trouvez l'étendue, la hauteur, la profondeur de tout
» un monde. Corneille nous fournit de ces vers à chaque
» page. Traduisez en prose une de ces pensées, il vous
» faudra un languissant et pâle commentaire, où vous
» ne trouverez ni l'éclat, ni le laconisme profond de la
» poésie. Les grands poètes, anciens et modernes,
» nous font sentir, à tout instant, que leur pensée est
» née en vers, qu'elle ne peut pas se présenter sous une
» autre physionomie que celle que la poésie lui a don-
» née. Le vers a des traits acérés, prompts ; il vole à
» toutes les hauteurs, franchit tous les espaces, perce
» toutes les cuirasses ; le vers, c'est la merveilleuse
» épée de Roland dont l'acier fendait les armures les
» mieux trempées, et qui ne pouvait même pas
» s'émousser quand il rebondissait contre les rocs les
» plus durs.

» La prose, disons-nous, doit renoncer à imiter ces
» choses-là. Pourtant, il lui sera toujours utile de
» s'approcher le plus possible de la délicatesse et de
» l'énergique concision de la poésie ; il sera donc tou-
» jours utile à l'écrivain de feuilleter souvent les
» ouvrages des poètes.

» Je n'ai encore parlé que des qualités extérieures,
» que de la riche enveloppe de la poésie. J'ai à vous
» signaler d'autres qualités aussi réelles, mais peut-être
» plus méconnues.

» Le mérite de l'enchaînement et de la méthode
» paraît être le mérite exclusif d'une œuvre scienti-
» fique. Cependant on peut affirmer que non seulement
» l'ordre et l'unité doivent régner dans la poésie
» comme dans la science ou la métaphysique, mais
» encore qu'il est plus méritoire de les y maintenir,
» car le poète se heurte à des difficultés que nul autre

» ne rencontre. Le physicien, le chimiste trouvent
» pour ainsi dire un plan tout fait ; le philosophe a les
» grandes lignes de ses divisions tracées à l'avance ;
» les uns et les autres n'ont qu'à remplir le cadre que
» la nature leur fournit. Le poète doit tout créer, ou
» à peu près tout. Il invente, il dispose, il coordonne, et
» n'a d'autre guide que son génie. N'attendons pas de
» lui cette méthode timide, traînante qui tient à mon-
» trer tous les liens qui unissent chaque partie de
» l'ensemble, à en laisser à découvert toutes les join-
» tures, à indiquer tous les chemins qu'il faudra par-
» courir, à mesurer tous ses pas, à fouler pour ainsi
» dire toutes les molécules de la route à suivre. Le
» poète distribue son travail sur une économie plus
» large, et cependant aussi logique, aussi fortement
» emboîtée. Il méprise les chemins tracés en ligne droite
» dans un pays de plaines ; il conduit le lecteur à la
» suite de ses héros, au milieu de mille péripéties, de
» mille obstacles, dans des obscurités mystérieuses,
» dans des labyrinthes sans issue, pour les en faire sor-
» tir avec autant d'habileté et de naturel qu'il les y
» avait introduits. De cette manière il unit le plus
» grand intérêt à la succession logique des idées et
» des faits, et je ne pense pas, Messieurs, que l'on ose
» décider lequel d'Homère ou d'Aristote dût posséder
» le plus d'esprit de suite et de synthèse, le premier
» pour concevoir son Iliade, le second pour disposer
» ses traités de Métaphysique.

» A la conception, à la disposition du plan, le poète
» doit ajouter la peinture des caractères et des pas-
» sions : il lui faut donc le talent d'observation qui dis-
» tingue les profonds moralistes, talent qui ne peut
» manquer à l'homme d'Etat sans l'exposer à diriger,
» d'une main maladroite, des peuples dont il ne con-

» naît pas le caractère, talent que doit posséder aussi
» l'orateur éminent qui veut remporter dans les
» assemblées les beaux triomphes de l'éloquence.

» Si l'on veut savoir à quels maîtres il faut deman-
» der l'acquisition d'un talent indispensable à l'écri-
» vain, je dirai sans hésitation : consultez les poètes.
» Ces hommes, en effet, ont prêté l'oreille à toutes les
» voix qui grondent ou qui soupirent dans le cœur de
» leurs semblables ; ils ont entendu le bruit des orages
» qui bouleversent les âmes, comme le murmure des
» sentiments les plus doux qui se reflètent à peine sur
» le visage ; ou, si vous préférez une autre image, il
» n'est point de fibre qui frémit dans le cœur, sans
» rencontrer son écho sur la lyre du poète. L'esprit
» d'observation éclate partout dans la poésie : dans
» l'épopée, dans la tragédie, dans la comédie, dans la
» satire et jusque sous la forme plus naïve de l'apo-
» logue.

» J'arrive à l'élévation de la pensée que donne tou-
» jours l'étude des poètes.

» Vous vous rappelez la grande idée que les anciens
» se faisaient de ces hommes extraordinaires, qu'ils
» se figuraient placés sur des hauteurs d'où ils domi-
» naient tous les horizons de l'intelligence et du temps.
» Le poète n'était pas seulement le roi des esprits
» supérieurs, c'était un prophète, *vates*. Raisonnons et
» nous verrons, peut-être, que tout n'est pas flatterie
» dans un pareil éloge. Le poète, comme le philosophe,
» se nourrit des plus sublimes conceptions, de la pure
» substance de la sagesse. Corneille, Racine, j'ajou-
» terai même, à côté de ces grands noms, M. de Lamar-
» tine, malgré ses nombreux défauts, tous ces poètes
» illustres, se sont joués avec les plus difficiles pro-
» blèmes de la métaphysique ; ils ont jeté sur Dieu,

» sur l'homme, sur la société, les aperçus les plus
» variés et les plus vrais, et tandis que le philosophe
» décompose, analyse chaque rayon de lumière et ne
» lui laisse dans ses écrits que les couleurs, belles
» encore, mais déjà ternes, du spectre solaire, le
» poète laisse à la vérité tous ses rayons et toute sa
» splendeur naturelle.

» Vivez maintenant dans le commerce habituel de
» ces hommes d'une intelligence si élevée et si vaste,
» vous sentirez votre esprit monter et s'élargir. Il
» restera dans votre langage quelque chose de la gran-
» deur et de la majesté de leur génie, comme on ren-
» contre, chez les élèves de Michel-Ange et de Rubens,
» des qualités qui rappellent, à un degré plus ou
» moins remarquable, les maîtres sublimes.

» Enfin, Messieurs, et je termine, un des plus pré-
» cieux fruits de l'étude des poètes, c'est l'enthousiasme.
» C'est ici, peut-être, que je devrais tenir un langage
» plus timide et plus humble. L'enthousiasme... qu'est-
» ce donc que cette exaltation ridicule, ce délire digne
» des petites maisons, cette espèce d'épilepsie écu-
» mante, ces trépignements puérils, que vous décorez
» du nom d'inspiration ?

» Telle est l'idée que se font de l'enthousiasme cer-
» tains hommes dont l'âme n'a jamais tressailli. Il
» semble que leur cœur soit entouré d'une triple cui-
» rasse de chêne ou de bronze qui l'empêche de bondir ;
» leurs regards se portent avec une froideur stoïque
» sur les spectacles les plus grandioses et les plus émou-
» vants ; et quand à leurs côtés se trouve une nature
» moins glacée que la leur, un homme dont les traits
» animés trahissent une profonde émotion, ils se de-
» mandent avec une sorte de pitié ce que signifie cette
» folie.

» Cette folie !... Mais c'est un don précieux qui a été
» refusé à votre intelligence incomplète, à votre âme
» incapable de grandes choses. Dans un siècle qui
» laisserait s'éteindre le noble feu de l'enthousiasme,
» on verrait s'éteindre aussi les beaux-arts, l'éloquence
» et le patriotisme. Une âme sans vie va-t-elle conce-
» voir des chefs-d'œuvre ? Une phrase, froide comme
» la parole d'un géomètre, va-t-elle produire dans une
» assemblée des frémissements d'indignation contre
» le vice, d'amour pour la vertu ?... Un cœur sans élan
» enverra-t-il dans toutes les veines cette fièvre
» sublime, qui lance le guerrier à la victoire ou à la
» mort ?

» Mais laissons ces marbres à face humaine, et mar-
» chons à la suite des plus illustres écrivains qui ont
» toujours demandé l'inspiration aux ouvrages des
» grands poètes ; imitons Bossuet qui, avant de com-
» poser ses chefs-d'œuvre, échauffait son génie par la
» lecture d'Homère.

» C'est qu'en effet les chefs-d'œuvre de la poésie
» conservent, après des siècles, le souffle brûlant
» qui les a produits. Sous l'enveloppe des vers vous
» sentez bouillonner encore une pensée ardente, cou-
» rir la flamme échappée de l'âme embrasée du poëte ;
» vous sentez comme des traits de feu qui vous pénè-
» trent vous-mêmes, à mesure que vous avancez dans
» votre lecture, et vous vous écriez, captivés par une
» puissance invincible : *Deus, ecce Deus !*... Oui, voilà
» l'inspiration du génie ! Puis, sortis de cette ravis-
» sante ivresse, vous conservez pour tout ce qui est
» grand et beau une admiration que ne condamneront
» jamais les hommes à qui Dieu a donné la lumière du
» bon sens, de la raison et du génie.

» Et maintenant, chers amis, c'est à vous que je

» m'adresse ; n'oubliez pas la recommandation si sage
» d'un grand docteur, saint Basile, dont les écrits ne
» vous sont pas inconnus. Il vous rappelle que l'étude
» des lettres profanes n'est qu'une initiation, une pré-
» paration à de plus grandes et plus belles choses. Et
» pour traduire sa pensée en peu de mots, il veut que
» nous emportions les richesses de l'Egypte pour en
» orner le temple du vrai DIEU.

» L'or et les pierreries que vous recueillerez dans
» les mines si riches de la poésie, vous vous en servi-
» rez pour embellir la vérité, mais la vérité telle que
» la religion révélée l'enseigne. Les conceptions
» élevées des poètes pourront agrandir vos idées dans
» le domaine de la raison, mais souvenez-vous qu'elles
» ne sont qu'une ombre auprès des enseignements de
» la Foi ; et cet enthousiasme, que vous sentirez
» s'emparer de vous à la lecture des beaux vers, ne
» sera qu'exciter les élans d'un enthousiasme plus
» grand encore.

» Grâce à Dieu, nous vous avons vus et suivis sur
» les chemins qui conduisent aux sanctuaires bénis où
» la France va gémir sur ses fautes et implorer son
» salut. Nous vous avons vus et nous avons été fiers de
» vous.

» L'enthousiasme catholique vous a saisis ; laissez-
» vous emporter par ses flammes : une jeunesse
» embrasée à un foyer si pur promet à l'Eglise et à la
» Patrie un triomphe qui ne peut plus tarder. »

Quelques mois après ce discours, le 13 décembre
1873, le Président de la République, le Maréchal de
Mac-Mahon, signait à Versailles le décret accordant à
l'Institution Saint-François d'Assise, le titre et les
privilèges des écoles secondaires ecclésiastiques.

L'Institution devenait de droit un Petit Séminaire. Afin de l'être de fait, elle sacrifiait les cours français et les jeunes gens non attirés vers le sacerdoce.

L'abbé Hébant ne se plaignit pas de la transformation, parce que — le mot est de lui — « la vie dans un Petit Séminaire procure souvent l'exquise jouissance de voir une belle âme s'ouvrir devant soi. »

Il goûtait cette jouissance avec un visible bonheur et regardait sa classe comme un vestibule du sanctuaire, lorsque de pénibles épreuves s'abattirent sur M. Dehaene. Le Vénérable Supérieur quitta le Petit Séminaire le 9 novembre 1881, et mourut le 15 juillet 1882. Une vengeance politique l'avait contraint de démissionner pour sauver son établissement menacé ; le chagrin l'avait couché dans la tombe.

L'abbé Hébant ressentit, plus que tout autre, le contre-coup de ces tristes événements. Attaché à l'ami de M. Masselis par les liens d'une reconnaissance sincère et d'une longue collaboration ; d'autre part, plein d'admiration pour le zèle de « cet homme apostolique [1] », il pleura son cher principal comme le soldat pleure le chef sous les ordres duquel il a fait ses glorieuses campagnes.

Néanmoins, il continua de travailler à l'œuvre de M. Dehaene et ne se sépara pas de son digne successeur, M. l'abbé Baron. Un des plus anciens par l'âge et l'entrée en fonction, il ne mit de réserve, ni à sa déférence vis-à-vis de l'autorité nouvelle, ni à son dévouement au service des futurs prêtres. Grâce à son précieux concours, la maison restait un autre Nazareth : un foyer de piété agissante et de travail fécond.

---

1. Paroles de Mgr Cenni, secrétaire de Pie IX, adressées à M. Dehaene en 1867.

Il l'affirmait lui-même à la distribution des prix de
1884, lorsqu'il disait aux parents des élèves : «... Quelle
» est la physionomie particulière de notre famille,
» Messieurs ? Vos enfants nous la feront connaître.
» Parmi les inscriptions qui ornent la salle où nous
» nous trouvons, il en est une que nos élèves préfèrent,
» et je remarque qu'on lui a donné une place d'honneur :
» *Pietas et labor :* Piété et Travail. Pourquoi donc cette
» devise est-elle la devise préférée de notre maison ?
» Pieux et courageux habitants de notre Flandre, ne
» voyez-vous pas que cette devise pourrait s'inscrire
» dans chacune de vos demeures, et que vos enfants
» n'ont eu qu'à se rappeler le foyer domestique, pour
» aimer le travail et la piété, pour continuer ici l'œuvre
» de leur éducation si heureusement commencée par
» vous ?

» On pourrait nous trouver bien arriérés en nous
» entendant faire de la piété un moyen d'éducation.
» Ne rougissons pas, Messieurs, c'est nous qui avons
» raison.

» La première parole de la plus belle des prières
» nous apprend que nous sommes la famille de Dieu.
» « Père ! Père ! », c'est le cri qui s'échappe des lèvres
» d'un enfant baptisé. Dieu est Père, et il se charge
» lui-même de l'éducation de ses enfants, de tous ceux
» qui lui appartiennent. Quel est l'insensé qui Lui
» contesterait ce droit ou se dirait indépendant de
» Lui ?

» Or Dieu est vérité, et sa parole infaillible, Il la
» veut à la base de tout enseignement, car elle empêche
» l'intelligence de s'égarer et de se laisser surprendre
» par les prophètes du mensonge. Historiens, philo-
» sophes, savants de toute nuance, vous rejetez peut-
» être ce contrôle gênant, je le conçois. Mais si vous

» m'enseignez ce que ma foi réprouve, j'affirme,
» oui, j'affirme, avec Dieu même, que vous êtes dans
» l'erreur.

» Dieu est autorité. Il veut qu'on Lui obéisse, qu'on
» obéisse à tous ceux qui ont reçu de Lui une partie de
» son autorité souveraine. En s'inclinant devant Dieu,
» l'enfant chrétien ne craint pas de s'avilir, comme le
» jeune esclave d'une éducation impie, à qui on ne
» peut opposer, quand la volonté est rebelle, que la
» raison du plus fort ; d'un côté, il y a une obéissance
» tranquille et joyeuse, de l'autre une contrainte indi-
» gnée, voisine de la révolte. Où se trouve la bonne
» éducation ?

» Dieu est majesté. On doit Le respecter et res-
» pecter les personnes et les choses sur lesquelles Il
» a laissé tomber un rayon de sa grandeur. Votre
» enfant aura de la vénération pour tout ce qui est
» grand, pour tout ce qui est beau, pour tout ce qui est
» saint, pour l'Eglise qui se présente à lui avec la
» double dignité de reine et de mère ; pour le Pon-
» tife romain conservant sous sa couronne d'épines
» un prestige qui éclipse celui des Rois ; pour les
» Evêques, les Prêtres, les magistrats. Comparez-lui
» le jeune disciple de Voltaire, Voltaire l'homme du
» sarcasme, des plaisanteries sacrilèges ; comparez-
» lui l'enfant au sourire dédaigneux et insolent devant
» ce qu'il doit respecter ; comparez et dites quel est le
» bien élevé ?

» Dieu est sainteté. Il veut voir au cœur de ses fils
» la pureté qu'il voit dans ses anges. Et l'éducation,
» qui conserve au front du jeune homme l'auréole de
» la chasteté, vaut bien l'éducation qui souille et qui
» ravage les âmes. Anges de piété, anges si beaux,
» soutenez votre vol au-dessus des corruptions de la

» terre, montez, montez au ciel. Et vous, tristes vic-
» times d'un enseignement qui ne tient pas compte de
» la plus aimable des vertus, vous irez, en passant
» par tous les sentiers fangeux, porter au tombeau
» une chair flétrie et au tribunal de Dieu une âme
» qui a gravé en elle-même sa propre condamnation.

» Dieu est charité. Il veut que notre amour suive le
» sien partout où il va. Et, où s'arrête l'amour divin ?
» Aux portes de l'enfer et là seulement. Notre élève
» aura donc une charité vaste comme le monde. Oui,
» tout être raisonnable peut venir lui dire de la part
» de Dieu ; Aime-moi ;. et il aimera. Mais Dieu
» lui donne aussi le droit d'être aimé. Il a besoin de
» l'être pour que son éducation soit complète. Et qui
» l'aimera mieux que celui qui ira puiser l'amour
» chrétien au cœur du Christ qui a dit : « Laissez
» venir à Moi les petits enfants » ? Dieu est donc à sa
» place ici. Voilà pourquoi la piété fleurit chez nous,
» voilà pourquoi elle parfume notre Petit Séminaire
» de son fortifiant et délicieux arome.

» Vous partagez nos convictions, bons Parents. Je
» n'insiste pas davantage, car j'ai hâte de vous dire
» un mot du travail de vos chers enfants.

» Sur ce point encore, vous avez été et vous restez
» leurs modèles. Personne ne vous adressera cette
» parole de nos Saints Livres : « Les ronces et les
» épines croissent dans son champ et les murs de sa
» maison tombent en ruine. » Aux arbres de vos ver-
» gers sont suspendus des fruits savoureux, vos champs
» sont couverts de moissons magnifiques, et c'est votre
» travail qui fait sortir de terre tant de richesses, qui
» forcent l'admiration et excitent l'envie de l'étranger.
» Si c'est l'industrie et le commerce qui absorbent
» votre vie, vous répétez à vos enfants que le travail

» fonde les bonnes maisons et les fait prospérer...
» N'oublions pas l'humble demeure, sur laquelle ne
» s'arrête aucun regard humain, mais que DIEU con-
» temple avec complaisance. Là, un artisan accom-
» plit sa tâche obscure *et souvent, pour pouvoir*
» *contribuer un peu aux frais de l'éducation d'un*
» *aspirant au sacerdoce, il prolonge son travail bien*
» *avant dans la nuit...*

» Vos fils bien-aimés marchent-ils sur vos traces,
» bons Parents ? Tranquillisez-vous, vos fils n'ont pas
» dégénéré. Quand ils pensent à ces champs fécondés
» par tant de sueurs, à la demeure qui annonce l'aisance
» ou la fortune, fruits des inquiétudes et des veilles, à
» un père dévoué et à une mère aimante, qui s'épuisent
» pour eux avec tant d'amour, alors, sentant leurs
» énergies redoubler, ils brûlent, et d'acquérir par des
» études sérieuses une science solide, et de mériter,
» par la science unie à la vertu, l'insigne honneur de
» servir l'Eglise dans les rangs de la milice sainte. »

L'abbé Hébant aidait les nouvelles recrues de la
milice sainte à fourbir leurs armes ; il les exhortait,
quand les circonstances s'y prêtaient, à donner le salut
de l'épée à leur chef suprême, le Souverain Pontife.
A la mort de Pie IX, l'immortel pape de l'Infaillibilité
et de l'Immaculée Conception, il avait prononcé une
magnifique oraison funèbre. Au jubilé sacerdotal de
Léon XIII en 1888, il avait adressé à Rome, au nom du
Petit Séminaire, une poésie où le CHRIST lui-même
présentait son vicaire au monde, dans des vers d'une
envolée superbe, terminés par cette strophe :

Aux lèvres de Léon j'ai placé la sagesse,
Peuples, rois, écoutez, n'allez pas à la mort,

> Le docteur infaillible, en vos jours de détresse,
> Est le phare béni qui vous montre le port.

La France gouvernementale ne marchait pas à la lumière de ce phare béni. L'année suivante elle célébrait bruyamment le centenaire de la suppression de l'ancien régime. Non contents de chanter sur un ton dithyrambique les prétendus exploits de leurs grands ancêtres, ces sinistres démolisseurs dont nous n'avons pas encore réparé les ravages, les ennemis de l'Eglise se tournaient contre les catholiques et leur reprochaient d'être les adversaires du progrès, « de sombres oiseaux noirs avides de ténèbres. » L'abbé Hébant répondit à ces attaques, le jour de la distribution des prix devant M. le Vicaire Général Carlier.

« A certaines époques qui rappellent certains sou-
» venirs, disait-il, il y a toujours une recrudescence de
» haine contre l'Eglise. Sur tous les tons, et dans tous
» les styles, on blasphème, on méprise, on menace
» même, surtout on calomnie. Un auteur célèbre a dit
» que les catholiques gagnaient beaucoup à laisser
» parler leurs adversaires. Cependant je ne crois pas
» décent de vous lire les pages écrites par nos enne-
» mis. Vous auriez à entendre tour à tour le langage
» de l'histrion grotesque, du cynique bouffon, des
» mauvais petits plaisants, du philosophe lourd et
» morose, de l'émeutier sauvage. Nous ne répondrons
» pas, Messieurs, aux clameurs de la haine ni à toutes
» les injures de la mauvaise foi. Mais il est une injus-
» tice, une calomnie, que les maîtres de l'enseigne-
» ment chrétien doivent combattre devant leurs
» élèves et les parents, si nombreux encore, qui veulent,
» pour leurs enfants, une instruction que la religion
» règle et domine.

» On reproche à l'Eglise d'être l'ennemie naturelle,
» nécessaire de ce qu'on appelle la science. La SCIENCE !
» mot sonore, mais mal défini par nos adversaires,
» sorte de foudre qu'on fait gronder au-dessus de l'édi-
» fice inébranlable fondé par le Dieu de toute vérité.
» D'où vient que tant de bruit et tant d'éclairs nous
» laissent sans trouble et sans émotion ? C'est que la
» science ne peut être que l'ensemble des vérités natu-
» relles qui sont du domaine de la raison. Or, toute
» vérité a Dieu pour auteur, que cette vérité soit
» découverte par la raison seule, ou enseignée par la
» foi. Dieu ne pouvant se contredire, « il ne peut y avoir
» de conflit réel entre la science humaine et la parole
» révélée. Loin d'être opposée à l'étude des arts et
» des sciences, l'Eglise leur vient en aide de bien des
» manières, car elle n'ignore pas, elle ne dédaigne pas
» les avantages qui en résultent pour la vie des
» hommes. Bien plus, les sciences venant de Dieu, le
» maître des sciences, l'Eglise reconnaît que leur
» emploi régulier doit, avec le secours de la grâce,
» conduire l'homme à Dieu. Assurément, ce n'est pas
» Elle qui défend aux sciences de se servir, chacune
» dans sa sphère, des principes qui leur sont propres
» et de leur méthode particulière. » Dans ces paroles
» du Concile du Vatican, nous avons toute la pensée
» de l'Eglise. Elle n'est pas opposée à tout ce qui peut
» embellir, développer l'intelligence humaine ; elle
» admet la science comme un moyen d'augmenter
» notre bonheur ici-bas, même de conduire l'homme à
» Dieu.

» Elle n'irait pas plus loin, Messieurs, que personne
» ne pourrait lui en faire un reproche, car elle n'a pas
» pour mission directe de nous enseigner les lettres et
» les sciences, mais bien la science du salut éternel.

» Mais l'Eglise ne se contente pas de rester indiffé-
» rente, ni même d'offrir son concours, elle veut s'appli-
» quer activement à diriger, à accélérer le mouvement
» intellectuel. Ce fut sa gloire dans le passé, ce sera
» sa gloire dans l'avenir. »

Nous ne suivrons pas l'abbé Hébant dans le développement de son idée. Après avoir énuméré les services
rendus par l'Eglise à l'Enseignement primaire, secondaire et supérieur, il terminait ainsi :

« Nos accusateurs sont-ils bien sincères ? Ne nous
» reprocheraient-ils pas, plutôt, d'aimer trop à répan-
» dre la lumière ? Ils comptent nos collèges, nos nom-
» breux élèves, et ils craignent, non plus une invasion
» de barbares, mais une petite armée d'hommes avides
» de dévouement, qui livrent à une jeunesse aimée et
» sympathique, avec les trésors de leur intelligence,
» les plus brillantes années de leur vie. Ah ! ce ne sont
» pas nos détracteurs qui demanderaient qu'on aug-
» mente un peu notre part de liberté !

» Gloire donc à l'Eglise, gloire à ses Pontifes, à ses
» Evêques, à ses Prêtres ! Gloire à ces hommes qui,
» sans appartenir au sacerdoce, ont prouvé que la foi
» n'empêche pas le savant d'atteindre les sommets les
» plus élevés des connaissances humaines. Vous qui
» calomniez l'Eglise, vous vous renfermez dans un
» atome et vous ne voyez pas les vastes horizons qui
» s'étendent devant vous. Vous dites que la foi vous
» enchaîne ; non, elle vous retient, elle vous empêche
» d'aller épuiser votre activité en efforts téméraires et
» toujours stériles sur un terrain que Dieu interdit à
» vos explorations. *Votre âme est sans enthousiasme
» parce qu'elle est sans prière et sans adoration.*
» J'aime à voir la science prendre la lyre après la
» contemplation ou la découverte des merveilles de la

» nature, et, le regard vers le ciel, chanter l'auteur de
» toutes les merveilles qu'elle admire. Ecoutez cet
» hymne d'une incomparable poésie, comme il en
» jaillit du cœur d'un savant qui croit et qui adore.
» Képler, le célèbre astronome, vient de terminer son
» livre immortel et il dit à Dieu : « O toi, qui, par les
» lumières sublimes que tu as répandues sur toute la
» nature, élèves nos désirs jusqu'à la divine lumière de
» ta grâce, afin que nous soyons un jour transportés
» dans la lumière éternelle de ta gloire, je te rends
» grâce, Seigneur et Créateur, pour toutes les joies que
» j'ai éprouvées dans les extases où m'a jeté la con-
» templation des œuvres de tes mains. Voilà que j'ai
» terminé ce livre qui contient le fruit de mes travaux,
» j'ai mis à le composer toute la somme d'intelligence
» que tu m'as donnée. N'ai-je pas cherché ma gloire
» propre parmi les hommes, en élevant ce monument
» qui ne devait être consacré qu'à ta gloire ? Oh ! s'il
» en était ainsi, reçois-moi dans ta clémence et dans ta
» miséricorde, et accorde-moi cette grâce que l'œuvre
» que je viens d'achever soit à jamais impuissante à
» produire le mal, mais qu'elle contribue à ta gloire et
» au salut des âmes. » Paroles admirables qui ne ren-
» ferment pas seulement une prière, mais tracent à la
» science son vrai programme. Voulez-vous, savants
» égarés, procurer le bonheur de l'humanité dont le
» nom est toujours sur vos lèvres, procurer à votre
» patrie et à vous-mêmes une gloire immortelle en
» produisant des œuvres marquées au coin du génie ;
» voulez-vous donner à l'enfance et à la jeunesse des
» connaissances qui laisseront leur intelligence tran-
» quille et leur cœur vierge ; voulez-vous passer sur la
» terre en faisant le bien et permettre à la postérité de
» bénir votre nom, cessez de vous adorer vous-mêmes,

» cessez de voir en nous des rivaux importuns ; admi-
» rez l'Eglise, imitez-la ! »

Lorsque du haut de l'estrade, la figure rayonnante, l'œil étincelant sous ses noirs sourcils, l'abbé Hébant laissait tomber de ses lèvres frémissantes ces paroles éloquentes, il était beau à voir. Vétéran de l'armée enseignante, il avait l'air de raconter ses propres exploits. De fait, ce qu'il revendiquait pour l'Eglise, il l'avait mérité lui-même. Sur la brèche depuis 1859, au-dessus de toute critique, il avait droit à l'admiration des auditeurs qui l'applaudissaient, il pouvait s'imposer à l'imitation de ceux qui avaient suivi ses cours. Aujourd'hui ses élèves, dispersés à travers le monde et occupant les carrières les plus honorables, sont unanimes à reconnaître le savoir et la vertu de leur ancien maître : nul d'entre eux n'a échappé à sa bien-faisante influence.

Et si l'on suppose que l'imagination nous égare, qu'on écoute un vaillant missionnaire, Mgr Ferrant, évêque en Chine [1].

« Avec vous, nous écrit Sa Grandeur, avec le per-sonnel et les anciens élèves de Saint-François, je pleure le vénéré M. Hébant, mon professeur de seconde, et, durant un certain temps, mon directeur spirituel. Elles sont douces cependant les larmes versées sur sa tombe ! Ne sont-elles pas comme un parfum répandu, parfum de respectueuse vénération de profonde reconnaissance, de filiale affection ?

» Jamais professeur ne fut plus estimé, ni plus aimé, parce qu'il était en tout et toujours le prêtre digne, le

---

1. Mgr Ferrant, né à Wervicq, de la Congrégation des Prêtres de la Mission, Evêque de Barbalis, coadjuteur du Kiang-Si Septentrional Chine, chanoine d'honneur de Cambrai.

prêtre incomparablement bon pour tous ceux qui l'approchaient.

» Cette bonté sans mesure a été, à mon avis, la vertu caractéristique de M. Hébant, celle qui m'a frappé le plus parmi tant d'autres belles qualités! Il était l'homme doux par excellence, en classe aussi bien que dans les conversations intimes et au saint Tribunal de la Pénitence. Elève, j'ai plus d'une fois admiré sa mansuétude; je l'ai admirée davantage encore tout le temps que j'ai joui de sa direction spirituelle. Je me souviens d'une circonstance où, l'âme brisée par la perte d'un des membres de ma famille, j'allais déverser dans son cœur si paternel le trop plein de ma douleur. Il me serra sur sa poitrine, en pleurant avec moi, et il le fit avec tant de bonté et d'affection qu'un instant j'oubliai ma peine pour ne plus penser qu'à la charité du prêtre qui me promettait de remplacer la personne dont je déplorais la perte.

» Professeur, il excellait à nous faire apprécier, à nous faire aimer les belles choses. C'est qu'il les goûtait, qu'il les aimait lui-même du plus profond de son cœur: *pectus est quod disertos facit*. Aussi, comme sa voix, d'ordinaire un peu basse et sourde, s'élevait, s'animait, devenait vibrante, lorsqu'il appréciait une page qui rendait le son d'une grande âme. Mais là encore, là comme partout, M. Hébant était le prêtre, le saint prêtre tout rempli de l'esprit de Dieu. Ce qu'il préférait, c'était les pensées pieuses, les pensées où il était question de Dieu, de la Religion, de l'Eglise, des âmes, pensées où à la beauté extérieure et plastique se joignait la beauté spirituelle et morale. Ces pensées-là, il nous les communiquait pour nous les faire savourer; il les répétait de manière à les imprimer profondément et à tout jamais dans nos esprits. Pour ma part, j'en ai retenu deux ; je les ai gardées comme des fleurs cueillies dans notre parterre de seconde. La première est celle-ci : *Plus une parole ressemble à une pensée, plus une pensée ressemble à une âme, plus une âme ressemble à Dieu, plus tout cela est beau !*[1] Voici l'autre : *Le sacerdoce est le sacrifice de l'homme ajouté au sacrifice de Dieu, et celui-là y est appelé qui sent dans son cœur le prix d'une âme.*[2] Dieu et les âmes ! thème favori de M. Hébant. C'est par des pensées de ce genre que le saint prêtre aimait à entretenir la piété parmi ses élèves et à développer dans leurs cœurs l'attrait pour le sacerdoce ou la vie religieuse. Il était de la lignée de ces prêtres selon le cœur de Dieu qui voient dans l'enseignement autre chose qu'une fonction purement humaine, qui font de cette fonction un véritable apostolat. *Scientia et Doctrina*, tel était vraiment le programme de M. Hébant.

» Suave et douce, la vertu de M. Hébant savait, au besoin, être forte et énergique contre tout ce qui semblait porter atteinte aux délicatesses de la piété. Je n'hésite pas à citer un petit trait qui m'est personnel. J'avais, comme plusieurs de mes condisciples, fait un recueil de morceaux choisis. Le cahier contenait des extraits des grands maîtres ; aux dernières pages j'avais mis un méli-mélo de petits morceaux très courts : strophes, quatrains, distiques, simples pensées, bref, coupures de toutes sortes, faites un peu partout, au hasard de la plume. Or il se trouva que non loin d'un distique jovial sur Bacchus, j'avais, au même feuillet, placé un distique sur la mort du Christ. Par ma barbe

---

1. Joubert.
2. Lacordaire.

de missionnaire, je certifie que je n'avais pas le moins du monde songé qu'il pouvait y avoir, dans la juxtaposition des deux distiques, l'ombre d'un manque de respect vis-à-vis des choses saintes. Légèreté, étourderie, tant qu'on voudra, mais sûrement pas un grain de malice. M. Hébant fut blessé du rapprochement. D'un air sévère, il me dit : « Mon enfant, qu'avez-vous fait là ? Mais... c'est presque une profanation ! Vite, déchirez ce feuillet ou bien je confisque le recueil ! » Je déchirais le feuillet sans trop comprendre mon crime. L'âme des saints a de ces délicatesses pour Dieu et les choses de Dieu...

» Bossuet écrivait à Clément XI au sujet de la béatification de saint Vincent de Paul : « Le vénérable prêtre nous fut connu dès notre jeunesse et c'est dans ses discours et ses conseils que nous avons puisé les vrais et purs principes de la piété chrétienne et de la discipline ecclésiastique, souvenir qui nous est un charme délicieux. »

» Vous allez entreprendre l'histoire de mon cher et regretté maître, Monsieur Baron, dites à tous, dites bien haut, que son souvenir est pour moi un charme délicieux, dites que, du fond de la Chine, un évêque missionnaire avait commencé un *De Profundis* à l'intention de M. Hébant et qu'il s'est interrompu, se disant à lui-même : « Ce n'est pas lui qui a besoin de mes prières, c'est moi qui ai besoin des siennes, car il n'a pas dû tarder à jouir de la possession de Dieu celui qui sur la terre était toujours abîmé en Dieu... »[1]

Un évêque, en pleine bataille contre les mécréants chinois, levant des bras suppliants vers le Ciel pour

---

1. Correspondance, 27 octobre 1902.

recourir à l'intercession de son vieux professeur de seconde, cela ne rappelle-t-il pas ces fils des preux qui, au fort de la mêlée, alors que leur glaive ébréchait le cimeterre des Sarrasins, appelaient à leur aide l'âme des grands ancêtres ? *Gloria filiorum patres eorum !*[1]

1. Proverbes, XVII, 6.

CHAPITRE VIII

AUMÔNERIE DE LA SAINTE-UNION DES SACRÉS-
CŒURS. — L'ABBÉ HÉBANT PEINT PAR UNE
ANCIENNE ÉLÈVE. — L'APÔTRE DE L'EUCHA-
RISTIE. — LE PRÉDICATEUR. — LE CATE-
CHISTE. — LE JUBILÉ DU PRÊTRE ET DE L'AU-
MÔNIER.

1865-1890

A DIX minutes du collège Saint-François d'Assise
se trouvait le pensionnat des Dames de la Sainte-
Union des Sacrés-Cœurs [1]. C'est là que de 1865 à 1890,
d'un bout à l'autre de l'année scolaire, été comme
hiver, par tous les temps, l'abbé Hébant arrivait à une
heure matinale, tantôt à cinq heures et demie, le plus

---

1. Les Dames de la Sainte-Union vinrent habiter Hazebrouck en
1842, sur la demande de M. Cleenewerck, maire de la ville, le même
qui avait prié M. Dehaene de relever le collège municipal en 1837.
Elles prirent la direction des écoles communales : pensionnat, exter-
nat, classes gratuites. Ces divers établissements étaient situés rue
Depoorter. — En 1855, un violent incendie détruisit tous les bâtiments.
Le pensionnat fut installé rue d'Aire. C'est là que l'abbé Hébant devait
se rendre.

Les Supérieures depuis 1842, date de la fondation, jusqu'en 1903,
date de la fermeture par Combes, furent : Mère Célestine, Mère Léon-
tine, Mère Adolphina, Mère Théodule, Mère Evraerde.

Les prédécesseurs de M. Hébant furent : MM. les abbés Louis
Dehaene, Gourdin, Jacques Dehaene, principal du Collège Communal
et Supérieur du Petit Séminaire.

souvent à six heures et demie. Il donnait la Sainte Communion aux religieuses. Ensuite — la sacristie n'étant qu'un corridor étroit — il se retirait dans une petite salle qu'il avait lui-même appelée *la chambre du prophète*. Il en sortait pour célébrer la messe de communauté. Son action de grâces était longue ; il la faisait à genoux et au chœur. Enfin il regagnait *la chambre du prophète*, où l'attendait Dame Ernestine, une bonne religieuse, qui semblait n'avoir qu'une seule préoccupation : celle de soigner M. l'Aumônier. Dame Ernestine se chagrinait de ce que M. Hébant « lui gâtait son déjeuner ». Elle risquait timidement des : « mais, M. l'Aumônier, vous venez trop tard » — « mais, c'est mal, M. l'Aumônier, vous passez à table comme un éclair. » Dame Ernestine oubliait que M. l'Aumônier était professeur, et qu'il devait être à Saint-François au coup de huit heures. Que de fois, après avoir traversé la ville d'un pas précipité, suivi de son enfant de chœur, qui jouait des jambes pour le rattraper [1], il carillonnait à la porte du collège, juste au moment où la cloche annonçait la classe !

Presque chaque jour, dans la matinée ou la soirée, il retournait à la Sainte-Union. Quelles fonctions y remplissait-il ? Une des plus anciennes élèves du pensionnat va nous l'apprendre [2]. Ecrivain de marque, elle a composé pour la revue du *Coin de terre* [3], à

---

1. M. l'abbé Wallaert, missionnaire apostolique, curé de Loon-Plage, s'en souvient encore.

2. Mlle Marie Sauvage.

3. Rue Lhomond, 26, Paris, V. — Direction : M. l'abbé Lemire, député du Nord. — Citons un extrait de cet article afin de justifier notre appréciation. Après avoir dit que le soin des fleurs enseignera à leur propriétaire, l'attention, la réflexion, la prévoyance, l'auteur continue ainsi : « L'enseignement donné par « nos » fleurs s'élèvera bien » plus haut. Elles nous montreront, comme la succession des prin-

l'occasion d'un congrès des jardins ouvriers, un article

» temps et des hivers, le peu de durée de la jeunesse, de la beauté,
» de la fraîcheur, de la grâce d'ici-bas ; toute la vanité de nos espoirs à
» courte échéance. Une fleur s'est épanouie après quelle longue pré-
» liminaire attente, avec la crainte de tant d'ennemis, ver ou froid,
» maladresse de qui la soigne ou oubli. La voilà cependant qui
» s'entr'ouvre, craintive, mais joyeuse ; le soleil la salue ; enchantée,
» elle répond par un sourire ; avec plus de confiance s'ouvre sa corolle,
» s'écartent ses pétales. Alors c'est le baiser enivré de la fleur et du
» ciel, l'épanouissement large, heureux, triomphant. Hélas ! à force
» de bonheur, la fleur se lasse ; sa couleur devient moins vive, un
» premier pétale se détache et tombe, la corolle jaunit : la hâtive
» vieillesse est venue déjà... Ainsi se ternissent et s'effeuillent les
» espérances réalisées de ceux qui disent vivre. Pauvres femmes qui
» semblons en vain créées pour l'espoir, contemplons et songeons,
» et regrettons avec moins d'amertume... Puis, reprenons cœur : la
» plante elle-même n'est point morte ; sa sève généreuse, alimentée par
» nos soins, remontera pour une floraison nouvelle. Le temps d'une
» vie est peu, guère plus que l'existence de cette fleur sitôt tombée.
» Mais le temps lui-même est éternel comme Dieu. Rassurons-nous :
» de la joie nous est due, nul être n'a été jeté dans la vie par la Bonté
» infinie que pour le bonheur, et notre heure sonnera. Patientons !...
» Croyons sans défaillance en Celui qui est là-haut !

» Et, voilà, Monsieur le Député, comment, à mon sens, une fleur
» peut à des déshérités apprendre la consolation et les plus hauts
» espoirs — ou je les ai bien mal comprises, bien mal entendues... J'ai
» plus d'une raison, comme vous voyez, pour prier qu'on aide mes
» cent mille sœurs parisiennes à parfumer leur chambrette de cette poé-
» sie, qui va du charme intime à l'idéal éblouissant, du sourire fugitif à la
» splendide conception de l'inéluctable joie. Ne me dites pas que toutes
» ne sauraient tant comprendre... Ce sont les compréhensions les plus
» larges qui sont faites pour les plus simples. Nos frères inférieurs de la
» création comprennent eux-mêmes tant de choses ! Tenez, permet-
» tez-moi un bout d'anecdote. Un jour de soleil, j'avais sur ma table,
» bien en vue, un bouquet de lilas frais, rapporté d'une promenade à la
» campagne ; il embaumait comme une bouffée de printemps ; ma
» chambre en était éclairée et joyeuse. Je sors faire des courses. En
» rentrant chez moi, vous ne pouvez vous figurer le joli tableau !
» Devant mon bouquet, campé en point d'admiration sur ses petites
» pattes, il y avait un mignon serin inconnu, aucunement effrayé
» par ce qu'il devait considérer comme mon intrusion, entier à ce qu'il
» contemplait, ébloui, subjugué, charmé. A peine ce petit échappé de

des plus frais sur « la fenêtre fleurie de Jenny l'ou-
vrière. »[1]

On croirait que c'est dans l'embrasure de cette fenêtre
fleurie qu'elle a écrit les lignes suivantes : « Qui n'a
pas connu M. Hébant aumônier de la Sainte-Union,
n'a pas connu la plus attirante personnification de la
bonté, de la dignité, du dévouement. Ce dévouement
était sans limite. Rien ne lui coûtait, quand il s'agissait
de ses frêles petites ouailles tant aimées ; d'autres
devoirs avaient beau l'absorber en grande partie au
dehors, il était là, dès le matin, dans la petite chapelle,
si blanche, qu'on l'eût dite tapissée d'ailes d'anges du
ciel ; il était là pour faire entendre la messe à ses chers
anges de la terre. Il était là encore dans la journée, à
heures et à dates fixes, scrupuleusement respectées,
pour faire le catéchisme aux petites, préparer à la première communion les moyennes, donner le cours
d'instruction religieuse aux grandes[2]. Il ne se contentait pas d'un simple exposé, pourtant très méthodique,
nourri et clair, il s'assurait que la leçon avait été comprise, questionnait les élèves, contrôlait les cahiers de

---

» quelque cage des environs me donna-t-il un coup d'œil surpris. Il
» était pris par la magie des fleurs, par la beauté et l'intensité de vie
» qui s'échappait des pétales embaumés. Je suis persuadée qu'à toute
» cette couleur et à tout ce parfum il avait déjà donné sa chanson. Et
» elle avait répondu à mille choses qu'il avait senties, qu'il avait
» comprises, lui, petit parmi les petits, chétif parmi les chétifs, à ces
» choses qui « dans le ciel et sur la terre sont plus nombreuses que toutes
» celles de la philosophie. » Pourquoi de gentilles Parisiennes ne com-
» prendraient-elles pas, elles si affinées, fleurs elles-mêmes par leur
» charme inné et leur grâce intelligente ? Le céderaient-elles à un
» oiselet de cervelle si menue qu'il a été cloué au pilori de la sottise
» par les dictons populaires ?... » Cf. Le *coin de terre*. — N° 11.
Novembre 1903.

1 Paris. Congrès des jardins ouvriers — 24 et 25 octobre 1903.
2. Nous reparlerons plus loin de ces cours d'instruction religieuse.

rédaction, encourageait par des récompenses. Ce cours du jeudi était salué par les aînées du pensionnat comme un prélude plein d'agrément à leur congé de l'après-midi[1]; l'un et l'autre leur procuraient un plaisir des plus suaves.

» Il était là aussi, le bon aumônier, pour confesser les enfants, les samedis et les veilles des fêtes. En ceci particulièrement il était admirable. Avec un tact infini, il sondait ces mignonnes consciences ; sur les troubles d'âme puérils, avoués comme d'horribles fautes par les timides pénitentes, il étendait, discret et plus que jamais maternel, son doux geste de bénédiction qui écartait de loin les souffles délétères, qui ramenait la vue sereine des horizons bleus, purs, candides et harmonieux. La fillette s'en allait, yeux limpides et petite âme rafraîchie, reprendre sa prière au pied de l'autel ; et la cohorte des anges gardiens, reconnaissants et émus, devait envoyer au cher aumônier ses plus gracieux remerciements.

» Une ou deux fois par semaine, M. Hébant chantait le salut. Le dimanche il venait donner la communion plus tôt ; vers huit heures et demie, il chantait une grand'messe très solennelle, où tout son petit monde unissait sa voix à la sienne, en famille, pour célébrer les gloires du bon DIEU ; puis l'après-midi, c'étaient les vêpres et le salut, l'office complet, coupé par un sermon. Ce sermon, — toute l'âme de M. l'Aumônier ! — était une chose délicate et délicieuse qui méritait d'être entendue à genoux. Le bon père mettait à l'écart tout procédé oratoire, il employait ses mots les plus simples, ses pensées les plus claires, ses images les

---

1. Les externes les plus intelligentes passaient une grande partie de leur congé à comparer et à compléter les notes du matin.

plus nettes et les plus palpables ; doucement, irrésistiblement, il s'emparait des petites âmes vacillantes, mais dociles ; il les enveloppait de persuasives paroles ; *il les déposait, comme un trophée de joie et de pureté, aux pieds de son Jésus de l'autel*, palpitantes, attendries, charmées, heureuses. Un immense fleuve de bonté semblait s'écouler de ses bras étendus ; les petites auditrices croyaient flotter mollement sur l'eau bleue, caressée par le soleil, pour atterrir près du Divin Crucifié. Quand le cher Aumônier se retirait, lui-même ému jusqu'aux larmes, réfugié dans quelque dernière prière, les mignonnes se regardaient, meilleures, la pensée plus joyeuse et l'âme élargie. Une bonne religieuse, toujours la même, pleurait, le sourire aux lèvres, donnant la note exacte de l'impression qu'auraient pu ressentir les mères, dont elle était l'aimable figuration.

» D'où jaillissaient le dévouement et l'onction de notre cher Aumônier ? De sa bonté ! Cette bonté était une chose si prenante et si douce, qu'elle dépassait celle d'un père : c'était de la mansuétude maternelle. Le prêtre dévoué se penchait vers les petites âmes à guider avec un zèle ardent d'apôtre et des précautions féminines à force de délicatesse. On sentait en lui le fils irréprochable, élevé jadis par une femme d'esprit supérieur, de parfaite éducation et de cœur très tendre : l'amour qui avait rayonné sur son enfance, se répercutait sur ces vraies sensitives qu'étaient les élèves du cher pensionnat. Comme il désirait les rendre pieuses, droites, soumises, avides d'Idéal grand et beau ! Mais aussi quelle crainte de heurter ces fragilités par un zèle indiscret, par un dévoilement trop brutal des réalités de la vie ! Avec lui, les âmes d'enfant gardaient leur ciel d'azur, égayé de sourires d'anges, jamais troublé par les sinistres reflets des laideurs morales. Leur candeur lui inspirait un respect ému. Aussi quelle confiance sereine allait d'elles à lui ! Avec quel abandon on le traitait de père ! Les jolis compliments qui, aux jours de fête, montaient de ce groupe d'enfants et de toutes jeunes filles vers le cher Aumônier, étonné, radieux, ravi ! La Saint Jean-Baptiste était un événement pour les fillettes de toutes les classes, depuis les plus grandes, en contact continu avec la très vénérée Mme la Supérieure [1], jusqu'aux toutes petites, les bambines de Mme Anatoline et de Mme Apollinie. C'étaient des bouquets, et de belles lettres qu'on avait rédigées en commun à grand renfort de phrases maladroites et touchantes, et de gentilles choses gazouillées de mémoire par les bébés de la salle d'enfance [2].

Tout ce monde en miniature rayonnait, exultait,

---

1. Mère Adolphina.

2. Voici un spécimen de ces jolies choses. — C'est un dialogue signé M. S.

LES PETITS DE LA SALLE D'ENFANCE

A MONSIEUR L'AUMÔNIER

C'est ta fête, ô bon Père, et tes tout petits anges
Arrivent les premiers t'effeuiller leurs louanges,
Et t'apporter l'écho de leurs chants de bonheur.
— Ah ! sommes-nous joyeux ! Et que dans notre cœur
Il est de doux transports d'enfantine allégresse !
— Ah ! c'est qu'en te courbant jusqu'à notre faiblesse
Toujours tu sais sourire à nos doux bégaîments.
Bien que tout petits, va ! nous sommes des savants
Pour sentir qui nous aime... Et nous t'aimons, bon Père.
— Aussi j'ai fait pour toi ma plus tendre prière,
Le Bon Dieu l'entendra. — Dieu nous entend toujours.
— Il te fera sur terre encor de bien longs jours,
Tout remplis de bonheur, tout bénis de ses grâces.
Et chaque soir, Bon Père, où tes mains seront lasses

était heureux : une vraie réunion familiale. M. l'Aumônier remerciait avec émotion, faisait une courte allocution qu'on ponctuait des cris de « Vive saint Jean-Baptiste ! » et tout finissait par une grande récréation générale, où le cher fêté passait en souriant...

« Son sourire ! Il était légendaire, ce sourire de M. Hébant. Les élèves très sages y trouvaient leur plus enviée récompense ; les mauvaises têtes, prises de confusion devant lui, oubliaient leurs méchants vouloirs. Il faut l'avoir vu ce sourire au jour solennel où l'on rendait les notes du tableau d'honneur. Une telle : *très bien à la sagesse*... Le sourire s'épanouissait comme celui d'une mère heureuse. Une autre : *médiocre à l'application*... Il essayait de se dissimuler, le bon sourire, au milieu d'une gronderie bienveillante, mais il reparaissait en cachette, tourné vers la maîtresse qui récriminait, et il semblait se

De s'élever vers Lui pour nous défendre tous,
Nos doux frères des cieux, souriants comme nous,
Protégeront tes nuits à l'ombre de leurs ailes
Chantant tout bas : Merci ! — Nos cœurs seront fidèles
A tes conseils prudents, à tes saintes leçons,
Et par notre innocence, oh ! nous te ravirons,
Bon Père ! — Et maintenant, puisque nous sommes sages,
Et que nous promettons tous d'être les images
Des anges de là-haut, sur nos fronts purs et blancs,
Lève ta main chérie, et bénis tes enfants,
Pour combler le bonheur de notre âme joyeuse.
— Et Dieu qui de son ciel voit sa famille heureuse,
Et saint Jean qui rayonne en un jour aussi beau,
Vont sourire au Pasteur et sourire au troupeau.

L'abbé Hébant avait conservé cette poésie. Il la fit apprendre un jour par les élèves du cours préparatoire de Saint-François, pour la fête de M. Dehaene, et changea l'avant-dernier vers en celui-ci...

« Saint Jacques qu'on invoque en un jour aussi beau... »

porter garant, à lui tout seul, des bonnes dispositions futures de la paresseuse interpellée.

» A certains jours, ce sourire était comme nuancé de fierté. Le cher Aumônier était fier de ses enfants qui faisaient leur première communion et se montraient exemplaires et pieuses, des grandes élèves modèles qu'il décorait aux fêtes de la Vierge, des studieuses dont les examens avaient été couronnés de succès et mettaient en relief l'enseignement de la maison. Il les présentait aux rares étrangers de passage — généralement un prêtre distingué ou quelque missionnaire, — avec l'orgueil de Cornélie présentant ses fils. Nous étions ses joyaux, comme les Gracques étaient ceux de la Romaine.

» Et les enfants, parties, mêlées aux luttes de la vie, comme il les suivait avec intérêt, avec tremblement, avec l'appréhension des obstacles où pouvait se butter leur faiblesse !... Celles qui étaient proches trouvaient sans cesse en lui l'appui et le conseil, généreusement offerts, donnés gracieusement. Les éloignées qui lui écrivaient, recevaient le réconfort de ses lettres, toujours vivifiant, toujours affectueux, jamais tiède, jamais lassé. Ces rapports étaient le prolongement de lumière du cher pensionnat disparu, le retour des heures sereines de l'adolescence, heures si courtes et si pures, un viatique nouveau pour le grand chemin rude, une source de consolations et d'encouragements, une lueur d'espoir[1].

» Si cette ineffable bonté était la caractéristique des

---

1. Le 6 janvier 1885, il écrivait à une ancienne élève : « L'intérêt et le dévoûment que Mme la Supérieure vous a toujours conservés, je veux les recueillir comme un héritage qu'elle m'aurait transmis, ou mieux comme un devoir que le bon Dieu lui-même m'impose, et auquel je

rapports de M. Hébant avec le pensionnat, elle n'excluait point une distinction rare qui imposait dans les
circonstances où, par hasard, la mansuétude ne réussissait pas. Tous les cœurs allaient à M. l'Aumônier,
mais l'affection était tempérée de vénération. On sentait tellement chez lui, pareille à la beauté physique —
car il était beau, notre aumônier — sa beauté morale !
Apre à lui-même, continuellement au-dessus des peti-
tesses de la vie, il avait l'allure d'un saint, le regard
en haut, vers la splendeur et la bonté infinies, vers
DIEU... — Son âme était un parfum rare que l'on respirait respectueusement comme l'encens sacré.

» Ce parfum n'est pas encore évaporé ; il embaumera
toujours notre existence. Nous le respirons plus délicieusement que jamais en ce moment où notre pensée
s'enfuit loin de la bruyante capitale vers la tombe de
notre cher Aumônier. Sur cette tombe nous déposons
ces pages, hommage attendri et humble, pauvre petit
bouquet de souvenirs, noué par une main filialement
reconnaissante. »

On n'enfonce pas les ciseaux dans un *bouquet si gracieux*. On savoure, — et bien longuement — le doux
parfum d'âme qu'il exhale.

Et l'on revient à la fleur que l'on préfère. La nôtre
est celle-ci : *L'abbé Hébant s'emparait des petites
âmes vacillantes pour les déposer, comme un trophée de joie et de pureté, aux pieds de son Jésus de
l'autel.* Cette phrase de notre distinguée corres-
pondante semble nous indiquer le rôle que l'abbé

resterai fidèle. Vos peines, si le bon DIEU vous en réserve, vos consolations, et je vous en souhaite de bien grandes, seront toujours partagées
par celui que vous voulez bien appeler votre bon Père et vraiment je
veux l'être »

Hébant s'était assigné à la Sainte-Union. Guidé par sa dévotion personnelle autant que par un sens théologique très droit, il voulait faire du Tabernacle le foyer où s'allumerait la flamme des nobles dévouements, de Jésus-Hostie l'unique Éducateur du pensionnat [1].

Son exemple et ses instructions tendaient à ce but. Sa façon d'entrer à la chapelle était une muette prédication. On pouvait croire qu'il suivait ce conseil du curé d'Ars : « Quand vous entrez à l'église, faites votre signe de croix, puis regardez Jésus qui ouvre la porte de son Tabernacle, et qui vous sourit. » Après s'être pieusement signé, après avoir regardé le Tabernacle, il avançait, les yeux baissés, jusqu'au banc de communion. Là, il ployait le genou avec une lenteur calculée, ensuite, sans remuer les lèvres, il adorait le Dieu que l'amour enchaîne parmi nous. Les élèves pensaient : « Vraiment, il est là, le Bon Jésus, puisque M. l'Aumônier semble le voir ! » Les religieuses remarquaient que M. Hébant ne détournait guère les yeux du Tabernacle, et que son maintien seul rappelait la présence de Jésus-Hostie.

Cette présence de Jésus-Hostie était pour l'aumônier « comme un doux rayon d'en haut ». Il aimait à répéter : « Sans l'Eucharistie, il n'y aurait pas de bonheur ici-bas ; la vie serait insupportable ; il faut aux hommes la société de Jésus, il leur faut les délices de cette union ineffable avec Jésus [2]. » Aussi il préparait de loin la rencontre de Jésus et de l'âme. Dans une

---

1. Mgr de Ségur avait mis sur la porte de sa chapelle cette inscription significative : « Le vrai Maître ici, c'est le T. S. Sacrement. » Au bas du Tabernacle entièrement doré, enrichi de brillants émaux, on lisait, avec le monogramme du CHRIST, ces paroles touchantes : « *Hic adest vita, amor, cælum.* — Ici se trouvent la vie, l'amour, le ciel. »

2. Manuscrits de l'abbé Hébant.

instruction où il commentait le *Jesu Dulcis Memoria*,
il disait aux futures premières communiantes, sur le
ton de saint François d'Assise parlant à ses petites
sœurs, les hirondelles : « Mes chères enfants qui vous
» préparez à la première communion, si l'on vous
» demandait quelle est votre plus douce pensée, quel
» est le sujet de vos entretiens les plus agréables,
» n'est-ce pas que vous répondriez l'une après l'autre :
» Je ne suis jamais plus heureuse que quand je pense à
» Jésus, à l'aimable Jésus, au bon Jésus, à Jésus qui
» doit bientôt descendre dans mon cœur. J'en parle
» souvent, et la nuit même, avant de m'endormir, je
» dis à mon ange : Vole vers Jésus, va frapper à la
» porte du Tabernacle, dis à Jésus que je pense à Lui,
» que je L'attends, que je compte les jours, que la
» blanche Hostie — celle que je recevrai bientôt, —
» m'apparaît dans un beau rêve bien doux. »[1]

Il prêchait lui-même la retraite préparatoire à la
première communion. Respectueux des usages du
pays flamand, il recommandait aux enfants, après la
dernière confession, de se jeter aux pieds de leurs
parents et de leur demander pardon des peines qu'elles
auraient pu leur causer.

Le grand jour arrivé, il était radieux. La vue de ces
fillettes, — vêtues de blanc, couronnées de blanches
roses, agenouillées près de leur cierge de cire blanche,
vraies blanches colombes prêtes à s'envoler vers la
blanche Hostie, — lui inspirait des accents qui édifiaient
toute l'assistance. Des hommes, venus par convenance,
essuyaient une larme furtive, lorsqu'ils l'entendaient
prononcer de touchantes paroles comme celles-ci :[2]

---

1. Manuscrits de l'abbé Hébant.
2. Manuscrits de l'abbé Hébant.

« *Mes chers petits anges du Bon Dieu,* voici l'heure
» de Jésus et votre heure, le moment où va se passer
» une scène qui ravira le ciel et la terre. Hier soir,
» quand vous étiez à genoux devant votre père et votre
» mère pour demander leur bénédiction, quelle douce
» émotion, quel pieux tressaillement vous ressentiez,
» vous-mêmes, et vos parents avec vous ! Quelles déli-
» cieuses larmes vous répandiez ensemble ! Avec quel
» bonheur vous vous pressiez mutuellement dans une
» longue étreinte ! Maintenant ce n'est plus le front
» d'une mère qui va se pencher vers vous ; ce n'est
» plus la main d'un père qui va se lever pour vous
» bénir, c'est Dieu qui vient à vous ; voici l'heure de
» sa visite. *Veni, Domine Jesu !* [1] Jésus vient à vous.
» Et pourtant, *mes chers petits anges du Bon Dieu*,
» quelle distance entre l'âme d'une enfant, même pure
» comme on doit l'être au matin d'une première com-
» munion, et le Dieu qui se fait la nourriture de cette
» âme innocente ! Mesurez, si vous le pouvez, l'espace
» qui vous sépare du beau soleil qui éclaire ce beau
» jour, montez plus haut, jusqu'aux lointaines régions
» des milliers d'étoiles qui scintillent la nuit ; montez
» plus haut encore, jusqu'au séjour où Dieu récom-
» pense ses élus, traversez les rangs des saints les
» plus augustes, les cœurs des archanges et des séra-
» phins, élevez-vous jusqu'au trône de la Reine des
» anges, jusqu'au trône de Marie... Etes-vous arrivées
» à Jésus ? Pas encore, pas encore, il s'en faut de l'in-
» fini. Du trône de Marie, abaissez vos regards sur la
» terre, vers cette chapelle où se trouvent quelques
» petites filles qui attendent le passage de Dieu.
» Est-ce que vous ne sentez pas le vertige vous

---

1. *Apocalypse,* XXII, 20.

» saisir en sondant la distance incommensurable qui
» sépare des êtres si faibles d'un Dieu si puissant ?
» Cependant Dieu franchira la distance incommensu-
» rable pour descendre jusqu'à vous ; Il se fera même
» plus petit que vous, Il se voilera sous les apparences
» d'une Hostie plus petite que le morceau de pain qui
» nourrit votre corps. Et pourquoi ? Pour devenir
» l'aliment de votre âme. Qu'est-ce qui peut donc
» attirer Dieu sur la terre ? Qu'est-ce qui peut attirer
» Dieu vers une âme d'enfant ? Dieu veut s'unir à vous,
» parce que vous Lui ressemblez, parce que vous êtes
» pures. Une âme sans péché, c'est si beau ! Je ne sais
» si vos parents vous ont jamais plus aimées qu'aujour-
» d'hui ; je ne sais si le Bon Dieu vous a jamais plus
» aimées qu'en ce moment, et il me semble qu'Il est
» plus impatient de s'unir à vous, que vous ne l'êtes,
» vous, de Le recevoir. Venez donc à Jésus, mes chers
» petits anges du Bon Dieu ; Lui-même vous dit :
« Ayez confiance, c'est moi, ne tremblez pas. *Confidite,*
» *ego sum, nolite timere !* [1] »

Le grand acte accompli, l'abbé Hébant rompait,
comme à regret, le silence qui régnait dans la chapelle
pour suggérer aux premières communiantes de fer-
ventes aspirations dont voici un exemple : « Que Jésus
» vous parle seul, maintenant qu'Il est dans votre
» cœur. Ecoutez sa voix. Il vous dit : « Vous... que
» pensez-vous de moi ? Répondez-Lui : « Seigneur, vous
» êtes le Christ, le Fils du Dieu vivant. Vous l'avez dit,
» je le crois. »

» Jésus vous dit : « M'aimez-vous plus que les autres ? »
» Répondez-Lui : « Seigneur, vous savez que je vous
» aime, je suis à vous comme vous êtes à moi. »

---

1. Marc, VI, 50.

« Jésus vous dit : « Que désires-tu, mon enfant, pour
« toi, pour ceux qui t'entourent, tes parents, tes maî-
« tresses, tes compagnes, pour tes chers absents, pour
« ceux qui ne sont plus ? » Répondez-Lui : « Pour moi,
« pour tous, vivants et morts, ce que je désire, ici-bas,
« là-haut, ô Jésus, c'est vous et vous seul. »

« Jésus vous dit enfin : « Sois fidèle jusqu'à la mort. »
« Répondez-Lui : « Seigneur, avec votre grâce, je
« resterai votre enfant, soumise, aimante, généreuse,
« et rien ne m'arrachera de vos bras. Le cri de mon
« cœur sera celui de votre servante Thérèse : Vous
« et moi, Seigneur, et personne de plus [1] ».

La cérémonie terminée, les communiantes se rendaient au salon avec leurs parents. L'aumônier les
rejoignait, les bénissait encore, et disparaissait en
souriant. En vain on l'invitait à prendre part aux
réjouissances de famille. Il déclinait toute invitation :
ce n'était qu'à la sainte Table qu'il voulait rencontrer
les élèves du pensionnat.

La première communion était la plus belle fête de
l'année scolaire. La seconde était l'adoration, qui se
célébrait en juillet. Nous nous souvenons d'y avoir
assisté. La physionomie de la chapelle est restée
photographiée dans notre imagination. Autour de l'ostensoir, sur les degrés de l'autel, dans le sanctuaire, il
n'y avait que des lis naturels apportés par les élèves.
Gracieuse décoration ! Celui qui se plaît au milieu des
lis a dû soulever le voile de l'hostie, Il a dû reposer
des regards de complaisance, et sur les fleurs symbo-
liques qui lui servaient de piédestal, et sur les âmes
innocentes qui entouraient son trône eucharistique.

Le bon Aumônier, rayonnant sous sa chape de drap

---

1. Manuscrits de M. Hébant. *1re Communion.*

d'or, offrait à son Jésus de l'autel, en une seule corbeille, les âmes et les lis. Il faisait peut-être cette prière sacerdotale :

« O mon Dieu, qu'aujourd'hui et toujours, mes chères enfants soient devant vous comme des lis embaumés d'espérance ! *Lilium habens odorem spei.* [1] »

Lilium habens odorem spei ! Et pour conserver aux âmes leur liliale blancheur, l'aumônier faisait du pensionnat une école de haute et solide vertu ; il disait en commentant la parabole de la perle précieuse [2] : « Mes » enfants, votre pensionnat ressemble au royaume des » cieux, car vous y trouvez une éducation basée sur » l'Evangile. Une telle éducation est vraiment une » perle rare qu'il faut préférer à tous les biens du » monde. Que ne sacrifient pas vos parents pour vous » la procurer ? Que ne sacrifient pas vos maîtresses ? » Que ne devez-vous pas sacrifier vous-mêmes ? Que » fait un négociant désireux de tirer de son commerce » des profits considérables ? Il n'épargne ni surveil- » lance, ni activité. Une éducation chrétienne demande » aussi un travail sérieux, constant, soutenu par la » piété, fécondé par la soumission. Ne travaillez pas » seulement à acquérir cette perle de très grande » valeur, soyez vous-mêmes des perles choisies, un » ornement dont puisse se glorifier Jésus. Un auteur » ecclésiastique dit que Jésus est la perle des perles, » que rien au ciel et sur la terre n'en saurait égaler » le prix. Saint Augustin ajoute que Jésus-Christ est » une perle transparente par sa sainteté, très brillante » par sa sagesse, parfaitement polie par sa perfection, » d'un poids immense par sa divinité. — Marchez sur » les traces de Jésus. — Soyez des perles par l'inno-

---

1. S. Bernard, *De Beata.*
2. S. Matthieu, XIII, 45.

» cence de la vie, par la haine du péché, par l'amour
» du bien. Que votre vertu soit aimable, solide, iné-
» branlable. N'ayez pas une pauvre petite vertu,
» languissante, étiolée comme une frêle plante qui va
» perdre ses feuilles jaunissantes et penche sa tête
» vers le sol[1]. »

Lilium habens odorem spei ! Et pour conserver aux
âmes leur liliale blancheur, l'aumônier les invitait à
s'approcher le plus souvent possible de la Table Sainte,
et il disait un jour de communion[2] : « Quel moment
» solennel que celui de la communion. Tout est silence
» et recueillement dans le sanctuaire et dans les âmes :
» Dieu se tait, les anges se taisent, et il y a un délicieux
» parfum de lis qui s'échappe de tous les cœurs. Gar-
» dez ce parfum, gardez cette divine blancheur qui se
» forme ordinairement à l'ombre de l'hostie et sous la
» croix...[3] Restez dignes de l'Eucharistie, comme des
» lis se balançant au souffle de la grâce. *Florete flores*
» *quasi lilium[4].*

» *Communiez souvent, et communiez bien.* L'Eu-
» charistie, c'est la force. Sur la route où la vertu se
» fatigue, se traîne, saigne, Dieu a mis les anges qui
» lui présentent, comme à Élie, un pain miraculeux,
» qui réconforte et permet d'arriver sûrement au som-
» met de la haute montagne de la perfection.

» *Communiez souvent, et communiez bien.* L'Eu-
» charistie, c'est le salut. Saint François d'Assise, dans
» une révélation, avait compris qu'il était du nombre
» des prédestinés. Transporté de joie, il répétait:
« Loué soit Dieu ! Loué soit Dieu ! » La nourriture

1. Manuscrits de l'abbé Hébant.
2. Manuscrits de l'abbé Hébant.
3. Bossuet : *Oraison funèbre de Marie-Thérèse.*
4. Ecclésiastique, XXXIX, 19.

» matérielle n'avait plus d'attrait pour lui, le sommeil
» fuyait sa paupière, son cœur, débordant de recon-
» naissance, n'avait qu'un cri : « Loué soit DIEU ! » Je
» n'ai pas eu de révélation particulière au sujet de
» votre salut, ni du mien. Cependant je puis vous assu-
» rer que celui qui mange la chair de Jésus, que celui
» qui boit le sang de Jésus aura la vie éternelle et
» qu'il ressuscitera au dernier jour. — C'est Jésus qui
» l'a dit. [1] — Nourrissez-vous donc du pain eucharis-
» tique, et vous serez généreuses, chrétiennes ; ici-bas,
» vous ne serez jamais des fleurs pâles et flétries ;
» là-haut, vous vous épanouirez dans la maison de
» DIEU. — *In atriis domus Dei nostri florebunt.* [2] »

Lilium habens odorem spei ! Et pour conserver aux
âmes leur liliale blancheur, l'aumônier les couvrait du
bleu manteau de la Vierge Immaculée, et il disait à
l'ouverture du mois de mai [3] : « Le mois de mai va
» commencer, mois heureux, pendant lequel, pour
» parler comme l'Église, DIEU, souriant à la terre,
» semble oublier la malédiction qu'il a prononcée
» contre elle, et lui rend, avec les charmes du prin-
» temps, un rayon de sa première beauté. Mais pour
» nous, il manquerait quelque chose aux charmes du
» mois de mai, si Marie ne venait y ajouter ses sourires
» de mère... Des fleurs dont la terre se couvre nous
» voulons parer l'autel de Marie ; aux chants qui
» retentissent partout, dans les bosquets, dans les nids,
» dans les demeures, dans les âmes, nous voulons,
» comme une note mélodieuse et surnaturelle, mêler
» le doux nom de Marie.

» Le mois de mai, c'est un ciel tout embaumé des

1. S. JEAN, VI, 54-55.
2. PSAUME XCI, 14.
3. Manuscrits de l'abbé Hébaut. *Mois de Marie.*

» vertus de Marie, tout resplendissant de ses gloires,
» tout rafraîchi par ses douces faveurs comme par la
» rosée du matin. Si nous dressons notre tente sous ce
» beau ciel, l'existence sera moins sombre, moins
» terre à terre, la vertu sera plus facile. l'effort, plus
» généreux ; le progrès, plus rapide. Ne nous séparons
» pas de Marie. Avec Marie nous serons riches,
» près de Marie nous serons heureux. — Elle nous
» aidera à tresser la couronne qui doit briller à notre
» front.

» Restons près de Marie comme la sœur de Marthe
» près de Jésus. Mais écoutons, imitons, prions Marie.
» Prions-la surtout et ne nous fatiguons pas d'égrener
» notre chapelet. Répétons l'*Ave Maria*, comme l'oiseau
» répète sa mélodie. A notre Mère, redisons le même
» mot, car l'amour n'a qu'un mot, qu'on entend toujours
» et qui ne lasse jamais[1]; redisons sans fin : *Ave Maria !*
» Que Marie doit aimer cette prière ! Un ange ayant
» fait vibrer pendant un instant sa voix céleste à l'oreille

1. Variante du mot de Lacordaire : « L'amour n'a qu'un mot, et en le disant toujours, il ne le répète jamais. » Le R. P. Coubé, S.-J., commentant ce mot, ajoute : « Demandez aux soldats en marche pourquoi ils chantent dix fois, cent fois, les mêmes paroles, sur le même air. Ne doivent-ils pas craindre d'augmenter la monotonie de la marche par celle du chant ? Non, car sous la simplicité, et peut-être la banalité des mots, il peut y avoir dans ce refrain quelque chose de grand et de noble, un cri d'amour pour la Patrie, un salut aux ancêtres, un appel à la victoire, un défi à la mort. Et dix fois, cent fois, l'âme du soldat s'envole dans ce défi, dans cet appel, dans ce cri d'amour.

» Pourquoi les rameurs aiment-ils à marquer la cadence des rames par des versets brefs, réguliers, toujours les mêmes? Pourquoi, dans les Indes, les porteurs de palanquins scandent-ils leur course à travers les landes et les forêts infinies par la même mélopée gutturale et sauvage ? C'est parce qu'ils ont trouvé les uns et les autres, rameurs ou coolies de l'Orient, la formule naïve où se plaît leur âme fatiguée et rêveuse. » (Les Chevaliers de Notre-Dame. Discours du R. P. Coubé à la Primatiale de Lyon. 1900.)

» de saint François d'Assise, le bienheureux crut qu'il
» serait mort de joie si cette ravissante musique s'était
» prolongée un instant de plus. Quand Marie entend
» nos *Ave Maria,* elle croit entendre la voix de l'ar-
» change Gabriel, et sa joie est si grande, si grande,
» qu'elle oublie, et les concerts des élus et les splen-
» deurs du paradis ; elle descend vers nous, et cueille,
» les unes après les autres, les roses du chapelet que la
» dévotion fait éclore sur nos lèvres, roses blanches de
» la joie, roses rouges de la douleur, roses d'or du
» triomphe ; elle les cueille toutes et les emporte de
» l'autre côté des cieux pour les présenter à son divin
» Fils... »

Lilium habens odorem spei ! Et pour conserver aux
âmes leur liliale blancheur, l'aumônier leur présentait
comme modèles, les saintes de leur âge, et il disait, le
jour de la fête de Ste-Agnès [1] : « Mes chères enfants,
» nous vous rappelons le souvenir de sainte Agnès. Son
» nom, comme celui de l'Agneau divin, est un symbole
» d'innocence et de douceur. Agnès, candide, aimable,
» docile comme l'Agneau sans tache, comme lui immo-
» lée par le glaive de la persécution ! Aussi on nous la
» représente couronnée de lis et de roses, roses du
» martyre, lis de la virginité. Dans tous les saints nous
» trouvons quelque chose qui nous attire, nous captive,
» nous excite à l'imitation de leurs vertus. Mais quand
» la chasteté se rencontre avec les charmes d'une jeune
» âme tendre, quand elle rayonne sur le front d'une
» enfant de votre âge et de votre condition, sur le
» front d'une enfant de treize ans comme sainte
» Agnès, il me semble que vous ne pouvez pas vous
» empêcher d'aimer et d'imiter, de respirer le suave

---

1. Manuscrits de l'abbé Hébant.

» et pénétrant parfum de cette humble fleur, si fraîche,
» si pure, si brillante au soleil de la grâce... »

Lilium habens odorem spei ! Et pour conserver aux âmes leur liliale blancheur, l'aumônier créait autour d'elles une atmosphère de piété, d'esprit de foi, de confiance, de pureté, de bonté, de prudence, et il disait en diverses circonstances [1] :

» Une seule chose est nécessaire dans l'éducation,
» c'est la piété, mais la piété solide et agissante. Dieu
» est nécessaire à l'éducation, comme la rosée et le
» soleil sont nécessaires aux fleurs de nos jardins. Que
» la rosée cesse de tomber, que le soleil refuse sa cha-
» leur, bientôt les fleurs inclinent tristement leur
» corolle, et meurent. Ainsi dépérit l'âme de la jeune
» fille sans la piété, qui lui procure Dieu et les grâces
» de Dieu.

» La piété n'entre pas seule dans une âme, c'est une
» reine, dont le cortège se compose d'un grand nombre
» de dames d'honneur, qu'on appelle les vertus chré-
» tiennes.

» Celui qui fait de la prière la pratique de sa vie, se
» sauvera sûrement ; celui qui la néglige, se perdra.

» S'il y a une béatitude qui nous est accordée ici-bas,
» c'est bien la piété, la piété vraie, s'appuyant sur
» Dieu, allant au devoir de chaque jour simplement,
» paisiblement. »

** * **

» Vivre de la vie de foi, c'est convertir tout en or,
» or incorruptible avec lequel on achète le Paradis.

---

[1]. Toutes les pensées qui suivent ont été prises, soit dans des canevas que l'abbé Hébant a développés à la Sainte-Union, soit dans des résumés de sermons que des anciennes élèves ont mis à notre disposition.

» La fortune, la pauvreté, la santé, la maladie, la joie
» et les souffrances, les grandeurs et les humiliations,
» passant par les mains d'un homme pénétré de l'es-
» prit chrétien, deviennent des instruments de salut.

» Nous pouvons appeler l'esprit chrétien l'œil du
» CHRIST ouvert sur les choses, une participation à sa
» manière de voir, de juger, de disposer des choses.
» *L'âme chrétienne est une demeure qui ne prend*
» *jour que du côté du ciel. Respirez du côté du ciel,*
» *mes enfants, vivez de la vie de la foi.*

» Une action ne mérite pas tant devant DIEU par son
» importance que par l'amour avec lequel elle est faite.
» Que la foi, l'espérance et l'amour soient le principe,
» le but, comme l'arome divin de toutes vos actions.

» Il faut que nos actions ressemblent à de belles sta-
» tues agenouillées, les mains jointes et les yeux levés
» vers le ciel, c'est-à-dire qu'elles doivent être inspi-
» rées par l'abnégation la plus complète et l'adoration
» la plus profonde. »

*_**

« Rappelez-vous que la Providence donne à l'oiseau
» la nourriture, à la fleur, la goutte de rosée, à l'agneau,
» la chaude toison : rappelez-vous aussi que vous êtes
» plus chères à DIEU que l'agneau, la fleur et l'oiseau...
» Ayez confiance en DIEU, reposez vous sur DIEU, tou-
» jours. Le roi prophète, persécuté par ses ennemis et
» poursuivi par son fils lui-même, était comme abîmé
» dans un océan de douleurs, et il s'écriait : « Oh! qui
» me donnera les ailes de la colombe et je fuirai loin
» de ce triste lieu d'exil ! » A nous aussi il nous arri-
» vera d'être dégoûtés de la vie présente, d'être assail-
» lis par les misères inséparables de la condition
» humaine. DIEU permettra ces moments d'ennui, de

» vide d'âme, afin que notre cœur ne s'accroche pas
» aux futilités et se dégage des mille riens d'ici-bas.
» Aux heures angoissantes ou troublées, quand s'em-
» brume notre petit horizon, levons les yeux plus
» haut, vers l'azur. Notre horizon s'éclairera soudain
» des rassurantes lueurs de l'arc-en-ciel. Comme le
» prophète, nous demanderons les ailes de la colombe
» pour effleurer seulement la terre, pour chercher
» notre repos en Dieu et surtout dans le creux du
» rocher, inaccessible au vautour, dans le Cœur de
» Jésus. »

***

« Soyez bonnes les unes pour les autres, pour toutes
» indistinctement, mais surtout pour les internes qui
» viennent de quitter leurs parents. De cette manière
» les nouvelles venues retrouveront au pensionnat un
» peu des joies de la famille ; elles seront heureuses
» d'avoir en leurs compagnes autant de sœurs aimables
» et dévouées, autant d'anges tutélaires, couvrant des
» ailes de la bienveillance toutes les faiblesses et
» toutes les imperfections.

« Soyez bonnes même pour celles qui vous affligent.
» Quand on vous tourmente, faites comme les arbres
» chargés de fleurs, qu'on agite violemment : laissez
» tomber des fleurs sur ceux qui vous font de la peine. »

***

« Cherchez dans la nature ce qu'elle vous offre de
» plus frais et de plus pur et vous aurez une bien faible
» image de la beauté d'une âme innocente [1]. Ni l'au-

---

1. Cf. Curé d'Ars : « L'âme pure est une belle rose, et les trois personnes divines descendent du ciel pour en respirer le parfum. »

» rore naissante avec ses brillantes couleurs regardées
» par l'Écriture comme l'emblème de la beauté, ni la
» fleur nouvellement éclose et ornée des gouttes de
» rosée comme d'une couronne de diamants, ni le ruis-
» seau coulant entre des rives fleuries sur un sable
» brillant et réfléchissant dans ses eaux les teintes de
» l'aurore, rien n'égale la beauté d'une âme innocente.
» Gardez cette innocence, mes enfants. Malheur à la
» jeune fille qui perd son diadème de pudeur, qui
» prétend se faire gloire d'une liberté de manières
» considérée comme l'indice de la légèreté, sinon de
» la corruption du cœur ! Cette pauvre enfant devient
» victime d'une honteuse faiblesse, adopte le genre du
» milieu où elle se trouve, se dépouille de sa parure de
» modestie et de distinction pour se plier sous le joug
» d'une mode aussi capricieuse qu'intrigante, pour
» accepter un langage, des habitudes, des divertisse-
» ments indignes d'une chrétienne. Luttez dès le
» début, mes enfants, mettez autour de votre âme la
» haie d'épines dont parle l'Écriture, à vos yeux, la
» barrière que recommande le prophète. Résistez !
» Cédez une fois à la passion, cette passion laisse dans
» votre âme une empreinte ; c'est une ligne presque
» imperceptible faite avec la pointe d'une aiguille sur
» une belle statue de marbre. Cédez encore à la même
» passion, l'empreinte sera plus forte ; chaque jour elle
» s'agrandira et deviendra indélébile. Et si, au lieu de
» céder à une passion, vous êtes esclaves de mille
» défauts, vous effacez en votre âme l'image de Dieu,
» vous lui enlevez toute sa beauté et votre ange n'a
» plus qu'à pleurer sur des ruines...

» O mes enfants, défiez-vous du plaisir, de ce mons-
» tre cruel qui dévore, en les caressant, tant de vic-
» times imprudentes... »

**

» Vous quitterez un jour le pensionnat de la Sainte-
» Union, mes chères enfants, mais votre nom y res-
» tera. Sera-t-il l'écho d'une conduite pieuse, soumise,
» laborieuse, charitable, ou sera-t-il l'écho d'une con-
» duite indifférente pour le bien et pour la piété, d'une
» conduite irrégulière, négligente, irrespectueuse ?
» Nous laissera-t-il le souvenir de vos vertus ou le sou-
» venir de vos défauts ? Lorsque notre pensée se por-
» tera vers vous, aurons-nous la riante vision d'une
» âme sainte, d'une colombe qui prend son libre essor
» vers le ciel bleu, ou bien n'apercevrons-nous que la
» désolante image d'une âme défraîchie, d'un pauvre
» petit oiseau se débattant, tout meurtri, dans l'ornière
» du chemin. Votre nom sera-t-il une source de conso-
» lations ou de tristesses pour vos maîtresses, un sujet
» d'édification ou de scandale pour vos compagnes ?
» Ah ! mes enfants, respectez le nom que vous portez,
» votre nom est un bien de famille ; c'est un dépôt qui
» vous a été confié, c'est un héritage glorieux ; votre
» nom, c'est le nom de vos parents ; ils vous l'ont
» transmis pur de toute tache, ne le rendez pas mépri-
» sable, ne le marquez pas d'un stigmate odieux.
» Comme Jésus, faites de votre nom un nom de douce
» souvenance. »

Lilium habens odorem spei ! Et pour conserver
aux âmes leur liliale blancheur, l'aumônier savait
renoncer au genre gracieux qui convenait si bien à son
tempérament comme à son auditoire, et il recourait
aux descriptions les plus sombres, aux menaces les
plus effrayantes. Stigmatisait-il le respect humain ou
le péché mortel, il avait sur les lèvres de terribles
anathèmes, dans la voix de sourdes intonations impré-

vues, sur le visage une expression d'indignation débordante, dans l'attitude et le geste quelque chose de la désespérante raideur du Souverain Juge de Michel-Ange [1]. Devait-il parler de la communion sacrilège, littéralement étranglé par l'émotion, les yeux pleins de larmes, il poussait des cris d'aigle blessé à mort ; de toute son âme de prêtre il apostrophait avec véhémence les nouveaux Judas, les lâches qui s'en vont baiser traîtreusement le Bon Sauveur à la Sainte Table, et, en échange de quelques misérables deniers, le livrent au démon du plaisir ou de l'orgueil. Alors notre doux François de Sales devenait un rude Père Bridaine. Et les élèves éprouvaient une salutaire frayeur. Les petites disaient à leurs parents que M. l'Aumônier s'était fâché contre ceux qui n'aimaient pas le Bon Dieu ; les grandes enfonçaient chacune de ses paroles au plus intime de leur cœur et renouvelaient leur résolution de ne jamais faillir.

Ne jamais faillir, c'était facile au pensionnat, sous l'œil vigilant de l'aumônier et sous la direction aussi intelligente que dévouée des Dames de la Sainte-Union. Mais il y avait l'avenir. Les élèves, plantes délicates tenues comme en serre chaude, résisteraient-elles, lorsqu'elles subiraient, au dehors et brusquement, une ambiance plus ou moins délétère? L'abbé Hébant prévoyait la sortie de l'école. Soucieux de prémunir les aînées contre les pièges qui les guettaient de toute part, il appuyait leur volonté sur des principes inébranlables. Ces principes, il les fortifiait par une longue étude de la religion ; étude raisonnée, approfondie, presque minutieuse, pratique, ne laissant sans réponse aucune question de dogme, de morale, de

---

1. Tableau du jugement dernier.

liturgie, d'histoire ecclésiastique, réfutant enfin, avec une victorieuse clarté, et les prétextes dont les mondains couvrent leur mépris de la loi divine, et les objections que la mauvaise foi multiplie sous couleur d'indépendance intellectuelle. Durant trois années, on apprenait au catéchisme du jeudi [1] à discerner la vérité de l'erreur, le bien du mal, le conseil du précepte ; résolument on se décidait « à marcher vers le devoir, *tout droitement*, comme cette humble jouvencelle de l'époque des croisades, qui s'en revint de Jérusalem son psautier à la main [2] ».

Le psautier des partantes de la Sainte-Union, c'était leur cours de religion, rédigé par elles et revu par l'aumônier. Elles l'emportaient pour cheminer à travers les sentiers qui s'ouvraient devant elles, comme un souvenir, ou plutôt comme un talisman. Une mère de famille nous a montré ses notes datées de 1864 : elle y a puisé conseil et force aux heures troublées et décisives. Une élève des plus anciennes, restée seule après avoir fermé les yeux à ses vénérables parents, nous a dit qu'elle consultait souvent son *code de théologie élémentaire* : elle y a trouvé lumière et consolation au milieu de ses pénibles épreuves.

Faut-il avouer ici que, dans un de nos tiroirs, près d'humbles objets, autres dons de mains mourantes, nous gardons précieusement trois cahiers de catéchisme d'environ cent trente pages chacun. L'auteur de ces cahiers, — esprit délié et âme aimante, — a mêlé aux explications de l'aumônier des réflexions personnelles. Elle a écrit : « Il faut que je sois aussi un peu prédicateur par mes actes ; ma conduite sera irré-

1. Voir plus haut, page 139.
2. Cette jeune fille s'appelait Marguerite. Ses aventures sont racontées par Gaillardin dans son « Histoire du Moyen Age ».

Parfum d'âme.

prochable. » Et elle a édifié ses parents par sa soumission entière, ses frères et sœurs par son amabilité captivante. Elle a été l'embaumante violette du parterre familial.

Elle a écrit : « Je dois connaître ma religion, pour la pratiquer, la défendre, la faire aimer. » Et elle a connu sa religion, elle l'a connue si à fond qu'elle a soutenu avec succès une discussion sur les sacramentaux devant deux ecclésiastiques étonnés.

Elle a écrit : « J'aime les cloches, la cloche du matin qui sonne l'heure délicieuse de la messe, la cloche du soir qui sonne l'heure délicieuse du salut. » Et elle passait à l'église ces heures délicieuses. D'une piété exemplaire, elle commençait et finissait ses jours au pied de l'autel, perdue dans son formulaire.

Elle a écrit : « Que rendrai-je au Bon Dieu en retour des bienfaits dont il m'a comblée ? Je le prierai d'accepter, comme gage de ma reconnaissance, l'offrande de moi-même. Je me donnerai à Lui. » Et elle s'est donnée à Dieu. Répondant à l'attrait de son cœur, elle est entrée au noviciat des Filles de la Charité.

Elle a écrit : « Je supporterai les souffrances que Dieu m'enverra. Je présenterai mon front aux épines comme le Sauveur l'a fait pour moi. J'imiterai sainte Elisabeth de France, qui disait chaque jour : « Mon Dieu, que m'arrivera-t-il aujourd'hui ? Je n'en sais rien ! mais ce que je sais, c'est que tout ce qui m'arrivera a été prévu par vous. Cela me suffit. » Et elle a présenté son front aux épines. Trahie par ses forces, elle est revenue au foyer languir pendant de longs jours et d'interminables nuits, et, sans proférer une plainte, sans cesser de prier, elle s'est éteinte, comme s'éteint un encensoir.

Avant de retourner à Dieu elle a légué à son frère,

celui qui trace ces lignes, un double héritage : ses cahiers de catéchisme qu’elle se faisait lire durant sa maladie, sa croix d’ébène qu’elle approcha si souvent de ses lèvres expirantes. Les cahiers de catéchisme nous servent de lecture spirituelle durant le mois des trépassés. La croix d’ébène ne quitte jamais notre table de travail. Chaque fois que nous la baisons, notre esprit nous échappe et nous entraîne auprès d’un lit de parade. Notre sœur est là sous nos yeux, étendue dans la rigidité de la mort. Sa couronne et son voile d’Enfant de Marie, son visage d’une sérénité inexprimable, ses mains si effilées, plus blanches que le chapelet de nacre enroulé autour de ses doigts, toute sa parure funèbre lui donne l’apparence de ces vierges mystiques que les vieux enlumineurs représentaient dans leurs estampes, endormies au milieu des arabesques fuyantes, sous l’aile des chérubins qui déroulaient des banderoles avec cette inscription : « Elles figurent toujours dans le cortège de l’Agneau[1] ». Nous regardons et nous prions. Et l’abbé Hébant vient s’agenouiller près de nous. Avec le petit rameau de buis, il jette de l’eau bénite sur la dépouille mortelle, nous presse doucement le bras, et, des yeux, nous indique le lieu du rendez-vous suprême : le Ciel...

Plusieurs anciennes élèves de la Sainte-Union moururent prématurément, comme la jeune captive de Chénier, au matin de leur beau voyage, après avoir à peine passé les premiers ormeaux qui bordent le chemin[2]. L’abbé Hébant ne se contentait pas de s’age-

---

1. Apocalypse, XIV, 4

2. Cf. Chénier :

> Mon beau voyage encore est si loin de sa fin !
> Je pars et des ormeaux qui bordent le chemin,
>   J’ai passé les premiers à peine...

nouiller au passage de leur cercueil. A la chapelle ou au catéchisme, il rappelait les bons exemples qu'elles avaient donnés durant leur séjour au pensionnat. De charmante façon, avec une délicatesse qui relevait le prix des moindres détails, il traçait d'elles un portrait qui les faisait regretter davantage encore, et inspirait le désir de leur ressembler.

Apprenait-il que des anciennes se distinguaient dans la carrière où la Providence les avait placées, il parlait de celles qui avaient laissé « au pensionnat un doux parfum de vertu [1] ». Ces allusions habiles produisaient leurs fruits. La Sainte-Union restait un établissement modèle. Tandis que de brillants succès prouvaient la force des études [2], une généreuse émulation pour le bien attestait la hauteur du niveau moral [3].

Et le ressort d'âme qui imprimait le mouvement à tous les rouages de la machine scolaire, c'était l'abbé Hébant. Élèves et maîtresses le lui déclarèrent plusieurs fois, et particulièrement en 1884 et en 1889.

Le 19 juin 1884, elles célébrèrent le vingt-cinquième anniversaire de son ordination sacerdotale. La fête fut

---

1. « Je rappelle souvent aux élèves de la Sainte-Union le souvenir des anciennes, dont les bons exemples ont formé ou entretenu la piété et l'excellent esprit, qualités qui font comme le caractère distinctif de la maison d'Hazebrouck. » Correspondance, 6 janvier 1885.

2. L'époque des examens était une époque de triomphes. L'un d'eux fut remporté dans des circonstances particulières. Une élève avait quitté le pensionnat presque à la veille du concours, pour achever sa préparation dans une maison universitaire. Prévoyant la peine que cette désertion allait causer aux Dames de la Sainte-Union, une ancienne élève, aussi intelligente que généreuse, revint au pensionnat, se remit à l'étude, se présenta et réussit. Elle maintenait du même coup et sa réputation et celle de ses maîtresses.

3. La Sainte-Union a toujours figuré avec honneur au tableau de la Sainte-Enfance et de la Propagation de la Foi.

toute religieuse et tout intime. Préparée par un triduum de prières, elle se clôtura par l'offrande d'un bouquet spirituel dont les fleurs étaient des communions, des messes, des chapelets, des litanies, des oraisons jaculatoires, des heures de silence, des devoirs offerts au Sacré-Cœur.

La joie du prêtre fut vive ; celle de l'aumônier n'eut d'égale que sa surprise cinq ans plus tard, le 27 juin 1889. Ce jour-là, les anciennes élèves affluèrent au pensionnat. Pourquoi étaient-elles venues ? Avaient-elles cédé à l'attirance des lieux embellis par leurs premières années [1] ? Les Dames leur avaient dit : « Il y a 25 ans que M. Hébant est notre aumônier, il ne faut pas que cet événement passe inaperçu, accourez vous joindre aux élèves actuelles, accourez toutes ! » Elles étaient accourues. M. Hébant chanta une messe d'actions de grâces. A l'Évangile, M. l'abbé Wallaert, l'enfant de chœur de 1867 devenu missionnaire diocésain, prononça le sermon de circonstance. Il évoqua l'époque où « il balbutiait dans la chapelle ses prières enfantines », puis il appliqua à M. Hébant ce texte du bréviaire : « *Hic est fidelis servus et prudens quem constituit Dominus super familiam suam*. Voici le serviteur fidèle et prudent que le Seigneur a préposé à la garde de sa famille. » La famille du fidèle serviteur était là, presque au complet ; elle regardait tour à tour, avec le même plaisir et la même émotion, l'aumônier qui souffrait visiblement des éloges qu'il recevait, l'orateur qui, après avoir montré dans le prêtre le continuateur du CHRIST, se tournait vers « le Père vénéré », et laissait parler son cœur, tout son cœur en ces paroles éloquentes. « Et voilà 25 ans que le cher

---

1. Cf. CHATEAUBRIAND.

aumônier de la Sainte-Union exerce au milieu de nous son ministère sacerdotal, et nous savons, nous, ses enfants et ses élèves, avec quel zèle infatigable, avec quel inaltérable dévouement, avec quelle parfaite abnégation il a réussi à unir les qualités du meilleur des maîtres aux vertus du plus tendre des pères.

» Voilà 25 ans qu'il immole l'auguste Victime du Saint-Sacrifice, avec une ferveur tout angélique, implorant du Ciel les bénédictions les plus abondantes pour le pensionnat et pour toutes les élèves anciennes et nouvelles, rendant grâce à Dieu des faveurs obtenues, Lui attribuant avec Jésus-Christ le culte qui Lui est dû, et demandant pardon pour les faiblesses humaines.

» Voilà 25 ans que, ministre de la Miséricorde, le cher Aumônier dirige les consciences des enfants avec une incomparable sagesse, lie et délie les âmes, les console, les fortifie, les encourage et inspire à toutes le goût du devoir et l'amour de la vertu.

» Voilà 25 ans que, maître accompli dans l'art d'instruire, il évangélise, à la façon de Jésus-Christ, les humbles et les petits, sans reculer jamais devant la fatigue, *prêt à revenir quatre fois par jour à la charge*, s'il le faut, afin de faire descendre sur les intelligences les lumières de la foi, afin de donner aux âmes cette doctrine substantielle, qui leur permettra d'affronter, au milieu d'un monde sceptique, la lutte de la vérité contre l'erreur.

» Il sait, le saint prêtre, que rien de bon et de fructueux ne se fait sans travail et sans peine. Aussi aucun obstacle ne l'arrête, ni la distance, ni les intempéries des saisons. De grand matin il est en route, car il y a là-bas des âmes, avides de Jésus-Christ, qui demandent le pain de l'Eucharistie, à la première heure du jour, avant de remplir les diverses fonctions de leur vie religieuse. La messe dite, le catéchisme achevé, le salut chanté, les confessions entendues, vite il faut quitter, car l'aumônier est aussi professeur et il ne veut pas que le professeur puisse se plaindre de l'aumônier. A Saint-François d'Assise comme à la Sainte-Union, il est le prudent et fidèle serviteur... »

A l'issue de la messe, M. l'abbé Wallaert annonça que Mgr Thibaudier, alors archevêque de Cambrai, envoyait au digne jubilaire sa meilleure bénédiction et ses meilleurs vœux. C'était M. le Vicaire Général Pruvoost qui avait sollicité cette insigne faveur pour son ancien élève de Rhétorique.

La fête religieuse avait occupé la matinée, les récréations remplirent toute l'après-midi. La division des grandes joua un drame patriotique : *Tolbiac.* Excellent choix. L'aumônier ne catéchisait-il pas les élèves de la Sainte-Union comme le pontife Remi catéchisait Clovis ? Les élèves de la Sainte-Union ne pouvaient-elles pas devenir, comme Clotilde, par leur piété et leur abnégation, les libératrices de la patrie et les gardiennes de la religion du foyer ?

La représentation de la pièce fut parfaite. Parfait également fut le feu d'artifice tiré dans la cour *en l'honneur de M. Hébant, aumônier depuis 1864.* Quand la dernière fusée eut éclaté en une pluie d'étoiles multicolores, tandis que des flammes de bengale, marquant la fin des réjouissances, versaient leurs clartés éblouissantes sur les physionomies radieuses, sur les oriflammes frissonnant au souffle de la brise, sur les inscriptions fixées aux murailles, sur le campanile du pensionnat d'où l'Angelus du soir allait descendre, alors le jubilaire bénit les organisatrices de cette belle fête du cœur, tout son cher petit monde agenouillé devant lui, et se retira, poursuivi par des battements de mains et par des vivats enthousiastes.

Lorsqu'il regagna Saint-François, — les anges du cloître nous l'ont murmuré à l'oreille — il entendit les échos d'une psalmodie lointaine, berçante, semblable à celles qui s'égrènent sous les longues voûtes sonores des vieux monastères... Le *Magnificat* lui arrivait, verset par verset, à travers le silence de la nuit tombante... Le *Magnificat* terminé, il entendit cette supplication : « Seigneur, récompensez le vénérable jubilaire ! Par ses exemples, par ses leçons, il nous a appris à Vous aimer ; il a fait de nous les épouses du Christ. Seigneur, récompensez-le ! Seigneur, bénissez-le ! » Et les vierges qui psalmodiaient, les vierges qui suppliaient, l'abbé Hébant les voyait surgir dans son imagination, il les reconnaissait... C'étaient d'anciennes élèves de la Sainte-Union : celles qui s'étaient acheminées vers le couvent...

Celui qui a goûté une fois le fruit si rare de la reconnaissance, se dévoue plus que jamais. A l'*impendam* de saint Paul il ajoute le *superimpendar* du même apôtre[1]. Au lendemain de la touchante manifestation du 27 juin 1889, l'abbé Hébant se promettait de se dépenser davantage encore à la Sainte-Union. L'année suivante, pour lui, comme pour tant d'autres, se réalisa la parole du sage : « Au fond du calice de la joie, les larmes de la tristesse[2]. » Il lui fallut accepter les fonctions de Directeur du Petit Séminaire et quitter son aumônerie ainsi que sa classe de seconde.

1. II Corinth., XII, 15.
2. Proverbes, XIV, 13.

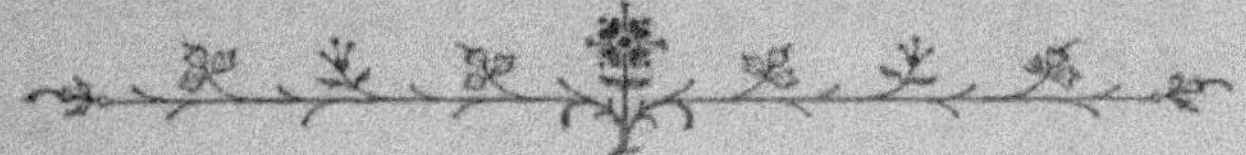

CHAPITRE IX

L'HOMME D'ŒUVRES

PETIT SÉMINAIRE : PREMIERS COMMUNIANTS, CONGRÉGATION DES SAINTS ANGES. — PENSIONNAT DE LA SAINTE UNION : DAMES DE CHARITÉ, ENFANTS DE MARIE, CATÉCHISTES VOLONTAIRES, ŒUVRE DES FORAINS.

Les occupations de l'abbé Hébant étaient absorbantes ; elles n'épuisaient point son activité.

Depuis que M. Dehaene avait jeté autour de lui les flammes d'une charité tout apostolique, le feu sacré avait gagné de proche en proche, rapidement, comme l'étincelle qui court à travers les roseaux desséchés[1]. Le Petit Séminaire d'Hazebrouck était devenu un foyer d'action ardente et féconde. Prenant pour devise ce souhait de leur Principal : « *Je voudrais descendre jusqu'à la dernière fibre de la dernière âme, pour la soulager et la rendre heureuse, en lui rendant l'amour de Jésus et de Marie*[2] », les professeurs ne se cantonnaient point dans leur classe, et, avec l'agrément de l'autorité, acceptaient très volontiers les surcharges, si lourdes fussent-elles.

Comme ses collègues, l'abbé Hébant ne refusait

---

1. SAGESSE, III, 7.
2. Cf. abbé LEMIRE. *L'abbé Dehaene et la Flandre.*

aucune besogne supplémentaire : il était de ceux qui se reposent en changeant d'occupation.

De 1866 à 1875, il fut chargé des Premiers Communiants de Saint-François d'Assise [1]. Conduire des âmes innocentes à Jésus-Hostie, c'était pour lui une joie sans égale.

Non moindre était la joie des enfants qui bénéficiaient de son zèle. Nous demandions à un avocat distingué s'il n'avait pas oublié le prêtre qui l'avait préparé à sa Première Communion. « C'est le bon M. Hébant qui m'a préparé à ce grand acte », nous répondit-il aussitôt. Et sa figure s'épanouit. La douce vision du plus beau jour de la vie émergea du vague lointain de son enfance et il nous parla du catéchisme de M. Hébant, en des termes qui nous firent songer à ces lignes du Père de la Rivière sur le catéchisme de Saint François de Sales : « Jamais je ne vis pareil spectacle. Cet aimable et vraiment bon père était assis sur un siège de quelque cinq degrés ; toute l'armée enfantine l'environnait. C'était un contentement non pareil d'entendre combien familièrement il exposait les rudiments de notre foi. A chaque propos, les riches comparaisons lui naissaient en bouche pour s'exprimer. Il regardait son petit monde et son petit monde le regardait. Il se rendait enfant avec eux, pour former l'homme vertueux et l'homme parfait selon Jésus-Christ [2]. » — Que de prêtres, que de chrétiens, lorsque leurs souvenirs voltigent autour du ciboire de leur Première Communion, voient se pencher vers ce ciboire la silhouette aimée du bon M. Hébant !

Cette même silhouette, quelques privilégiés croient

---

1. Cf. Registre des premières Communions du Petit Séminaire.
2. Cité par Mgr Baunard : *Évangile du Pauvre.*

la voir se dessiner dans les enjolivures d'un diplôme
de congréganiste. Ce sont les anciens membres de
l'Association des Saints-Anges, que l'abbé Hébant
dirigea de 1875 à 1882. Imagination ! nous objectera-t-on.
Soit ! mais que penser alors de cette page, détachée
du carnet d'un de nos amis ? « J'avais onze ans à mon
entrée au Petit Séminaire, et j'avais été admis en
septième. A peine initié à mon nouveau genre de vie,
je fus appelé par M. Hébant. Il m'invita à faire partie
de la congrégation des Saints Anges, dont il était le
directeur. Il me fallait mériter cet honneur par une
bonne conduite dûment constatée par mes notes hebdo-
madaires. Je crois n'avoir pas trop langui : l'ambition
d'être reçu congréganiste soutint mes efforts. M. Hébant
réunissait une fois par semaine ses *chers petits
anges.* Je fus son fidèle client pendant deux ou trois
années, jusqu'à l'époque où mon adolescence me fut
un titre à l'admission dans la congrégation de Saint
Louis de Gonzague. Ce que je me rappellerai toujours
de ces courtes, mais bienfaisantes réunions, c'est leur
charme exquis, leur simplicité candide et le zèle
prudent du saint directeur « des petits anges ».

« La condescendance de M. Hébant, — qui l'inclinait
à préférer la direction des enfants, et lui inspirait, pour
trouver le chemin de leurs âmes, des conférences ingé-
nues et ingénieuses, toujours bien à leur portée, —
faisait avec le rare talent dont il était doué et surtout
avec ce grand air de dignité qui caractérisait sa personne un contraste frappant. Sa belle prestance lui
donnait de l'ascendant ; son visage, au profil bourbon-
nien, qu'éclairaient de grands yeux limpides et doux,
arqués de noirs et longs sourcils, tout son extérieur,
enfin, commandait le respect, excluait la familiarité,
défendait l'abandon. En le voyant, je pensais chaque

fois à une ancienne gravure de famille représentant
Louis XVI ou Louis XVIII dans l'appareil pompeux
de la majesté royale. Illusion d'enfant, peut-être !... La
parole elle-même, d'un accent si pur et toujours parfaitement châtiée, ajoutait encore à la dignité naturelle. Néanmoins la vénération, dont on entourait
l'homme, le prêtre, le directeur, s'alliait parfaitement
à la confiance et à l'amour. On ne pouvait se défendre
d'aimer, parce que le dévouement se révélait surnaturel, et la bonté, exquise. Aussi la plupart des congréganistes des Saints Anges devenaient-ils les enfants
spirituels de M. Hébant, et je reste persuadé qu'il fut
un directeur incomparable des enfants et en général
des âmes tendres et délicates. Il savait deviner les
aspirations de ces âmes, ou plutôt il lisait dans ces
âmes comme dans un livre ouvert. C'est pourquoi dans
ses instructions il revenait sans cesse sur les mêmes
sujets : piété, prière, dévotion aux Saints Anges, à
Marie, au T. S. Sacrement, travail, obéissance, fraîcheur d'âme. On eut dit que patiemment, à la façon
d'un artiste qui retouche cent fois sa toile, il voulait
fixer en nous l'image du Sauveur... [1] »

Un catéchisme et une congrégation s'étaient donc
successivement greffés sur la classe de l'abbé Hébant ;
plusieurs œuvres se greffèrent à la longue sur son
aumônerie.

Les Dames de Charité de Saint-Vincent de Paul
avaient obtenu de l'Archevêché la faveur d'une
adoration mensuelle. M. Dehaene avait promis de leur
donner à perpétuité, à la chapelle de la Sainte-Union,
le sermon de circonstance, et, chaque fois qu'il était

---

1. Correspondance du R. P. X.. 1902.

empêché, il priait M Hébant de le remplacer[1]. Les Dames ne perdaient pas au change, car elles admiraient en M. Hébant *un véritable apôtre de l'Eucharistie, avide de communiquer aux âmes l'ardeur qui le consumait*[2]. A la mort de M. Dehaene, l'abbé Hébant « annonça, sans phrase, qu'il était désigné pour continuer la belle œuvre si bien commencée par son vénéré supérieur, qu'avec la grâce de Dieu, il s'efforcerait de sanctifier les Dames de Charité et de les aider ainsi à sanctifier leurs pauvres[3]. »

Le plus sûr moyen de sanctification n'est-ce pas l'Eucharistie ? l'Eucharistie reçue, méditée, imitée ? Le tabernacle n'est-il pas la nuée lumineuse qui nous précède dans notre marche à travers les ténèbres d'ici-bas ? L'hostie n'est-elle pas la manne tombée du Ciel et pétrie, pour nous, par les divines mains du Christ Jésus ? Le Tabernacle indique le devoir ; l'Hostie nous donne la force de l'accomplir. Du reste, au chrétien qui possède l'Eucharistie que manque-t-il ? Rien, puisque l'Eucharistie, c'est Dieu.

Le compatissant Booz disait à la pauvre Ruth : « N'allez pas glaner dans un autre champ que le mien[4]. » S'inspirant de ce texte, l'abbé Hébant invitait les Dames de Charité à ne pas glaner, ailleurs que dans le champ de l'Eucharistie, les vertus dont elles avaient besoin pour exercer auprès des humbles leur ministère providentiel. Il se plaisait à montrer dans l'Eucharistie[5] le

---

1. Notice sur M. Hébant, par Mme Beck-Pouvillon, présidente des Dames de Charité.

2. Id.

3. Id.

4. Ruth, II, 8.

5. Manuscrits de M. Hébant. — *Conférences aux Dames de Charité*, passim.

chef-d'œuvre de la puissance de Dieu et la merveille
de son amour, la source de notre grandeur et de notre
félicité, l'aliment de notre foi, de notre espérance, de
notre charité. Il conseillait *l'union continuelle avec
le prisonnier volontaire de nos églises :* union par
l'assistance à la sainte messe, par le quart d'heure
d'adoration de la visite quotidienne, par les oraisons
jaculatoires, ces rapides envolées de l'âme, qui s'arrache
à l'occupation du moment, pour frapper doucement à la
porte du tabernacle, pour affirmer à Jésus qu'elle pense
à Lui, que, malgré la distance, elle est avec Lui, près
de Lui. Il représentait Jésus-Hostie comme le média-
teur parfait, universel, perpétuel, s'offrant tout entier,
expiant toutes les iniquités, levant toujours vers le
Ciel ses mains suppliantes. « Associez-vous à l'œuvre
de Jésus, disait-il aux Dames ; apportez-Lui votre
obole ; une prière, un effort, un sacrifice, une communion réparatrice. » Cette dernière dévotion, il la recommandait avec instance. C'était son thème favori, presque unique. Chaque fois qu'il le développait, les Dames
se sentaient intimement remuées, comme les disciples
d'Emmaüs au son des paroles du glorieux Ressuscité[1].
Excitées par ses exhortations fréquentes, régulières,
car il ne manquait jamais aux réunions même pendant
les vacances[2], les zélatrices ne se contentaient pas de
goûter les délices de la fraction du pain. Elles conso-
laient le bon Maître : compatissantes Véroniques, elles
tissaient, dans le silence de l'adoration, le voile destiné
à essuyer les larmes de Jésus délaissé. Elles aimaient

---

1. S. Luc, XXIV, 32.

2. Pour ne pas le forcer à se déplacer pendant les vacances, les Dames
lui avaient proposé de supprimer les réunions d'août et de septembre :
il refusa dans la crainte d'arrêter l'élan des Zélatrices.

le bon Maître d'un amour pratique : intelligentes imitatrices des deux sœurs que l'Évangile nous montre dans la fraîche retraite de Béthanie [1], elles joignaient la prière à l'action. A l'église, elles avaient le cœur de Marie ; chez elles et chez les autres, elles avaient à la fois les bras de Marthe et le cœur de Marie. Elles faisaient aimer le bon Maître : elles s'en allaient vers les pauvres en se répétant à l'envi le mot de saint Ignace : « Attirez à vous toutes les âmes que vous rencontrez, et dites-leur : ensemble aimons DIEU, aimons DIEU ! » L'aumône à la main, un sourire encourageant sur les lèvres, elles s'asseyaient au foyer des indigents, et laissaient derrière elles, comme un sillage de bonté, un peu de bien-être, un peu de résignation, un peu de joie. Elles justifiaient leur beau titre de Dames de Charité.

Au nécrologe de l'œuvre, — puisqu'il faut ménager la modestie des vivants, — il y a des noms qui sont restés synonymes de dévouement. La reconnaissance nous fait un devoir de citer Mme Houvenaghel et Mme Beck-Pouvillon [2]. Un ouvrier nous disait le jour des funérailles de Mme Houvenaghel : « Je relève de maladie, je marche avec peine ; cependant, quand même j'aurais été plus faible encore, je me serais traîné à l'église. Je voulais assister à l'enterrement de Mme Houvenaghel. Elle a été si bonne pour moi et pour mes enfants. Quand elle m'avait parlé, j'avais le cœur à l'ouvrage, mon outil me paraissait moins lourd, ma maison moins sombre. » Dans plusieurs familles, l'image mortuaire de Mme Houvenaghel est suspendue à la muraille sous le CHRIST. Hommage délicat, qui

---

1. S. LUC, X, 38.

2. Avant de mourir, ces dames de charité ont fait la part des pauvres et les familles de la Conférence du Petit Séminaire n'ont pas été oubliées.

honore à la fois et les pauvres et leur bienfaitrice.

Mme Beck-Pouvillon a été présidente des Dames de Charité[1]. Bien qu'elle se fût réservée sept ménages, elle ouvrait à tous les miséreux son aumônerie et sa maison. La visite à domicile était, pour elle, l'obligation principale des Conférences. Elle y manquait rarement. Déjà guettée par la mort, elle faisait en voiture sa tournée habituelle. Se sentait-elle incapable de descendre de voiture, elle appelait les pauvres près de la portière, et, oubliant son mal, s'entretenait de leurs peines et de leurs besoins. « *Imitez le diacre Laurent,* lui avait conseillé M. Hébant, *préparez-vous à votre dernière heure en distribuant aux nécessiteux les trésors dont vous avez la garde* ». Elle avait retenu la recommandation. Elle en avait retenu d'aussi délicates, que nous avons retrouvées dans sa courte notice sur le directeur de l'adoration mensuelle. Cette notice se terminait ainsi : « M. Hébant nous a fait comprendre que nous devions nous servir de notre situation pour inspirer aux autres l'amour de Dieu et le souci de leur âme... Ses instructions étaient aussi attrayantes que solides... Il cherchait surtout à nous pénétrer d'une foi vive en la présence réelle de Notre-Seigneur Jésus-Christ dans la Sainte Eucharistie. Il nous exhortait à saluer le Tabernacle dès notre entrée dans le Lieu Saint, en prenant de l'eau bénite. Il n'achevait aucune de ses instructions, sans nous engager à ne jamais nous distraire de la pensée de la mort. Il le faisait non pas pour nous effrayer, mais pour nous maintenir dans la voie qui mène au Ciel. L'arbre tombe du côté où il penche, nous disait-il. Penchez-vous donc toujours du

---

1. Elle succédait à Mme Bieswal-Cleenewerck ; elle est remplacée par Mlle Marie Bieswal.

côté du devoir, du côté de l'idéal, du côté du pauvre, du côté du Tabernacle ; penchez-vous du côté de DIEU afin de vous endormir avec confiance dans les bras de DIEU. » Mme Beck-Pouvillon écrivait ces lignes vers la fin de novembre 1902, elle mourait le 27 décembre de la même année. Après l'abbé Dehaene, l'abbé Hébant avait eu le mérite de lui mettre entre les mains deux clés du ciel : l'innocence de la vie et la pratique des bonnes œuvres.

Ces deux signes de prédestination, il voulait les imprimer dans l'âme des anciennes élèves de la Sainte Union, domiciliées à Hazebrouck, et capables d'exercer autour d'elles une salutaire influence. Il en réunit une quinzaine dont il fit une association d'enfants de Marie. Cette association fut érigée dans la chapelle du Pensionnat en 1874, le 25 mars, fête de l'Annonciation[1]. La chapelle ressembla ce jour-là à l'oratoire de la Sainte Vierge. Le représentant de DIEU, l'aumônier, remplaçait Gabriel, l'archange de DIEU. Il disait à celles qui l'écoutaient : « Mes enfants, DIEU désire que vous » restiez fidèles à tous vos devoirs de chrétiennes ; il » désire que vous gardiez votre ferveur, celle que vos » maîtresses admiraient, quand vous étiez au pension- » nat, celle que je vous enviais, moi, quand vous faisiez » votre première Communion. DIEU vous demande » d'aller à l'école de sa Mère pour apprendre à donner » toujours, à donner partout le bon exemple... Mes » enfants, qu'allez-vous répondre à DIEU ? » Chaque associée répondit à l'aumônier, comme Marie à l'ar-

---

1. C'est grâce à l'obligeance de Mlle Marie Bieswal, présidente de l'Association, que nous pouvons donner la plupart des détails qui vont suivre. Plusieurs notes nous ont été remises par Mme Piettre.

change Gabriel : « Je suis la servante du Seigneur, qu'il me me soit fait selon votre parole ! »

Etre la servante du Seigneur signifiait être une excellente enfant de Marie, fidèle au règlement que l'abbé Hébant avait tracé lui-même et qui ne renfermait que ces quatre points :

« 1º Les enfants de Marie feront la communion générale une fois par mois.

» 2º Elles entendront deux instructions par mois : l'une appropriée à leur situation, l'autre, commune avec les Dames de Charité, le premier jeudi du mois.

» 3º Elles se réuniront une fois par semaine, dans une des salles du pensionnat, afin de confectionner ensemble des vêtements pour les enfants pauvres.

» 4º Leur devise sera : *Prier, Agir, Edifier.* »

Ici comme ailleurs se retrouve la préoccupation de l'abbé Hébant : faire de l'Eucharistie le centre de l'action chrétienne. Son œuvre était modeste ; cependant, nouveau grain de sénevé, elle allait croître et devenir un arbre aux branches duquel les oiseaux du Ciel suspendraient leurs nids. Ces oiseaux du Ciel, ce furent les âmes d'élite qui vinrent demander à l'association le moyen de se sanctifier davantage ; ces oiseaux du Ciel, ce furent encore les pauvres que soulagèrent les associées, les pauvres honteux, les pauvres courbés sous le poids des misères matérielles ou morales.

Les enfants de Marie se bornèrent d'abord à habiller quelques petits nécessiteux. Elles se faisaient une joie de porter les vêtements à domicile et d'en couvrir leurs protégés, la veille de Noël. C'était les yeux fixés sur le pauvre de Bethléem qu'elles se mettaient à leur charitable besogne. Aussi le lendemain, quand elles priaient auprès de la crèche du Sauveur, elles avaient le droit d'éprouver une douce surprise, surprise pareille à celle que François Coppée procure, dans ses récits épiques, au bon saint Vincent de Paul ; elles pouvaient espérer que la Madone « au front pur » leur présenterait l'Enfant-Jésus et leur dirait avec un indéfinissable accent de maternelle tendresse : « Embrassez mon Jésus, vous l'avez bien mérité ! »[1]

L'époque de la distribution des vêtements fut bientôt changée. Pour exciter l'émulation des premières communiantes pauvres, les enfants de Marie décidèrent de ne favoriser que les fillettes qui se seraient distinguées au catéchisme par leur sagesse ou leurs progrès.

Le projet fut communiqué à l'abbé Hébant qui l'approuva et le bénit de tout cœur.

Mais le zèle éclairé, loin de piétiner sur place, saisit les occasions de dévouement que la Providence sème

---

1. COPPÉE. *Récits épiques : Saint Vincent de Paul.* — Le saint ramasse dans la rue un pauvre petit enfant. Rentré à Saint-Lazare, il monte à sa cellule, couche l'enfant dans son propre lit,

> Puis songeant qu'à minuit, en janvier, le froid pince
> Et que sa courte-pointe est peut-être bien mince,
> Il ôte son manteau tout froid du vent du nord,
> Et l'étend sur les pieds du petit qui s'endort.
> Alors tout grelottant et fort mal à son aise,
> Le bon Monsieur Vincent s'accouda sur sa chaise,
> Et devant le tableau pendu contre le mur
> Il pria. — Mais soudain la madone au front pur,
> Qui parut resplendir des clartés éternelles,
> S'anima. Dans ses yeux aux profondes prunelles
> Brillèrent des regards qu'ils n'avaient jamais eus,
> Et, dégageant son cou des bras du doux Jésus
> Qu'elle tenait d'abord serré sur son épaule,
> Elle tendit l'enfant à saint Vincent de Paule,
> Et, d'un accent rempli de céleste bonté,
> Lui dit : « Embrasse-le, tu l'as bien mérité. »

sur sa route. Les enfants de Marie l'avaient appris de leur directeur. Elles ne restèrent donc pas longtemps à la porte des catéchismes ; elles y entrèrent en 1884. A force de répétitions patientes et d'explications ingénieuses, elles parvinrent à instruire suffisamment quelques fillettes très lentes à comprendre, spécimens accomplis de têtes dures. L'année suivante, le clergé paroissial ayant constaté les avantages de leur intervention, elles furent priées de se charger également d'une catégorie de gamins, très flamands et plus habitués à compter les pavés des rues qu'à ouvrir leurs livres de classe.

Elles acceptèrent avec empressement et préparèrent à la première communion une vingtaine de garçons et une vingtaine de filles. Rendre de petites âmes moins indignes de recevoir Jésus, dorer en quelque sorte le ciboire vivant où daigne descendre Jésus, quel honneur ! Les catéchistes volontaires ne s'en tinrent pas là. Leurs privilégiés n'ayant qu'un commencement de bon vouloir couvert d'un vernis d'instruction, elles travaillèrent à fortifier les convictions et les habitudes : celles-ci par la fréquentation des sacrements, celles-là par un enseignement plus complet des vérités religieuses. Le premier jeudi du mois, elles établirent un catéchisme de persévérance à l'issue duquel elles disposaient les enfants à la confession et à la communion.

L'abbé Hébant encourageait ces infatigables semeuses, et, chaque fois que les circonstances le permettaient, il leur montrait au bout du champ qu'elles travaillaient, le Christ, le semeur éternel, arrêtant son geste auguste, pour les bénir et féconder leurs généreux efforts. Un jour d'adoration, en leur expliquant la plus poétique des grandes antiennes de l'Avent,

O Oriens[1], antienne où l'Église chante JÉSUS-CHRIST,
le soleil de justice, il les exhorta « à se faire les apôtres
» de la doctrine du Sauveur ; il les félicita de marcher
» sur les traces des missionnaires intrépides dont les
» prières et les travaux sont des semences d'âmes ; il
» les engagea à conserver aux enfants le plus précieux
» des trésors : le trésor de la foi[2]. »

L'œuvre des catéchistes fonctionna sans bruit jusqu'en 1888. A cette date elle subit une courte éclipse,
causée par la laïcisation de toutes les écoles communales d'Hazebrouck. Les familles refusèrent de se
séparer des religieuses, et il fallut construire de
nouveaux bâtiments scolaires. Pendant que les
murailles s'élevaient, et pour déjouer les ruses des
ennemis qui pensaient remplir leurs écoles à la faveur
du désarroi, les catéchistes volontaires, toujours
désireuses *de conserver aux enfants le trésor de la
foi*, ouvrirent deux garderies où elles se partagèrent
durant quatre mois les 400 bébés de l'asile Saint-Vincent. Mgr Baunard a écrit dans un de ses ouvrages que
*les cris des petits enfants sont la musique du Bon
Dieu*. Si le mot est juste, les catéchistes ont dû être
saturées d'harmonie.

Elles ne s'occupèrent pas seulement de l'asile. Du
29 juin au 20 août, elles surveillèrent les 150 élèves de
l'école des Sœurs de Charité. L'école n'étant pas
encore prête à la rentrée d'octobre, les catéchistes qui
avaient leur brevet, firent elles-mêmes la déclaration
d'ouverture et restèrent au poste jusqu'à l'installation
régulière des religieuses. La louange languit auprès
de pareils dévouements. On admire et on s'incline...

---

1. Antienne : *O Oriens.*
2. Sermon aux Catéchistes, 1887.

Les écoles libres une fois fondées, les catéchistes reprirent leurs fonctions ordinaires. A l'heure actuelle elles préparent chaque année à la première communion une moyenne de 60 enfants.

Cependant elles n'ont pas cessé de s'intéresser à l'enseignement. A l'époque des examens du certificat catholique, elles constituent le jury, corrigent les devoirs et se chargent de l'oral.

Aux approches de la Noël et à la Saint-Nicolas, l'une d'elles — ce fut pendant plusieurs années Mᵐᵉ la Vicomtesse de la Plesnoye[1] — se costume en patron des écoliers, et, mitre au front, barbe au menton, répand sur les petites têtes remuantes de solennelles bénédictions. D'autres conduisent par la bride un joli petit âne, qui plie sous le poids de lourds paniers. Quand saint Nicolas est fatigué de bénir, il ouvre les paniers, et une pluie de gâteaux et de bonbons tombe dans les mains des petits enfants. A la Noël, nouvelle apparition des catéchistes. Cette fois, elles apportent de la part de l'Enfant-Jésus des vêtements qu'elles se sont procurés *par souscription*. Les mères assistent à la distribution. De retour au logis, souriant à leur bébé qui s'endort sur leurs genoux, elles songent que le cher petit ne souffrira point du rude hiver, qu'il sera chaudement vêtu, que la Providence est bien bonne, et qu'elles sont bien bonnes aussi les gracieuses messagères de la Providence... les catéchistes volontaires.

Messagères de la Providence, les catéchistes le

---

1. Née Marguerite Demazières. Active autant que pieuse, elle avait fondé, à 12 ans, l'œuvre des bonbons qui existe encore. « Les enfants des riches devaient donner des friandises aux enfants des pauvres, » disait-elle, et elle était parvenue à gagner à son idée plusieurs de ses compagnes. Grâce à elles, les bébés avaient des douceurs à la Saint-Vincent de Paul.

sont encore auprès des nomades qui campent sur la place d'Hazebrouck pendant la Mi-Carême et qui, grâce à elles, se reprennent à chercher à travers les fentes de leur roulotte un petit coin du ciel bleu. Avec plus de raison que les quêteuses d'antan[1], les catéchistes peuvent être désignées sous la gentille appellation *d'hirondelles de carême*, car elles annoncent le renouveau spirituel, le retour à la vie chrétienne, ce doux printemps de l'homme ici-bas.

Elles ont été initiées à ce genre d'apostolat par le R. P. Fiévet, S. J., actuellement missionnaire à Madagascar. Cet émule de François Xavier, que nous avons eu pour maître et collègue, avait évangélisé les saltimbanques pendant son séjour à Lille. Professeur au Petit Séminaire de 1882 à 1892, il avait créé dès son arrivée l'œuvre des forains. Renseigné probablement par M. Hébant, il s'était rendu chez la Présidente des catéchistes volontaires, et sans précautions oratoires, il lui avait dit : « Mademoiselle, j'ai besoin de vous et de vos auxiliaires les plus expérimentées. Vous avez du zèle, c'est connu, eh bien ! voici une occasion de le prouver : la Mi-Carême approche ; je me paye un tour de foire ; je visite les avaleurs de sabres, montreurs d'ours, hommes serpents, clowns, tous les artistes des tréteaux ; je cause à ces braves gens ; je leur demande si leurs marmots sont baptisés, si leurs gamins, si eux-mêmes ont fait leur première communion, s'ils n'ont pas escamoté quelques commandements de Dieu et de l'Eglise ; bref, je vais à la pêche et je vous envoie du poisson, bien gros, bien vivant, bien frétillant ; vous le prenez,

---

1. Les religieuses qui venaient quêter à Paris au XVIIe siècle. On les nommait ainsi à cause de la forme de leur cornette et de l'époque où elles se présentaient.

Mademoiselle, et vous le faites nager dans les eaux
de la grâce... c'est entendu !... Au revoir !... » On
ne résiste pas à cette rhétorique à l'emporte-pièce.
Mlle Bieswal chercha un local et attendit... le poisson.
Le R. P. Fiévet jeta son filet du bon côté de la barque,
car la pêche fut miraculeuse. Elle n'était pas composée
de menu fretin, mais d'enfants non baptisés, de jeunes
gens de dix-neuf ans qui n'avaient pas encore fait leur
première communion, de désespérés qui s'étaient
meurtris aux buissons de la route, de familles entières
qui erraient bien loin du devoir. *Ces braves gens* du
Père Fiévet, les catéchistes les accueillaient, les ins-
truisaient, les relevaient et les rendaient à Dieu. Leur
zèle ne s'est pas ralenti, puisqu'elles comptent annuel-
lement plusieurs conversions. Leur jour de joie, le
jour où elles reçoivent leur récompense et sentent le
prix d'une âme reconquise, c'est le jour de la communion générale, dite communion d'adieu.

Ce jour-là, les catéchistes et les forains s'approchent
ensemble de la sainte table simplement, fraternelle-
ment. Le Ciel s'ouvre sur des scènes aussi édifiantes ;
et le Christ, traversant les sphères lumineuses, descend escorté de sa Mère, des grands convertisseurs,
des grands charitables et des neuf chœurs des anges.
Et les anges présentent au Christ le livre des livres,
l'Évangile ; et le Christ relit la parabole du bon Samaritain et la parabole de l'Enfant prodigue ; et la Mère
du Christ sourit aux sœurs du bon Samaritain et aux
frères du Prodigue repentant ; et du groupe des grands
convertisseurs et des grands charitables se détache la
timide reine de Hongrie, Elisabeth, effeuillant ses roses
miraculeuses ; et les anges, pendant que tombent les
pétales embaumés, s'accompagnant de leur lyre,
chantent : « Il y a plus de joie au Ciel pour un pécheur

qui se convertit que pour quatre-vingt-dix-neuf justes qui persévèrent. [1] »

L'abbé Hébant se réjouissait avec le Ciel, chaque fois que ses enfants de Marie contribuaient à ramener au bercail une brebis égarée. Mais, s'il était heureux de les voir prêter leur concours à toutes les œuvres qui les sollicitaient, il craignait avec raison qu'une activité débordante, jointe à une routine fâcheuse, n'aboutît, sinon à stériliser leurs efforts, du moins à les limiter au prochain sans aucun avantage pour leur sanctification personnelle. Toujours s'occuper des autres, c'est courir risque, ou de s'oublier soi-même, ou de marcher en vertu de la vitesse acquise, plutôt que sous l'impulsion des motifs surnaturels. Contre ces dangers, l'abbé Hébant conseillait trois précautions : assister régulièrement aux réunions ; communier une fois par mois à la chapelle du pensionnat ; se souvenir de l'esprit et du but de l'association.

Il prêchait d'exemple l'exactitude aux réunions. Par suite de circonstances imprévues, son auditoire se trouva un jour réduit à cinq personnes. La présidente crut bien faire en le priant de s'abstenir du sermon. « Prêcher devant si peu de monde, était-ce la peine ? » Il répondit : « *Qu'importe le nombre ? N'atteindrais-je* » *qu'une seule âme, n'y aurait-il qu'une personne,* » *je serais amplement consolé et récompensé ; je* » *prêcherais !* » Et il prêcha comme de coutume.

Il célébrait lui-même la messe du mois, pendant laquelle les enfants de Marie communiaient. Était-ce alors qu'il leur rappelait que la Sainte Eucharistie est le principe de la vie chrétienne, *et que nous valons ce que valent nos communions ?* Était-ce alors que,

---

1. S Luc, XV, 7.

développant ce texte de Jérémie [1] : « *Estote quasi
columba nidificans in summo ore foraminis;* soyez
comme la colombe qui pose son nid au sommet des
plus hautes ouvertures du rocher », il leur lisait ce passage de Mgr de la Bouillerie : « Oh! que j'aime à me
figurer que cette ouverture élevée, au bord de laquelle
la colombe pose son nid, n'est autre que celle du Tabernacle. Oui, oui, l'Eucharistie est bien comme le sommet
de cette pierre qui est Jésus-Christ. Si nous considérons en vous, ô Jésus, l'amour que vous nous portez,
l'Eucharistie est comme le sommet de votre amour ;
si nous considérons les grâces dont vous nous inondez,
l'Eucharistie est le sommet de vos grâces; et si nous
songeons au bonheur que vous nous procurez, l'Eucharistie est le sommet de notre bonheur. L'Eucharistie,
enfin, est au lieu le plus élevé de l'autel. Ah! que le
passereau demeure sous le toit de la maison, que la
tourterelle se contente du nid qu'elle a fabriqué pour
sa petite famille, moi, ô Seigneur des vertus, moi,
mon roi et mon Dieu, ce sont vos autels que je demande,
c'est la cime où je veux me fixer... Voilà le nid que
j'ambitionne, voilà la montagne où il est bon que je
reste, voilà la demeure que j'habite, car je l'ai choisie
pour toujours [2] »

Enfin, l'abbé Hébant fêtait le 25 mars, anniversaire
de la fondation de sa petite association. Il soulignait les
articles du règlement et commentait ce conseil de l'auteur de l'*Imitation :* « Souvenez-vous de votre résolution! » Bon moyen d'empêcher les volontés vacillantes
de s'énerver dans la tiédeur, ce terrain mouvant
où s'enlizent les meilleures âmes.

---

1. Jérémie, XLVIII, 28.

2. De la Bouillerie. — *Méditation sur l'Eucharistie : les trois
colombes.* L'abbé Hébant puisait volontiers dans ce livre plein d'onction.

Donc, les enfants de Marie de la Sainte-Union, comme les dames de charité, comme les premiers communiants et les congréganistes du Petit Séminaire, gagnaient au contact de l'abbé Hébant ; elles sortaient de ses instructions, plus pieuses, plus entreprenantes, plus disposées à compter leurs journées par leurs sacrifices. Le bien qu'elles faisaient, elles l'attribuaient, pour une bonne part, à leur zélé directeur ; elles lui rendaient justice. Si Dieu avait donné l'accroissement aux plantes délicates qu'elles étaient, si d'autres avaient arrosé ces plantes, l'abbé Hébant les avait cultivées le premier, et combien patiemment !...

Quant à nous, puisque nous avons signalé son action extérieure, aspect sous lequel on ne l'a guère considéré, peut-être parce qu'il le couvrait du voile de sa modestie, peut-être parce que le dévoûment habituel finit par n'être plus remarqué, nous avons conscience, en terminant ce chapitre, de n'avoir pas mérité ce reproche indirect de René Bazin : « Cela me confond de penser à tant de millions de fleurs écloses dans les haies, les bois, près d'ici, plus loin, dans le monde entier, et qui se flétrissent sans avoir jamais été vues. N'est-il pas vrai que cela ressemble au meilleur de nous-mêmes, au trésor de l'humanité, à ces dévouements de mères, de femmes, d'enfants, *d'apôtres*, que personne ne voit parmi les hommes, pas même ceux qui devraient les voir ? »

CHAPITRE X

VACANCES

GRAVELINES : SOUS LE TOIT MATERNEL, AU
COUVENT, AU GRAND FORT. — HUIT JOURS
A ROUBAIX. — AU PETIT SÉMINAIRE. —
AU PRESBYTÈRE DE L'ABBÉ GOURDIN. —
RETRAITES A CAMBRAI.

Vacances ! Ce simple mot nous entraîne hors de
notre chambre, sur le seuil de notre grand'porte,
ouverte à deux battants et tout encombrée de valises
et de malles. La distribution des prix est terminée.
Les pensionnaires s'en vont, chacun dans sa direction,
joyeux comme des oiseaux échappés d'une cage. La
plupart se pressent, courent même, droit devant eux,
leur ticket à la main. Qu'ils ont hâte d'arriver à la
gare et de sauter dans le train ! Les aînés, les graves
rhétoriciens, marchent moins précipitamment. Ils se
retournent de temps en temps pour regarder encore
une fois la tourelle de Saint-François. Ils ont passé au
Petit Séminaire cinq ou six années... Les voilà au
terme de leurs études secondaires, à un tournant
de leur existence, et, en l'intime de leur âme, quelque
chose semble se briser : les liens qui les attachent au
berceau de leur vocation...

Derrière les élèves, les maîtres. Ils saluent les
partants et se communiquent leurs projets. Les uns

choisissent un lieu de pèlerinage : ils hésitent entre Lourdes et la Salette, entre le Mont Saint-Michel et Paray-le-Monial. D'autres passeront les Alpes, en tunnel, bien entendu, afin d'admirer la Ville Éternelle et de s'agenouiller aux pieds du Souverain Pontife. D'autres encore traverseront la Manche et visiteront les curiosités de Londres. Ceux-ci, patriotes ardents, parlent de faire douze cents lieues en Russie. Ceux-là, émules des croisés, tourmentent fiévreusement leur barbe renaissante. « Dans huit jours, affirment-ils, dans huit jours, nous sommes à Marseille ! Nous faisons voile pour l'Orient et nous prions à Jérusalem sur le tombeau du Christ ! » Trois ou quatre causent à l'écart. Ils se disent le bonheur qu'ils éprouvent à la seule pensée de leur retour au foyer domestique. Leur bonne mère les attend, ce jour-là même. Depuis le matin, — ils en sont persuadés, — elle compte, anxieuse, les tours d'aiguille de la vieille horloge.

M. Hébant aurait pu se joindre à ce dernier groupe, d'abord parce qu'il était loin d'avoir l'humeur voyageuse, ensuite parce qu'il aimait trop sa mère pour la priver de la compagnie de son fils. Dès qu'il était libre, il regagnait Gravelines.

Mme Hébant se préoccupait du retour de son abbé. C'était sa grande affaire. Longtemps d'avance, elle lui préparait ses appartements. Les rideaux bien blancs et raidis par le repassage, la table de travail resplendissante de propreté, le prie-Dieu fraîchement épousseté, la petite bibliothèque cirée, le vase à fleurs, le moindre rien, rafraîchi, luisant, souriant, prenait un air de fête pour souhaiter la bienvenue au professeur en vacances. Le professeur se montrait sensible aux attentions maternelles. En revoyant sa chambre, il s'écriait : « Mère, que vous êtes prévenante, que vous êtes bonne ! que je vais bien me reposer ici ! »

Se reposer signifiait, dans sa pensée, employer sérieusement sa matinée, prier à son aise, lire une vie de saint, repasser sa théologie. « Il est toujours occupé, ce M. Hébant, disait une personne de la maison ; on ne croirait pas qu'il est ici, on ne l'entend pas bouger. » En effet, il ne paraissait qu'aux repas, pendant lesquels « il assaisonnait les plats de paroles pleines de filial abandon. »

L'après-midi, une visite au couvent des Ursulines lui tenait lieu de distraction. Il se présentait au parloir à l'heure de la récréation, et, à travers la grille, il s'entretenait avec sa sœur, Mère Saint-Paul. Le prêtre avait une conversation céleste ; la religieuse l'écoutait, sans perdre une syllabe, avec ravissement et profit.

Mère Saint-Paul avançait à pas de géant dans les voies de la perfection [1]. Serait-ce parce que son frère lui avait dit : « Je ne puis me figurer une religieuse qui » ne serait pas une grande sainte ou ne travaillerait » pas à le devenir. Une Ursuline surtout, qui, par » vocation et par vœu, doit s'occuper de l'éducation des » enfants, serait incapable de faire des saintes pour le » ciel si elle-même n'avait pas déjà un degré de » sainteté assez élevé [2]. »

Mère Saint-Paul aimait passionnément l'Eucharistie. Ses élèves remarquaient quand elle avait communié [3]. Serait-ce parce que son frère lui avait donné ce conseil : « Reste unie à Jésus-Hostie, récite-Lui chaque jour et » plusieurs fois par jour, si tu le peux, cette belle prière : » Jésus, divin réparateur, je m'unis à tous les saints

---

1. Notice sur Mère Saint-Paul, communiquée par le couvent.
2. Correspondance de l'abbé Hébant.
3. Notice sur Mère Saint-Paul.

» sacrifices que Vous offrez à cette heure par toute la
» terre ; je m'unis à tous les sacrifices que Vous offrirez
» jusqu'à la fin du monde, pour réparer, avec Vous et
» par Vous, les outrages faits à l'adorable Trinité par
» tous les crimes qui ont été commis, qui se commettent
» et pourront se commettre encore. Je m'unis enfin, ô
» Jésus, à la dernière messe qui se célébrera avant le
» jour où vous viendrez juger les hommes, afin de
» réparer encore le dernier péché qui sera la dernière
» insulte infligée au Dieu de toute sainteté. — O Dieu
» de mon cœur, pour vous témoigner mon amour, je me
» fais victime, avec votre Fils bien-aimé, sur tous les
» autels de la terre maintenant et toujours [1] ? ».

Mère Saint-Paul brûlait du zèle des âmes. Nommée Supérieure, elle favorisait l'établissement des Ursulines en Angleterre [2]. Serait-ce parce que son frère l'avait engagée à « réchauffer l'ancienne île des Saints pour » la rendre à l'unité, tant désirée par le Souverain » Pontife Léon XIII ? [3] »

Mère Saint-Paul ne redoutait pas les souffrances et les acceptait comme une source de mérites et un gage de la prédilection de Dieu [4]. Serait-ce parce que son frère, l'ayant entendue traduire de l'anglais une gracieuse allégorie intitulée : « Croix et Roses », lui avait envoyé la poésie qu'on va lire ?

> Une blanche colombe, à l'aspect de l'orage,
> Fuyait, à tire-d'aile, un effrayant nuage
> Qui répandait des croix en tourbillons épais,
> Comme une horrible grêle assaille les guérets.

---

1. Prière trouvée dans le formulaire de Mère Saint-Paul et datée du 11 septembre 1883.
2. Notice sur Mère Saint-Paul.
3. Correspondance de l'abbé Hébant.
4. Notice sur Mère Saint-Paul.

Mais, au fort du danger, son courage s'éveille.
Sur le gazon fleuri voyant une corbeille,
Des menaçantes croix elle cherche à l'emplir ;
Les présents du Seigneur ne doivent point périr.

De son bec délicat, elle s'efforce même
A traîner vers son nid le lourd fardeau qu'elle aime,
Et, dans ce dur labeur, quelques gouttes de sang
Sous la grêle de croix jaillissent de son flanc.

Soudain ont apparu des fleurs fraîches écloses :
La corbeille de croix en corbeille de roses
Est changée... ô surprise ! ô plaisir ravissant !
Admirable bonté du ciel compatissant !

Oui, toujours, ô Jésus, quand ton amour nous laisse
En proie à la souffrance et remplis de tristesse,
Ta grâce sait mêler la joie à nos douleurs ;
Et ta main sur nos croix vient répandre des fleurs. [1]

Mère Saint-Paul suivait chaque jour le Sauveur, pas à pas, tout le long des quatorze stations, du prétoire au tombeau [2]. Serait-ce parce que son frère avait composé, pour elle et avec elle, des considérations où sa ferveur trouvait un continuel aliment ? Ces considérations, nous les livrons plus loin [3] aux âmes pieuses qui désireraient faire le Chemin de Croix en compagnie de l'abbé Hébant.

Les heures de parloir n'étaient donc pas des heures perdues. Mère Saint-Paul invitait parfois ses compagnes à s'asseoir avec elle au festin spirituel que lui

---

1. Communiqué par le Couvent.
2. Notice sur Mère Saint-Paul.
3. Voir ce Chemin de Croix à l'appendice.

M. LE CHANOINE J. MASSELIS,
AUMÔNIER DES URSULINES, A GRAVELINES

préparait son frère. Alors l'abbé Hébant ne servait que
de l'exquis : Ascétisme, Pédagogie, Littérature,
Beaux-Arts, les sujets les plus intéressants étaient
effleurés. Derrière la grille il y avait un cercle de
coiffes blanches qui s'inclinaient de temps en temps
pour approuver l'aimable et fin causeur. Puis, soudain,
et toujours trop tôt au gré des religieuses, un coup de
cloche annonçait la fin de la récréation. L'abbé Hébant
se taisait de suite, saluait et se retirait.

A ce respect de la règle M. Masselis reconnaissait
le prêtre digne de sa confiance. Aussi se déchargeait-il
sur lui du soin de sa communauté, lorsqu'il s'absentait
dans le but de faire sa retraite ou de quêter pour ses
églises.

L'abbé Hébant édifiait les Ursulines par son empressement à leur rompre le pain de la parole évangélique.
A ceux qui l'auraient engagé à se mettre en garde
contre les multiples requêtes des religieuses avides de
l'entendre, il aurait certainement répondu, comme
saint François de Sales au personnage qui lui repro-
chait une complaisance excessive en pareille matière :
« Que voulez-vous ? j'ai un cœur qui ne sait rien refuser ;
» j'ai plutôt fait de composer un sermon que de dire
» nenni. » Il prêchait jusqu'à quatre fois par semaine. On
lui demandait « un petit mot d'édification ». Le petit mot
s'allongeait, s'allongeait, et devenait, tantôt un délicat
parallèle entre le Sauveur, portant sa croix par amour
pour les hommes, et la religieuse, portant sa croix par
amour pour le Sauveur ; tantôt une comparaison ins-
tructive du rôle de Marie auprès de Jésus-Enfant avec
le rôle de la religieuse enseignante auprès des enfants,
frères et sœurs de Jésus ; tantôt une poétique description de monastère, de quelque joli jardin fermé où le
Bien-Aimé se promène, pour respirer de suaves parfums

et cueillir des lis ; tantôt un touchant récit dont les héroïnes étaient la veuve de Naïm et sainte Monique, l'une pleurant sur des ruines d'âme, l'autre se traînant derrière une dépouille mortelle, toutes deux ouvrant leurs bras, avec une joie ineffable, au fils unique rendu à leur affection ; tantôt une sorte de cantique des cantiques qui, remuant l'âme des novices et des professes, au moment tragique où elles se prosternaient, les bras en croix [1], sur les fleurs du tapis de serge grise, célébrait les charmes de l'union mystique avec l'Époux Divin, et rendait l'immolation définitive plus spontanée, plus joyeuse, plus douce.

L'abbé Hébant écrivit un jour, d'un seul jet, une allocution de vêture. Citons-la. Elle donnera une idée du genre. L'orateur prend pour texte ce verset du psaume XLIV :

« *Audi, filia, et vide, et inclina aurem tuam et* » *obliviscere populum tuum et domum patris tui.* » Ecoute, ma fille, prête l'oreille, et oublie ton peuple et » la maison de ton père. »

Voyons le commentaire.

« *Audi : Ecoute*. Quelle voix demande votre atten- » tion, exige votre docilité ? — C'est la voix d'un père. « *Ma fille !...* » vous dit le Père Céleste. Le Dieu qui, » en désignant Jésus-Christ lui-même, a dit : « Voici » mon Fils bien-aimé en qui j'ai mis toutes mes com- » plaisances », ce Dieu dit de vous « Voici ma fille » bien-aimée ; mes complaisances sont en elle ». Quel » sentiment de respect et d'admiration s'est emparé de » ceux qui entendaient la voix venue du Ciel sur les

---

1. Dans le chœur on étendra, tout près de la grande grille, un tapis de serge grise, suffisamment long et large pour permettre aux postulantes de se prosterner les bras en croix ; sur ce tapis on sèmera des fleurs (Cérémonial des Vêtures et Professions).

» bords du Jourdain ou sur les hauteurs du Thabor ! Ce
» sentiment de respect et d'admiration, nous le parta-
» geons aujourd'hui en face de la fille bien-aimée de
» Dieu. *Multæ filiæ congregaverunt divitias, tu super-*
» *gressa es universas !* Que de compagnes de votre
» âge, pieuses aussi, enrichissant leur vie de mérites
» nombreux, aimées de Dieu, mais moins aimées que
» vous, sont restées dans le monde, parce que Dieu ne
» leur a pas fait entendre la voix que vous avez enten-
» due. *Audi, filia !* Et vous avez écouté cette parole
» qui est tombée sur votre âme comme une rosée
» délicieuse, qui a brillé à vos yeux comme une vive
» lumière, qui vous entraînait par un charme irrésis-
» tible. Dieu vous appelait à la vie religieuse, et vous
» êtes partie, et votre âme chantait : *Lætatus sum*
» *in his quæ dicta sunt mihi, in domum Domini*
» *ibimus.*

» Vous êtes venue. Et Dieu vous a dit : « *Vide,*
» Regarde... » — « Les murs d'un couvent !... Quelle
» sombre prison !... » dit une voix mondaine. Et vous
» avez regardé, et vous avez dit : C'est une forteresse
» bâtie par Dieu pour m'abriter et me protéger ; c'est
» un rocher où viendront se briser tous les bruits et les
» attraits du monde ; c'est un mur de séparation éter-
» nelle entre celui qu'a maudit mon divin Maître et
» moi qu'Il a daigné honorer d'un amour de prédilection.
» Et vous êtes entrée dans cette solitude qui effraye une
» âme frivole et que vous avez trouvée rayonnante de
» bonheur : *O beata solitudo ! O sola beatitudo !*
» Vous avez vu cette étroite cellule que le luxe et la
» mollesse d'aujourd'hui trouveront triste comme une
» tombe, et vous venez y ensevelir votre vie avec Jésus-
» Christ. Vous avez regardé la bure grossière qui
» remplacera bientôt cette parure empruntée, et vous

» avez dit : « Je me dépouillerai du vieil homme pour me
» revêtir de l'homme nouveau ». Vous avez été témoin
» d'un travail bien vulgaire aux yeux d'un fol orgueil
» et vous avez dit : « Je choisis la place du divin Ouvrier
» de Nazareth, de Marie, aimable et douce servante de
» Jésus, aimable et douce compagne de Joseph, l'arti-
» san inconnu; je choisis une vie humble et laborieuse,
» et cette vie, je la préfère à la première place dans la
» maison des pécheurs. Mon dur travail sera suivi d'un
» sommeil vite interrompu par la cloche matinale qui
» appelle à la prière. Oh! la prière devant le Tabernacle,
» devant l'autel, devant la table sainte, quel encoura-
» gement ! quelle force ! quelle consolation ! J'ai vu
» Dieu habitant parmi nous, s'immolant pour nous, se
» donnant à nous, et je pourrais ne pas être heureuse,
» ne pas être généreuse, ne pas désirer m'immoler avec
» Lui, me donner tout entière à Lui, me dépenser tout
» entière pour Lui ? Et n'ai-je pas vu celles que j'appel-
» lerai désormais du nom de Mères et de Sœurs, donner
» l'exemple des vertus que je dois pratiquer moi-
» même.. Ce que j'ai quitté, plaisirs, richesses, ce n'est
» que la fumée que le vent dissipe, la poussière que foule
» le pied des passants, l'écume que la vague laisse sur
» le rivage ; la liberté même n'est qu'un bien souvent
» dangereux et auquel on renonce toujours avec avan-
» tage, quand on le soumet au joug de l'obéissance
» religieuse. Seigneur, j'ai tout vu et rien n'a ébranlé
» mon désir d'être à Vous. Parlez encore, ô Seigneur !
» je Vous prête une oreille attentive. »

» *Inclina aurem tuam.* Soyez fidèle à observer la loi
» de Dieu toujours, mais surtout exercez-vous à la prati-
» que des vertus qui font l'objet des vœux de religion.
» En attendant qu'une autre cérémonie, plus solennelle
» encore, vienne mettre le comble à vos désirs, que

» tout ce qui vous entoure devienne un lien, une
» exhortation, un encouragement. Écoutez le pré-
» sent, écoutez le passé. La ferveur, l'obéissance, la
» générosité, la régularité, la charité, et le bonheur qui
» suit le cortège de toutes ces vertus, n'est-ce pas le
» précieux héritage laissé, par celles qui ne sont plus,
» à la famille qui leur a survécu et que Dieu bénit en
» l'augmentant de membres nouveaux? Heureuse êtes-
» vous, ma sœur, de vous unir à une communauté qui
» doit plaire à Dieu bien plus encore qu'elle est un
» spectacle édifiant pour les anges et les hommes. On
» vous dira les noms et les vertus des Mères et des
» Sœurs, dont le souvenir remplit votre maison comme
» un suave parfum. Vous serez à l'école de la perfec-
» tion. On vous mettra sous les yeux cette magnifique
» armée de vierges, filles de sainte Claire ou de sainte
» Ursule, qui ont sanctifié la demeure que vous habitez ;
» faites-les revivre, aimez à vous les représenter, vivant,
» agissant au milieu de vous. Oh ! oui, parlez, parlez
» toujours, ô vous, saintes âmes que la mort bienheu-
» reuse a déjà placées dans l'assemblée des élus, par-
» lez, et que celles qui occupent votre monastère
» vivent dans vos cellules, prient dans vos stalles,
» remplissent vos emplois, continuent à glorifier Dieu
» comme vous, à se sanctifier comme vous, à faire du
» bien aux âmes comme vous. Mais ce n'est plus un vœu
» que je dois formuler, c'est un tableau vivant que je
» mets sous vos yeux. Le présent continue le passé,
» et vous vous êtes écriée au spectacle des vertus dont
» vous avez été témoin, comme le saint anachorète
» Antoine qui avait visité saint Paul ermite, un autre
» solitaire : *Væ mihi peccatori qui tam indigne mona-*
» *chi nomen fero ! Vidi Eliam, vidi Joannem in*
» *deserto, vidi Paulum in Paradiso.* Et vraiment un

» monastère ne doit-il pas être une image du Ciel ?
» Et vous acceptez, n'est-ce pas, ma sœur ? avec la
» confiance que vous avez mise en Dieu, l'obligation
» d'une vie toute céleste, et, dans votre générosité, vous
» demandez à Dieu si vous n'avez plus rien à ajouter à
» votre sacrifice déjà si complet. Voici la réponse de
» Dieu :

» *Obliviscere populum tuum*. Quittez votre peuple,
» les lieux pleins des souvenirs charmants de votre
» enfance ; faites taire les souvenirs qui pourraient enle-
» ver à Dieu quelques-unes des pensées de votre esprit
» et des affections de votre cœur. Faites l'oubli sur tout
» un passé qui a les plus belles années de votre vie.
» Mon enfant, immolez votre esprit, immolez votre
» cœur, détachez-le de l'amitié même, en ce que l'amitié
» a de naturel, d'humain, de passager, de frivole.

» Ajouterai-je un dernier mot ? *Obliviscere domum
» patris tui*. Quoi ! des liens que Dieu même a formés,
» des liens qu'il a voulus, des liens si étroits que les
» cœurs et les âmes des parents et des enfants s'unis-
» sent comme en un seul cœur et en une seule âme, ces
» liens, il faut les briser ? Mais quels déchirements,
» quelles blessures, quelles larmes cette séparation va
» causer ! Quel sacrifice sanglant ! Ma fille, ce sacri-
» fice encore ! Je suis venu séparer le fils de son père,
» la fille de sa mère. Venez, suivez-Moi, montez sur
» ce calvaire. De ma croix, je voyais les larmes de
» ma Mère, et par amour pour vous, je m'immolais
» avec bonheur. Et vous, mon enfant, par amour pour
» Moi, laissez couler les larmes de votre famille et
» courez au sacrifice.

» Fille bien-aimée, en vous reposent réellement à
» cette heure mes complaisances : *veni in hortum
» meum, sponsa mea*. Entrez dans ce jardin délicieux

» où vous trouverez l'arbre de vie. Vivez ici dans mon
» amour et vous vivrez dans mon amour pendant toute
» l'éternité. Ainsi soit-il [1] ».

Lorsque l'abbé Hébant descendait de chaire, après
avoir prononcé une pareille allocution, les religieuses,
si elles avaient osé, lui auraient volontiers crié, comme
le peuple d'Antioche à saint Jean Chrysostome : « Père,
reviens ! Parle-nous encore... Père, reviens ! »

Il n'avait pas le même succès au Grand Fort Philippe, paroisse fondée par M. Masselis. Il indiquait les
conséquences du péché mortel et engageait l'auditoire
à « prier pour les pauvres pécheurs, suspendus au-dessus de l'enfer par un simple fil ». Les matelotes, se
méprenant sur le sens du mot *pêcheur*, ne cachèrent
point leur mécontentement. Elles se dirent à l'issue
de l'office : « Qu'est-ce que *nos hommes ils ont fait à
l'auguste Hébant* pour qu'il les mette tous en enfer ? »

À quelque temps de là, il voulut calmer les braves
femmes. Il leur parla du culte de la Sainte Vierge.
Il les félicita d'aimer beaucoup la Mère de Dieu, et
de ne pas ressembler « aux ingrats qui l'accablent
des coups d'épingle du péché véniel ». — « De plus en
plus fort ! » s'écrièrent les matelotes, décidément dis-
traites ou peu aptes à comprendre. « De plus en plus fort !
que nous irions, nous, donner des coups d'épingle à
la Vierge ; mais pour qui nous prend-il maintenant ?
il peut rester chez lui, s'il n'a que cela à nous dire !... »

Les marins furent moins susceptibles : ils trouvèrent
tout naturel que l'abbé Hébant les eût apostrophés en
ces termes : « Mes frères, revenez donc à Dieu, convertissez-vous sans retard. N'attendez pas ; ne dites

---

1. Vêture, Gravelines, 1887.

pas : demain, plus tard… Ne dites pas : il est possible
que je me convertisse et que je me sauve sur mon lit
de mort. Je sais bien que c'est l'exception, mais je puis
être une exception ». Voyons la force de ce raisonnement, de votre « il est possible »… Il est possible que
l'Empereur, passant un jour par Gravelines, dans un
moment de générosité inexplicable, donne à l'un
d'entre vous, qui ne l'aurait jamais défendu, qui
aurait même toujours travaillé contre lui, la distinction la plus enviée, la croix d'honneur. Est-ce que cet
adversaire de l'Empereur pourrait compter sur sa croix
d'honneur ?

» Il est possible que vous preniez toujours, à la même
place, les mêmes poissons et la même quantité de poissons. Est-ce que cela vous est arrivé une seule fois ?

» Il est possible qu'en jouant aux dés l'on jette toujours six. Qui a jamais eu cette chance-là ?

» Il est possible de mettre toujours le pied sur le
même pavé, lorsqu'on va de l'église à sa maison ou de
sa maison à l'église. Avez-vous rencontré quelqu'un
qui puisse se vanter d'avoir soutenu pareille gageure ?

» Il est possible qu'un aveugle, voyageant seul et ne
demandant jamais son chemin, fasse une excursion à
travers l'Europe et revienne dans son pays, sans se
perdre dans les précipices, dans les fleuves, dans les
forêts. N'auriez-vous pas pitié du malheureux qui com-
mettrait cette imprudence inqualifiable ?

» Il est possible, enfin, que votre bateau, seul, sans
gouvernail, tandis que vous dormez tranquillement
dans la cale, fasse le tour du monde et revienne à Gravelines. Oseriez-vous risquer ? Et vous ne craignez pas
d'exposer votre âme… Et vous espérez que la barque
de votre âme, après avoir flotté à la dérive, comme
une lamentable épave, abordera, d'elle-même, au port

de la bienheureuse éternité... Illusion dangereuse !
Mes frères, mes frères bien-aimés, revenez à Dieu,
convertissez-vous !... [1]

Un tel langage ne dépassait pas le niveau du peuple,
et nous nous sommes laissé dire qu'un vieux loup de
mer, convaincu par la logique du prédicateur, avait
poussé une exclamation, aussi originale et aussi inattendue que celle du maréchal de Grammont à un des
sermons de Bourdaloue [2].

Les jours de vacances fuient d'ordinaire rapidement,
plus rapidement encore, lorsqu'une sage répartition du
temps, prévenant toute inaction dangereuse, partage
les loisirs entre des occupations utiles et d'honnêtes
délassements. L'abbé Hébant en faisait l'expérience,
car, presque à son insu, il atteignait la mi-septembre.
Il se rendait alors à Roubaix et séjournait une semaine
chez les parents de son ancien élève de sixième.
Nous avons vu au chapitre troisième qu'il était en
relation avec cette famille depuis 1854. Durant une vingtaine d'années, il fut l'hôte de M. et de Mme Loridant.
Ces dignes personnes disparues, il devint le conseiller
du frère et des trois sœurs du petit Paul. Le frère,
industriel intelligent, a fondé à Tourcoing un foyer
modèle. La plus jeune des sœurs a épousé un praticien
dont la haute science professionnelle est admirablement servie par une foi profonde jointe à un dévouement sans bornes. Les sœurs aînées ont préféré ne pas
se séparer et donner à leur entourage le réconfortant
spectacle d'une vertu aimable et agissante. Elles sont,
pour la paroisse les zélatrices de toutes les œuvres,

---

1. Sermon aux marins du Grand Fort Philippe, 1865.

2. Pendant que le célèbre Jésuite prêchait, le maréchal de Grammont
s'écria : « Morbleu, il a raison ! »

pour leurs neveux et nièces, des tantes aux prévenances toujours exquises, au sourire toujours épanoui. Leur maison a une coquette apparence de couvent... sécularisé. L'abbé Hébant était quelque chose comme l'aumônier de ce couvent. Les demoiselles Loridant gardent fidèlement son souvenir. Elles ont remarqué, pendant les huit jours qu'il passait sous leur toit, d'une part sa fidélité à mettre ses devoirs religieux avant tout, d'autre part son habileté à mêler une note édifiante aux conversations les plus banales.

Ne violer aucune de ses règles en vacances et en voyage, c'est un mérite très rare. Les déplacements, à cause des changements d'habitudes qu'ils amènent, à cause des imprévus qu'ils occasionnent, fournissent mille prétextes à la négligence ou au mauvais vouloir. La dévotion s'évapore au grand air ou s'étouffe dans l'étau d'une étiquette mal comprise. L'abbé Hébant évitait ce double écueil par l'emploi de la méthode préventive. A Roubaix, il se levait à cinq heures, faisait sa méditation, récitait son bréviaire et ne descendait de sa chambre que pour célébrer la sainte messe. A sept heures et demie, il ouvrait son livre de lecture spirituelle et le fermait à dix heures. De dix heures à onze heures et demie, il allait saluer le clergé de la paroisse, ou prier au cimetière, ou visiter les amis de la famille. Vers midi, il se retirait dans sa chambre : c'était le moment de son examen particulier. Vers deux heures et demie, il disait avec une grâce charmante : « Excusez-moi, je vais causer avec le Bon Dieu et la Sainte Vierge ». Et il prenait son bréviaire et son chapelet. A six heures, il assistait au Salut du T. S. Sacrement. Nul obstacle ne l'arrêtait, pas même les excursions à Bon-Secours, à la Marlière, à Oostacker. Les effets de cette régularité exemplaire étaient une sérénité inaltérable et une piété rayonnante. Les demoiselles Loridant étaient à l'aise avec ce prêtre, *qui restait toujours prêtre*. Elles ne s'étonnaient pas de le voir offrir en plein repas le bouquet spirituel de sa méditation, les fleurs qu'il avait cueillies dans le parterre de la vie des saints, les petits *Sursum corda* qu'il avait tirés des moindres incidents du jour. Lui les écoutait sans se lasser, lorsqu'elles parlaient de pauvres à soulager, d'écoles libres à soutenir, d'ornements d'église à confectionner. Pour les encourager, il citait l'exemple de ses Dames de Charité, racontait les prouesses de ses catéchistes volontaires, et décrivait les merveilles qui figuraient à l'exposition de l'Œuvre apostolique d'Hazebrouck, Œuvre semblable à l'Œuvre de Sainte-Elisabeth [1]. Et un nouvel élan vers le bien

---

1. Cette Œuvre est dirigée par Melle Emma Debuyser. En 1903, cette digne demoiselle célébrait son jubilé de 50 ans de présidence et M. le vicaire général Lobbedey lui envoyait, à titre d'encouragement, cette charmante poésie :

Notre-Seigneur Enfant de Bethléem et Jésus de l'Autel
à l'Œuvre Apostolique d'Hazebrouck.

« J'étais sans vêtement et vous m'en avez donné. »
(St MATTHIEU, XXV, 36.)

Quoi ! sans vêtements, Vous par qui le ciel s'azure,
Vous qui parez nos prés d'un manteau de gazon,
Nos fleurs de pourpre et d'or, nos brebis de toison !
Vous habillez de mousse une pauvre masure,
Et nu, manquant de tout, dans une humble prison,
Seigneur, vous mendiez !

— Ma fille, quand on aime,
On donne à pleines mains, en s'oubliant soi-même.
J'ai tout fait pour orner ici-bas ton séjour,
Je te prépare au Ciel de bien autres largesses ;
Mais, quand je me suis fait ton pain de chaque jour,
J'ai laissé dans les cieux ma gloire et mes richesses,
Et j'ai, pour me vêtir, compté sur ton amour.

était le fruit de son passage à Roubaix. Ainsi Marthe
et Marie se sentaient meilleures, quand Jésus s'était
reposé à Béthanie.

Vraiment, l'abbé Hébant ne pouvait mieux utiliser
une semaine de vacances. Celles de Pâques 1883 furent
assombries par un deuil pénible. Dieu rappela à lui
Mme Hébant. La blessure que cette mort fit au cœur
de M. Hébant, ne se ferma jamais. Au début, cette
blessure saigna si fort que Mère St-Paul fut obligée
de la panser de ses délicates mains de sœur. Elle
écrivit à son frère, la veille de la St-Jean-Baptiste de
cette même année 1883 : « Jamais je n'ai ressenti plus
vivement que cette année le besoin de vous exprimer
toute mon affection. Je voudrais pouvoir compenser un
peu la privation des souhaits affectueux que notre si
bonne et si regrettée mère vous adressait chaque
année à cette époque. Mais qui sait remplacer une
mère ? Ne serait-ce pas bien téméraire de penser que

— Oh ! vous ne serez point déçu ! Voici les soies,
Les perles, les bijoux et les bracelets d'or
Qui me couvraient aux jours de mes mondaines joies.
Voici mes diamants. Que voulez-vous encor ?

— Quelque chose de plus. Le temps est un trésor,
Donne-moi les débris de ton temps : viens, ma fille,
Assieds-toi sous mes yeux, prie et prends ton aiguille ;
Vite, fais-la courir, je compterai ses pas,
Qu'à la laine, la soie et le lin se marient ;
Emaille le satin, fais fleurir le damas ;
Tes heures de labeur, ne les marchande pas.
Amène-moi des sœurs qui travaillent et prient,
Et quand ta dernière heure, enfin, aura sonné,
J'appellerai mes saints, mes anges et ma Mère,
Et montrant les joyaux dont tu m'as couronné,
Les linges dont tes mains ont paré ma misère,
Je te dirai : « Viens, viens au séjour de lumière,
J'étais sans vêtement et tu m'en as donné ».

mes vœux pourraient être comparés aux siens ? Pourtant vous savez qu'ils sont offerts par un cœur qui vous est tout dévoué et sincèrement affectionné, qui désire votre bonheur comme le sien propre, qui voudrait même porter seul la peine profonde que vous a causée la mort de notre mère. Bien cher frère, je souffre plus pour vous que pour moi ; je sens que le vide, qui se fait autour de vous à l'approche des vacances, va raviver bien des souvenirs et exiger de vous de nouveaux sacrifices. Toute notre consolation est dans ces deux mots : *Fiat, Jesus !* Oui, frère, dites avec moi : *Fiat, Jesus !* N'est-ce pas DIEU qui a tout voulu ?... [1] ».

Mère St-Paul ménagea bientôt à son frère une autre consolation. Elle avait reçu de lui une photographie de Mme Hébant. Elle pria une de ses compagnes, habile artiste, de reproduire la photographie sur la toile. Comme la bonté est sœur du talent, l'artiste prit sa palette et fit un chef-d'œuvre. Un matin, l'abbé Hébant trouva près de sa porte un colis soigneusement ficelé. Il l'ouvrit. Dans un riche cadre, fidèlement représentée, avec sa dignité tempérée de douceur, presque vivante, sa mère lui souriait et lui disait : « Désormais, tu seras moins seul ; quand tu entreras dans ta chambre, tu pourras me saluer, tu pourras travailler près de moi, comme jadis ! » Il suspendit le portrait à sa cheminée, entre le crucifix et la Madone. C'était bien là sa place, puisque Mme Hébant avait été le trait d'union entre son fils et DIEU, entre son fils et la Madone. C'est là que nous l'avons contemplé souvent, et chaque fois nous nous sommes rappelé cette réflexion de Mgr Freppel : « Voulez-vous avoir la mesure morale d'un homme, regardez la vénération qu'il a pour sa mère ».

---

1. Correspondance, 22 juin 1883.

L'abbé Hébant entoura la mémoire de sa mère d'une vénération voisine du culte. Le temps ne diminua point ses regrets. Il recommandait à sa sœur de veiller à ce que la tombe de sa mère « fût toujours fleurie »[1]. Au mois des morts, il faisait par la pensée le tour de cette tombe en récitant le *De Profundis*. Le jour anniversaire du décès de sa mère, il célébrait la messe à son intention. Apprenait-il que la cloche du couvent, Marie-Claire, fatiguée de « chanter tant de joies et tant de douleurs, était descendue de sa cage aérienne », il déplorait cette disparition « parce que Marie-Claire, au temps où la chapelle des Clarisses servait d'église paroissiale, avait sonné la première communion de sa mère »[2]. Lorsqu'il lut en 1898 la *Bonne Souffrance* de François Coppée, il transcrivit ces lignes du *Souvenir Filial* : « Voilà plus de vingt ans que ma mère est morte, et j'avais tout de même le cœur d'un fils, car, ce jour-là, quelque chose de délicieux s'est éteint en moi, et depuis lors, je ne me suis plus senti jeune... Il me semble que j'ai eu le pressentiment du Paradis, jadis, lorsque j'étais un petit enfant plein d'innocence, et que je m'endormais, les deux bras à ton cou, ô ma sainte mère ! »

A la mort de M\u1d50\u1d49 Hébant, le chanoine Masselis offrit un de ses appartements à son ancien enfant de chœur, pour lui permettre de prolonger son séjour à Gravelines. L'abbé Hébant accepta avec reconnaissance. Ainsi, il ne serait pas trop privé de la présence de sa sœur et de la compagnie du charitable aumônier. Quand ils se trouvaient ensemble, ces deux prêtres distingués, l'un tout proche du tombeau, l'autre descen-

---

1. Correspondance, 1883.
2. Correspondance, 1889.

dant déjà le second versant de la montagne, ils effeuillaient les fleurs du souvenir. M. Hébant ne tarissait pas sur la bonté de Dieu ou évoquait la figure aimée de M. Dehaene. Le chanoine Masselis disait que sa communauté avait besoin, pour voler jusqu'à Dieu, de deux ailes : la charité et l'Eucharistie... Comme si le vent qui vient d'outre-tombe avait touché son front, il demandait de graver sur son image mortuaire, non sa propre physionomie, mais les traits de saint Vincent de Paul. Puis, nous l'imaginons, il entraînait l'abbé Hébant au jardin, s'asseyait avec lui sur un banc de bois, au milieu des fleurs, et, tandis que la mer soulevait, non loin de là, ses flots mugissants, il commentait, à la manière des saints, le *tu es sacerdos in æternum*.

Le chanoine Masselis entra dans son éternité le 8 août 1888, pleuré des Ursulines et regretté de ses confrères. Dès lors, l'abbé Hébant ne vint plus à Gravelines que par intervalles et pour quelques heures.

La majeure partie de ses vacances s'écoula désormais au Petit Séminaire. Hazebrouck remplaça Gravelines ; le presbytère de l'abbé Gourdin, la demeure du chanoine Masselis ; Roubaix resta l'oasis préférée.

Rien n'est plus sombre qu'une maison d'éducation en l'absence des élèves. Sur la porte d'entrée nous inscririons volontiers cette stance du poète :

Seigneur, préservez-moi, préservez ceux que j'aime :
Frères, parents, amis, et mes ennemis même
      Dans le mal triomphants,
De voir jamais, Seigneur, l'été sans fleurs vermeilles,
La cage sans oiseaux, la ruche sans abeilles,
      La maison sans enfants ! [1]

---

1. Hugo, *Feuilles d'Automne* : Lorsque l'Enfant paraît.

Cependant la solitude ne déplaisait pas à l'abbé Hébant. Il ne quittait sa chambre que pour la chapelle ou le jardin. A la chapelle, il adorait le T. S. Sacrement plus longtemps que de coutume, comme s'il eût voulu consoler le Prisonnier du Tabernacle de l'isolement auquel le condamnaient les vacances. Au jardin, il se plaçait à l'ombre d'un vieux sureau aux branches pendantes, toujours au même endroit, un livre sur les genoux, entre son chapelet et son bréviaire. Un oiseau lui jetait-il en passant sa note joyeuse, il levait la tête, saluait le petit chantre ailé, le suivait, aussi longtemps que possible, d'un œil rêveur, et reprenait sa lecture. De temps en temps, il longeait l'allée au bout de laquelle une Vierge rustique sourit aux promeneurs dans sa niche de verdure. Il s'arrêta une fois pour méditer devant une abeille morte au fond du calice d'une digitale. La vue de l'insecte, couché dans ce frais tombeau, lui inspira de graves réflexions, que nous avons reproduites au chapitre des poésies. Une autre fois, nous l'avons vu secouer la tête en contemplant les fleurs d'une corbeille. Il leur disait probablement, comme saint François d'Assise aux fleurettes de son monastère : *Petites fleurs, taisez-vous, taisez-vous, vous me dites que je n'aime pas assez le Bon Dieu.*

A l'heure des repas, il jouissait visiblement de la société de M. le Supérieur et de ses confrères. Parmi ceux-ci se trouvait un vieux professeur, esprit très fin, jouteur infatigable, prompt à la riposte, plus prompt encore à l'attaque, au reste très sensible et bon à l'excès : M. Léon De Busschère. M. Hébant l'écoutait avec bienveillance et ne se mêlait aux discussions qu'autant que l'exigeaient la vérité et la charité. Un jour, M. Léon De Busschère lisait une page de Veuillot. Un convive, impitoyable pince-sans-rire, affecta de souligner de haussements d'épaules les expressions les plus poétiques. M. De Busschère plissa le front, et continua sa lecture. L'interrupteur ne cessant point son manège, M. De Busschère fixa sur lui des yeux menaçants. L'orage allait éclater. A ce moment, M. Hébant regarda simplement l'interrupteur. La muette leçon fut comprise et M. De Busschère put achever la page commencée.

Lorsqu'un ancien élève venait s'asseoir à la table de St-François, M. Hébant le laissait égrener le long chapelet des histoires d'antan.

Ce plaisir, il le goûtait encore au presbytère de son compatriote, l'abbé Gourdin, successivement curé à Verlinghem, puis à Forest, sur sa demande. Dans ces deux jolis villages, quand ils rentraient d'une promenade à travers les champs et les plaines, les Gravelinois entamaient une causerie où tout se heurtait, s'accrochait, se mêlait : la maison paternelle, la mère Manniez, M. Masselis, le calvaire des huttes, le couvent, les remparts, la plage...Près d'eux, une vénérable octogénaire rajeunissait, rien qu'à les voir et à les entendre. C'était la mère de l'abbé Gourdin. Et l'abbé Hébant disait à l'abbé Gourdin : « Mon cher, que vous devez remercier Dieu d'avoir encore votre mère ! »

Les vacances finissent par la retraite, transition naturelle entre les mois de repos et la reprise du travail. L'abbé Hébant la déclarait nécessaire : *Il faut de temps en temps passer le plumeau*, disait-il. Et il passait le plumeau dans les replis les plus cachés de son âme, silencieusement et pratiquement.

Silencieusement d'abord. Nous l'avons accompagné

plusieurs fois à Cambrai. Jamais nous ne l'avons vu
parler en dehors des récréations. Sa simple présence
invitait au recueillement. Il nous en souvient : des
retraitants s'engageaient dans un corridor avec assez
de bruit et de précipitation. L'abbé Hébant survint.
Il s'avançait lentement, les yeux baissés, le chapelet
à la main. Les retraitants, subjugués par son apparition, se turent et s'écartèrent pour lui faire place.

Pratiquement ensuite. Il complétait les instructions
du prédicateur par de sérieux retours sur lui-même.
Rentré dans sa chambre, il écrivait : « Le prêtre en
» retraite, c'est saint François d'Assise dans sa grotte
» d'Alverino. Il doit rester seul avec le crucifix, l'in-
» terroger, l'écouter, lui obéir, l'imprimer dans son
» âme pour l'imprimer dans l'âme des autres. Le
» prêtre éducateur est inférieur à sa tâche, s'il ne
» s'efforce pas de faire de son collège un foyer de reli-
» gion, de science et de discipline ; de sa classe, un
» atelier de Nazareth ; de toutes les âmes qui lui sont
» confiées, autant de sanctuaires chéris du Ciel,
» *Templa amica cœlo !* » [1].

Deux retraites prêchées, l'une par le R. P. Jenner,
l'autre par le R. P. Marquigny [2], semblent l'avoir
décidé à s'orienter, sans plus souffrir d'écart, vers
l'idéal qu'il s'était proposé au matin de son ordination [3].
Se transfigurer en N.-S. J.-C., aimer Jésus jusqu'à la
folie partout où Il se trouve : dans l'Eucharistie, l'autorité, la règle, le devoir, l'humiliation, le sacrifice, le
travail ; donner au prochain sa prière, son exemple,
ses conseils, ses services ; être homme de caractère,
professeur d'élite, prêtre-apôtre ; telles furent les

1. Retraite, 1880.
2. Retraites de 1875-1879.
3. Voir chapitre IV, Idéal.

résolutions qu'il prit alors sous l'action de la grâce. A parcourir ces résolutions où transparaît toute la beauté d'une âme sacerdotale, on se sent saisi de respect; on s'interroge soi-même, impressionné, soucieux; et l'on ne peut se défendre de répéter cette exclamation du fils de Monique, à la lecture de l'histoire des saints : *Quod isti et istæ cur non ego?* On rougit d'être si loin des sommets, et l'on veut imiter celui qui a su les atteindre.

CHAPITRE XI

L'ABBÉ HÉBANT DIRECTEUR DU PETIT SÉMI-
NAIRE. — PROGRAMME. — TROP SUAVITER. —
MORT DE M. L'ABBÉ LÉON DE BUSSCHÈRE.
— MALADIE DE MÈRE SAINT-PAUL. — LE DER-
NIER CHANT DU BARDE. — DISCOURS DES
PRIX, DISCOURS D'ADIEUX.

1891-1893

APRÈS la retraite de 1890, l'abbé Hébant fut nommé Directeur du Petit Séminaire d'Hazebrouk. Déjà chargé du contrôle de la deuxième division, honoré de l'estime de ses collègues, respecté des élèves, très versé dans les choses d'éducation et d'enseignement, il avait paru tout désigné pour servir d'auxiliaire à son vénéré Supérieur, pour le suppléer en ce qui concernait la discipline et la marche des études, en un mot pour lui rendre les bons offices que Gérard rendait à son frère saint Bernard : être son œil, son bras, un autre lui-même. Il paya cher son nouveau titre. Ne pouvant émietter ses efforts, il fut contraint de renoncer à la classe de seconde, à l'aumônerie de la Sainte-Union, ainsi qu'aux différentes œuvres qui avaient leur siège au pensionnat. Triple sacrifice, bien pénible à son cœur de prêtre zélé. Mais l'autorité avait parlé ; il

obéit joyeusement selon le conseil du sage : *Hilarem...*
datorem diligit Deus [1].

Certes, cette soumission était méritoire, car il avait
cinquante-huit ans, et, à un âge où l'être entier commence à se fixer dans le moule des habitudes, il se
voyait obligé de modifier complètement son train de
vie, d'exercer, au lieu d'un emploi facile et agrémenté
d'occupations variées, une charge peu commode et
lourde de responsabilités. Diriger une de ces écoles
spéciales, toutes spéciales, tout ecclésiastiques, si justement appelées par Mgr Dupanloup [2] *les pépinières*
de l'Eglise de France, le berceau de ses prêtres,
l'école première de ses docteurs, le sol originaire de
ses apôtres ; préserver contre le moindre souffle ces
frêles arbrisseaux que sont les aspirants au sacerdoce ;
n'est-ce pas une mission des plus délicates ?

Sans redouter les fatigues ni se dissimuler les
difficultés, l'abbé Hébant résolut de conserver au Petit
Séminaire d'Hazebrouck sa réputation de

> Délicieux séjour, où le jeune lévite,
> Voulant rester fidèle à la voix qui l'invite,
> Abrite sa vertu, ses travaux, sa candeur,
> A l'ombre de l'autel, sous les yeux du Seigneur [3].

A la rentrée d'octobre, il était sur le seuil de Saint-
François, accueillant de son bon sourire les élèves et
les professeurs.

Pendant la messe du Saint-Esprit, il prononça quelques paroles où l'on crut découvrir les lignes saillantes

---

1. II Cor., IX, 7.
2. *De l'éducation* — Ch. VII.
3. Poésie de l'abbé Hébant, pour la fête de M. le Supérieur.

de son programme : « Mes enfants, disait-il aux élèves,
» *un petit séminaire se trouve toujours sur* « *le pied*
» *de guerre* ». Vous ne pouvez refuser la bataille,
» parce que vos ennemis ne désarmeront jamais. Ces
» ennemis sont en vous et en dehors de vous.

» En vous, vous avez à combattre l'ignorance, les
» principes faux, la négligence, l'impétuosité native.
» Vous avez à combattre l'ignorance, bien naturelle
» d'ailleurs chez des enfants jeunes encore ; et la lutte
» continuera à mesure que vous avancerez en âge, et
» que vous ajouterez aux connaissances déjà acquises
» des connaissances nouvelles, plus sérieuses et plus
» difficiles. Aussi, pour ne pas faiblir dans le combat,
» pour acquérir la science comme à la pointe de l'épée,
» vous invoquerez le secours de Dieu, vous deman-
» derez à l'Esprit de Lumière et de Force de soutenir
» votre courage, d'opérer en votre intelligence comme
» une création nouvelle, de faire lever en riches mois-
» sons la semence que jettent en vos âmes des prêtres
» dévoués.

» N'avez-vous pas remarqué, pendant vos mois de
» vacances, combien, dans le monde, les idées, les
» jugements, les affections, les tendances sont con-
» traires à l'enseignement chrétien ? Parce que la
» science divine manque, quelle guerre on fait à la
» religion, à la morale, à Dieu ! Comme les mots ont
» changé de signification ! L'erreur prend les appa-
» rences de la vérité, le mal s'appelle le bien : on altère
» tout, on fausse tout. « On étudie cependant chez nous,
» s'écrient nos adversaires ; il y a aussi chez nous des
» savants distingués, des hommes à science profonde ! »
» A ces partisans aveugles de la science moderne,
» nous répondons avec un apologiste chrétien : « La
» science des hommes que vous mettez sur le pavois

» est profonde, mais à la manière de l'abîme ; et dans
» l'abîme il y a les ténèbres, il y a la mort. La science
» que donne l'Esprit de lumière est sainte à la
» manière d'un tabernacle, et dans le tabernacle, il y
» a la vérité, il y a la vie. » C'est la science du taber-
» nacle que nous demandons au commencement d'une
» année, pendant la messe du Saint-Esprit. Il nous faut
» ce don merveilleux, qui perfectionne le jugement et
» nous fait discerner avec certitude le vrai du faux, le
» bien du mal. Sans doute, mes enfants, on ne vous
» enseignera ici ni le vice ni l'erreur. Cependant que
» ce don est nécessaire dans l'étude des sciences
» humaines et naturelles ! On vous met entre les mains
» des auteurs païens qui n'offrent apparemment aucun
» danger, mais qui renferment des maximes païennes,
» des idées païennes. Grâce au don de science, vous
» voyez comme par instinct, d'un coup d'œil sûr, que
» ce que vous lisez est faux, et vous avez une réponse
» toute prête à opposer aux idées, aux maximes con-
» traires à la doctrine chrétienne. Les sciences humai-
» nes s'acquièrent par raisonnement et par déduction.
» Dieu juge par une simple vue ; ainsi dans une cer-
» taine limite jugent les saints qui possèdent le sens
» pratique des choses ; ainsi jugent les chrétiens
» éclairés par le bon sens, ce grand maître de la vie,
» comme le dit Bossuet ; ainsi jugent les jeunes gens,
» les enfants même qui ont reçu le don de science.

» Ne concluez pas, mes enfants, que le travail devient
» inutile ou plus ou moins obligatoire dans le cours de
» vos études. Le Saint-Esprit ne donne pas la science
» infuse des connaissances naturelles que nous devons
» acquérir dans nos classes, mais il soutient notre
» courage dans les efforts qu'exige l'acquisition de la
» science. Saint Augustin, commentant ce texte de

» l'Ecriture : *In magno viventes inscientiæ bello*[1],
» fait remarquer que c'est par une guerre constante à
» l'ignorance qu'on parvient à savoir quelque chose.
» *On n'a jamais fini ses classes à l'école de Jésus*,
» dit-on ; on ne les a jamais finies non plus à l'école
» des maîtres de la terre. On constate chaque jour la
» vérité du mot profond de Bossuet. « La sagesse
» humaine est toujours courte par quelque endroit. »
» Et comme votre sagesse à vous, mes enfants, est
» courte par bien des endroits, vous ne cesserez pas
» de guerroyer contre l'ignorance et contre les autres
» ennemis que l'ignorance appelle à la rescousse :
» contre la négligence, la paresse et l'oisiveté.

» Mais la négligence ne s'attaque qu'aux natures
» molles, énervées, ou plus ou moins dépravées. Les
» généreux, les ardents ont à se défier de leur impé-
» tuosité : *sævit juventus effera*, a dit le poëte. Mes
» enfants, à votre âge, le sang bouillonne, la tête est
» en feu, les nerfs sont agités, l'imagination divague.
» Disciplinez, domptez tout cela ! Ne gaspillez pas le
» meilleur de votre âme ; gardez votre innocence pour
» garder votre énergie ; gardez votre énergie pour
» garder votre vocation.

» Le don de science vous fera connaître vos ennemis
» intérieurs, il vous montrera aussi vos ennemis exté-
» rieurs. Ces derniers, laissez-moi vous les indiquer
» seulement, afin que vous leur fermiez l'entrée de
» votre âme. Mes enfants, veillez sur vos lectures, sur
» vos conversations, sur vos condisciples.. Méfiez-
» vous du livre défendu, du livre qui circule en trompant
» la vigilance de l'autorité : c'est un serpent qui perce,
» de son dard venimeux, les pauvres imprudents qui

---

1. SAGESSE, XIV, 22.

» le caressent. Repoussez-le du pied, mes enfants,
» promptement, dédaigneusement, car sa blessure
» peut être mortelle... Évitez les conversations légères
» qui détournent des choses sérieuses, les conver-
» sations mauvaises qui font sombrer la vertu. Dressez
» une infranchissable barrière entre vous et les cama-
» rades oublieux de leurs devoirs, contempteurs de la
» règle, désireux d'ôter de votre front, rayonnant de
» candeur, votre couronne sacerdotale [1]. »

Dès son entrée en fonction, le Directeur rappelait
aux petits séminaristes leurs obligations essentielles ;
il s'acquitta immédiatement des siennes. Être le ressort de la machine scolaire si complexe et si fragile ;
fortifier la piété, discrètement, par tous les moyens
possibles : méditation, prière, lecture spirituelle, assistance aux offices, cérémonies religieuses [2], fréquentation des sacrements, pratique du recueillement, du
silence ; encourager la vertu et le travail, en ouvrant
aux plus consciencieux les portes de la congrégation
de la Sainte Vierge ou de Saint-Louis de Gonzague ;
exciter l'émulation par la proclamation des notes et

1. Sermon de la messe du Saint-Esprit. (1890-91). — Après la retraite,
il disait : « Un prophète, voulant exprimer sa plus grande crainte,
s'écriait : « *Anima irreverenti ne tradas me !* ô mon Dieu, ne me livrez
pas à une âme sans respect ! » C'est la prière de tout maître chrétien au
commencement d'une année, quand il se trouve en face d'enfants avec
lesquels il devra se trouver chaque jour. Notre plus grande crainte est
de nous trouver en face d'enfants sans respect, car une maison d'éducation, d'où le respect serait banni, présenterait une image de l'enfer. Le
désordre le plus désolant, tous les vices, toutes les impudences s'y
répandraient et paralyseraient les efforts du dévouement. Vous sortez de
retraite, vous comprendrez mieux cette grande loi du respect. »

2. La justice nous commande de remercier M. l'abbé Dethoor qui
relevait la solennité des fêtes, en ornant les autels, et en préparant les
enfants de chœur avec une angélique patience.

des places, les examens trimestriels, la visite des
classes, la présidence des concertations et des séances
littéraires ; jeter partout un coup d'œil vigilant, afin
d'assurer l'ordre dans les rangs, les dortoirs, les jeux,
l'infirmerie ; faire prendre librement aux élèves des
habitudes de règle, de docilité, de politesse dans le
langage et les manières ; essayer de hausser le niveau
intellectuel, moral et religieux ; rappeler aux élèves
du sanctuaire que *le prêtre doit être né grand ou le
devenir ;* voilà le but qu'il poursuivit pendant les
trois années de son directorat.

Les élèves le vénéraient et l'aimaient. Lorsqu'il leur
parlait en particulier, il leur donnait des conseils qui
les impressionnaient profondément. Un Père Blanc,
missionnaire au Soudan, se souviendra toujours de
l'enthousiasme avec lequel il lui montrait les subli-
mités de l'apostolat, et enflammait son désir de monter
à l'assaut du pays des nègres. Lorsqu'il prêchait, il
était tour à tour paternel et terrible ; paternel pour
inviter les séminaristes à « bâtir sur Dieu l'édifice de
leur vertu, de leur science et de leur vocation » ; terrible
« pour clouer au pilori les semeurs de zizanie », qu'il
qualifiait de levain d'enfer

Dans les cas où il fallait sévir, il n'employait que la
persuasion et s'efforçait de toucher la fibre du sentiment, soit religieux, soit naturel. Il n'échouait pas
toujours. Ainsi un élève de la grande division, chassé
de la classe, vint le trouver et lui dit, en colère :
« Monsieur le Directeur, mon professeur m'a renvoyé,
parce que je lui ai répliqué. » — « Mon ami, répondit-il
aussitôt, simplement mais sur un ton convaincu et
attristé, ce n'est pas à votre professeur que vous avez
manqué, mais à Celui dont il tient la place, à Dieu. »
L'élève, un excellent jeune homme, un vrai paquet de

nerfs autour d'un bon cœur, comprit sa faute, revint
en classe, se jeta aux pieds de son professeur, et, publiquement, lui demanda pardon. L'esprit de foi l'avait
emporté sur toute considération humaine.

Une autre fois, l'abbé Hébant proclamait les notes
en moyenne division. Il s'arrêta brusquement
devant le nom d'un espiègle, très peu préoccupé du
« grand cahier de Monsieur le Directeur et des appré-
ciations de ces Messieurs les professeurs. » Il annonça
en soupirant 28 mauvais points, et se tournant vers
l'enfant : « Vous tenez le drapeau de la négligence ! »
lui dit-il avec indignation ; puis, d'une voix qui avait
l'accent de la pitié, il ajouta : « Ah ! mon ami, c'est
ainsi que vous faites plaisir à votre bonne mère ! »
L'observation remua l'élève qui chérissait tendrement
sa mère. A partir de ce jour, il figura au tableau
d'honneur. C'était une victoire remportée par la piété
filiale.

Mais si de tels procédés ramènent au devoir les
natures d'élite, ils restent sans influence, dans les
Petits Séminaires comme ailleurs, sur l'ensemble des
élèves. La délicatesse n'est pas l'apanage de la masse.
L'abbé Hébant tonnait bien parfois contre les indisci-
plinés et les invitait *à rentrer sous terre*. Ceux-ci
baissaient la tête sous l'apostrophe cinglante, mais ils
la relevaient, dès que l'orage était passé : ils savaient
qu'ils n'avaient pas à craindre de sanction énergique.

Aussi la discipline se ressentait de l'indulgence du
Directeur. Les professeurs insinuaient que le « bon »
Monsieur Hébant était devenu « débonnaire » ; qu'il
était trop bienveillant à l'égard des queues de classes,
des amateurs du « farniente », ces déchets de collège,
que l'on pourrait secouer, briser, broyer, sans en arra-

cher un atome de bon sens ou de bonne volonté. On insinuait encore qu'il ne sortait jamais, qu'il ne facilitait pas le recrutement des élèves, qu'il était une enseigne belle, attirante, mais trop fixée à la façade de la maison.

Une sorte de gêne finit par peser sur le corps professoral. Le Directeur, bien qu'il en souffrît le premier, continua à se dévouer, sans se douter que le sol se minait peu à peu sous lui.

A ces ennuis s'ajoutèrent des épreuves inattendues. Le 7 avril 1893, M. l'abbé Léon De Busschère, dont nous avons tracé le profil au chapitre précédent, faisait sa promenade habituelle. Il se trouvait vis-à-vis de l'étang où un professeur du collège communal [1] s'était accidentellement noyé en 1851, lorsqu'il fut pris d'un malaise subit. On courut avertir le Séminaire. Nous étions là. Nous rejoignîmes notre confrère, juste à temps pour entendre son dernier aveu et recueillir son dernier soupir. L'abbé Hébant fut très frappé de cette mort soudaine. Il perdait en M. Léon De Busschère, plus qu'un frère d'armes près duquel il avait lutté, côte à côte, depuis 1865, sous les ordres de M. Dehaene et de M. Baron, plus que le représentant d'un passé qu'il revivait avec lui, il perdait un ami dont il appréciait la physionomie originale et sympathique. [2]

---

1. M. Renard, professeur de mathématiques. — Cf. *L'Abbé Dehaene et la Flandre*.

2. La *Semaine Religieuse* consacrait à l'abbé De Busschère les lignes suivantes :

« On nous écrit : M. l'abbé Léon De Busschère, dont nous avons annoncé la mort et dont le journal l'*Indicateur d'Hazebrouck* a décrit les touchantes funérailles, était avant tout un homme du métier scolaire. Fils, petit-fils et frère de professeurs, il s'est consacré sans interruption, pendant 48 ans, aux pénibles fonctions de l'enseignement, au collège

La tombe de M. De Busschère était à peine fermée que des bruits alarmants arrivèrent de Gravelines. Mère Saint-Paul, qui achevait son second triennat de supérieure des Ursulines, était atteinte d'une maladie de cœur. Elle avait des crises violentes capables de l'emporter. L'abbé Hébant se tourna, suppliant, vers Celui qui règle à son gré les destinées de l'homme ; il demanda à Dieu de « jeter sur sa sœur un de ces » regards tout-puissants qu'il jetait sur les infirmes, » quand il les guérissait lors de son terrestre pèleri- » nage [1] ». Il écrivit à la chère malade et lui commanda d'accepter la part que lui réservait le bon Sauveur, la part la meilleure, l'obligation de rester aux pieds de Notre-Seigneur, de méditer sur sa patience, de Le prier pour la communauté, pour les élèves de la commu- nauté et un peu pour son frère. [2]

communal d'Hazebrouck et à l'institution de Saint-François d'Assise.

» M. De Busschère n'a donc jamais quitté la ville d'Hazebrouck. Il y est né en 1825, il y revint après son ordination de prêtre, il y est mort vendredi 7 avril dernier. Au collège communal il avait remplacé, comme professeur du premier cours de français, son père, M. Augustin De Buss- chère qui avait dû résigner ses fonctions parce qu'il était devenu aveugle.

» Dans ce cours de français, l'abbé De Busschère eut pour élèves tous les jeunes gens d'Hazebrouck et de la Flandre qui occupent aujour- d'hui une place honorable dans la société. Il était à cause de cela et sans contredit l'homme le plus connu et le plus populaire de la région.

» Après la suppression des cours de français, il fut successivement professeur d'histoire et professeur d'anglais. Dans ces deux enseignements il eut les mêmes succès et montra les mêmes aptitudes que dans le pre- mier : celui pour lequel il avait des prédilections que rien ne put vaincre. C'est qu'il était doué d'une remarquable ouverture d'esprit, d'un grand sens littéraire et d'une facilité de parole peu commune.

» Chaque année, les diplômes obtenus par ses élèves étaient la récom- pense de son zèle, de son talent et de son dévouement qui était au-dessus de tout éloge. »

1. L'abbé Hébant à sa sœur malade, 1893.

2. L'abbé Hébant à sa sœur malade. 1893.

Une légère amélioration fut annoncée. Vite il reprit sa plume : «Bien bonne sœur, — demanda-t-il — combien
» de promenades au jardin depuis la permission du
» docteur ? Combien de récréations au milieu de l'es-
» saim bourdonnant qui s'ébat à la communauté ? Quel
» bonheur de revoir sa famille ! On dit qu'il y a alors
» comme une résurrection du cœur. On sent pour ceux
» qu'on revoit des tendresses que l'on ne soupçonnait
» pas, et on est l'objet d'affections si vives qu'elles
» paraissent sortir de cœurs tout nouveaux. Mais on dit
» aussi que le bonheur ressemble à une boule que
» nous poursuivons, quand elle roule, et que nous
» poussons du pied quand nous l'avons atteinte. Prends
» garde de donner un coup de pied à la boule précieuse
» que le Bon Dieu t'a mise entre les mains. Des
» précautions, des précautions!... je ne veux pas
» te fatiguer, cependant à quand ton écriture ? Mais
» prudence !...» [1]

La prudence ne permit pas à Mère Saint-Paul d'ac-
céder au désir de son frère. C'est la mère assistante
qui donna un bulletin rassurant, et l'abbé Hébant
répondit aussitôt : « Bien bonne sœur, la lettre de la
» bonne Mère Marie de l'Incarnation m'a bien consolé.,
» Nos petits séminaristes ont prié pour toi; on prie
» pour toi aussi à la Sainte-Union ; hier encore, j'ai dit
» la messe pour toi. La prière, plus encore que les
» médecins les plus habiles, peut obtenir ce que nous
» désirons : ton retour à la santé. Cependant, ce matin,
» pendant mon action de grâces, je disais à notre divin
» frère Jésus, qu'Il avait pour ma sœur une affection
» bien plus grande encore que celle, si grande déjà,
» que je te porte moi-même, et cette pensée me fortifie.

---

1. Lettre de l'abbé Hébant à sa sœur. 9 juillet 1893.

» Repose-toi doucement sur le cœur du bon Maître,
» même et surtout dans tes épreuves. Disons avec
» saint Vincent de Paul : *Seigneur, votre volonté,*
» *votre volonté, voilà la communion perpétuelle de*
» *mon âme !*

    » Joie du cœur, calme de l'esprit ; nous sommes au
» Bon Dieu. Ton frère, confiant dans l'amour et la toute-
» puissance de notre frère, Jésus. »[1]

Cependant l'horizon semblait s'éclaircir au Petit
Séminaire. Le successeur de Mgr Thibaudier, Mgr
Sonnois, « était venu apporter à tous quelque chose de
la joie du paradis »[2]. En admirant sa bonté, si simple,
si paternelle, l'abbé Hébant s'était rappelé l'exclamation que la douceur aimable de saint François de Sales
arrachait à saint Vincent de Paul : « Que le bon Dieu
doit être bon, puisque que M. de Genève est déjà si
bon ! »[3] On loue volontiers chez les autres, et à son
insu, les qualités que l'on possède soi-même : c'est une
loi psychologique. L'abbé Hébant confirmait cette loi.
Malgré les inquiétudes que lui causait la santé de sa
sœur, il ne se lassait pas de se faire tout à tous ; il
restait souriant, paternel pour les élèves, serviable à
l'égard de ses confrères, plein de déférence vis-à-vis de
l'autorité. A la fête patronale de M. le Supérieur, il
lisait cette charmante poésie :

Un Barde aux cheveux blancs avait repris sa lyre ;
Une dernière fois il s'efforçait de dire
Tous les vœux de son âme au frère qu'il aimait.

---

1. Lettre de l'abbé Hébant à sa sœur. 19 juillet 1893.
2. Correspondance de l'abbé Hébant, 30 mai 1893.
3. Correspondance de l'abbé Hébant, 30 mai 1893.

Dans un cercle d'amis, le barde ainsi chantait :
En ces lieux où j'ai vu l'habit sombre du moine,
Je puis voir resplendir l'hermine du chanoine.
Mais sur ce toit béni toujours s'ouvre le ciel.
Si je lève les yeux, en ce jour solennel,
Vers le riant azur où monte ma prière,
Je crois voir s'abaisser du sein de la lumière,
Sur notre aimable guide, un regard bienveillant...
Un élu te contemple en ce joyeux moment,
O toi, dont tout s'empresse à célébrer la fête ;
Une double auréole environne sa tête...
Je reconnais le saint qui se penche vers toi.
D'une plume savante à la divine loi
Il prêta le secours ; il en reste l'oracle.
Un siècle presque entier prolongea le miracle
De sa vie admirable, à travers les honneurs,
A travers les mépris, à travers les douleurs.
Sous les traits du Pontife, à cette heure il s'avance.
Que l'amour, le respect accueillent sa présence...
La mitre orne son front, comme un sceptre royal ;
Il tient dans une main le bâton pastoral ;
Le satin violet sous la croix d'or éclate ;
L'anneau porte gravé le nom de sainte Agathe.
Mon frère, le vois-tu ?... Sa lèvre te sourit,
Avec l'amour d'un père, Alphonse, il te bénit,
De ton culte pieux il accepte l'hommage,
De sa vie en la tienne il admire l'image,
Il entend tes désirs et demande au Seigneur
Pour chacun de tes jours un surcroît de bonheur.

*
* *

Tous ensemble, du saint reprenant la prière,
Pour toi nous demandons une suite prospère

M. LE CHANOINE BARON,
SUPÉRIEUR DU PETIT SÉMINAIRE D'HAZEBROUCK

De longs jours ici-bas, un siècle de bonheur,
Puis les siècles sans fin dans les bras du Sauveur. [1]

Le cercle d'amis se demanda pourquoi le barde avait chanté pour la dernière fois. Devait-il être forcé de suspendre sa lyre aux saules de la rive? Avait-il pressenti un changement quelconque dans sa situation?

Les suppositions allaient leur train. Le directeur ne s'en soucia nullement. « La veille de l'adoration, il suppliait sa sœur de « prier et de souffrir un peu pour les petits séminaristes, afin que la retraite préparatoire aux vacances fût féconde en résultats. [2] » Le 3 août, jour de la distribution des prix, devant M. le Vicaire Général Pruvoost, il prononça le discours et parla de la manière de bien passer les vacances. Il disait :

« Mes enfants, je ne viens pas vous distraire de la
» pensée qui domine en vous, la pensée de vos vacances
» et du bonheur qu'elles vous promettent. Je vais
» même vous accompagner au foyer paternel, me
» joindre à vos amis, me mêler à vos plaisirs, faire avec
» vous une visite aux prêtres de votre paroisse.

» Partons immédiatement. La vapeur nous emporte à
» toute vitesse ; voici la gare ! On vous y attend et, bon-
» dissant, vous vous jetez attendris dans les bras qui
» s'ouvrent de tous côtés pour vous recevoir ; puis
» environnés d'une escorte triomphale, vous hâtez le pas
» vers votre demeure. La porte en est déjà ouverte, car
» l'aïeul, que les ans ont empêché de suivre la famille,
» depuis longtemps se tient sur le seuil : il sourit en
» vous voyant courir et, tremblant d'émotion, il vous

_____

1. Fête de M. le Supérieur, 1893.
2. L'abbé Hébant à sa sœur, 1893.
3. L'abbé Hébant à sa sœur, 21 juillet 1893.

» serre sur son cœur. Entrez maintenant, jouissez des
» délices du retour. Le retour ! ah ! c'est le matin avec
» sa fraîcheur, avec ses parfums et ses chants, avec son
» ciel couleur d'azur, couleur de rose. Que le pas est
» alerte, le matin ! Mais trop tôt le soleil monte, la route
» devient poudreuse, la marche pénible, et, le soir, les
» membres sont brisés par la fatigue. Serait-ce là une
» prophétie ? Je ne le désire pas ; cependant je sais
» qu'un enfant candide, dont

l'ingénuité
N'altère pas encor la simple vérité, [1]

» avoue que la fin des vacances ne ressemble pas tou-
» jours au commencement ; il ajoute même, en rougis-
» sant et en baissant les yeux, que ses parents partagent
» son avis. Tenons compte de cet aveu, tenons compte de
» l'expérience. Le bonheur est comparé à une boule que
» nous poursuivons aussi longtemps qu'elle roule, mais
» dès qu'elle s'arrête et que nous pouvons la saisir, nous
» la poussons du pied. Nous ne savons pas être heu-
» reux, ou nous mêlons beaucoup d'amertume aux
» jouissances que nous avons le plus désirées. Voulez-
» vous que vos vacances soient continuellement
» joyeuses ? Écoutez :
» Après les premiers épanchements de l'arrivée,
» la vie de famille reprend sa physionomie grave et
» presque solennelle. Le père se revêt d'une sorte de
» majesté royale, il veut qu'on sache que c'est à lui de
» tenir les rênes du gouvernement ; il est, dit saint.
» Augustin, au sanctuaire domestique comme un
» prêtre ayant charge d'âmes. C'est vous dire, mes

---

1. *Athalie*, 11, 7.

» enfants, que vous devez respecter votre père et lui
» obéir, sinon la paix du foyer est troublée, la joie n'est
» plus dans votre âme. A côté de votre père, se tient
» une majesté sereine et souriante, une autorité plus
» douce, mais non moins divine, votre mère. Ne la bles-
» sez jamais au cœur, surtout si votre mère est veuve,
» car la blessure serait plus profonde et plus doulou-
» reuse encore. Et l'enfant qui fait pleurer sa mère
» peut-il être heureux ? mériterait-il de l'être ?

» Soyez pleins d'égards pour vos frères et sœurs.
» C'est ordinairement envers ceux qu'on aime davan-
» tage qu'on manque le plus souvent de politesse, de
» patience, de procédés délicats. Une susceptibilité
» fâcheuse fait qu'on se froisse à propos de rien, met
» sur les lèvres des paroles regrettables, donne aux
» traits un air maussade, ennuyé et ennuyeux, au corps,
» parfois, l'attitude menaçante d'un combattant. Où
» est le ciel bleu et rose du matin ? Le ciel est noir,
» chargé d'orages ; ce n'est plus la joie, c'est le malaise,
» une sorte d'effroi. Vous auriez fort mauvaise grâce
» de vouloir faire le petit prédicateur, si l'on pouvait
» vous opposer une conduite peu aimable.

» Édifiez tout le monde et suivez les bons exemples
» qu'on vous donne. On se lève de bonne heure dans
» nos campagnes et dans nos villes industrielles.
» Quelle honte, surtout pour un jeune homme, de pro-
» longer son sommeil, quand le travail des champs, du
» bureau, de l'usine, de l'atelier, laisse au père ou à des
» frères bien jeunes quelques heures à peine d'un
» paisible repos ! *Ouvrez votre fenêtre, au chant des*
» *oiseaux ou de l'Angelus ;* faites votre prière ; assistez
» à la messe, non pas à la messe de neuf heures ; vous
» serez plus gais et mieux portants.

» On travaille aussi dans nos villes et dans nos cam-

» pagnes. Selon vos aptitudes et votre force, rendez à
» vos parents tous les services qu'ils réclament de
» vous; faites avec soin votre devoir de vacances; qu'il
» n'y ait point d'heures vides, inoccupées dans votre
» journée; vous éviterez ainsi les mortels ennuis que
» fait naître l'oisiveté et les pièges qu'elle tend à
» l'innocence.

» Encore une recommandation qui fera plaisir à vos
» mères. Il y a, paraît-il, sur la terre, un personnage très
» désagréable; il est, dit-on, venu au monde un quart
» d'heure trop tard, et il ne pourra jamais rattraper
» ce quart d'heure-là. Ne lui ressemblez pas, ne vous
» faites pas attendre, même à l'heure des repas; quittez
» vos jeux, votre lecture, votre travail, vos amis, et
» mettez-vous à table. A table, vous observerez rigou-
» reusement les règles de la civilité (tenez à cela), vous
» accepterez les traditions de frugalité, de simplicité
» et de sage économie, reçues chez vous; au besoin,
» vous vous rappellerez que, dans le palais de Louis
» XIV, le duc de Bourgogne et ses frères, pour leur
» collation du matin, n'avaient la permission que de
» manger un morceau de pain sec et de boire un verre
» d'eau.

» Votre société préférée sera toujours celle de vos
» parents, mais ayez aussi des amis. Notre-Seigneur a
» eu les siens et c'est la seule réponse que je ferai aux
» impies ignorants qui accusent l'Evangile de n'avoir
» rien dit de l'amitié. Dans une de vos séances litté-
» raires, vous parliez de la mutuelle affection de saint
» Basile et de saint Grégoire de Nazianze, qui fut
» pour eux un charme et un soutien pendant le cours de
» leurs études. Si vous aviez la bonne fortune de pouvoir
» lire l'histoire de M. Dehaene ou celle de son ami, le
» chanoine Masselis, vous verriez aussi dans leur vie,

» écrite par la plume élégante autant que pieuse que
» vous connaissez, une de ces amitiés qui commencent,
» pour ainsi dire, au berceau, se prolongent à travers
» le collège, le séminaire, un long sacerdoce, non pas
» jusqu'au bord de la tombe, mais au delà, jusque dans
» l'éternité. *L'amitié fondée sur la vertu est durable,*
» *sinon, elle est la plante qui languit et meurt au*
» *flanc d'un rocher, quand elle n'est pas la corolle*
» *brillante qui renferme le poison.*

» Demandez-vous, avant votre départ, si vos amis
» d'hier sont encore dignes d'être vos amis de demain :
» l'abeille ne retourne pas à la fleur que le temps a
» flétrie. Soyez prudents : on s'étonne avec raison qu'il
» manque un loup dans les bergeries de Florian, car il
» est peu de bergeries où un loup perfide ne se cache.
» Que de fois on a serré la main d'un traître, en croyant
» avoir serré la main d'un ami !

» Une brochure a paru intitulée : « Nos meilleurs
» amis, ou l'influence des bons livres » ; concluez
» que les mauvais livres sont nos pires ennemis. Pour
» vos lectures, soyez encore d'une prudence extrême.

» Je vous parlerai peu de vos plaisirs. Vous n'aurez
» certainement pas le plaisir, un peu long, de faire
» douze cents lieues en Russie, de visiter Tunis et
» Carthage, ni le plaisir périlleux de gravir les mon-
» tagnes du Tyrol bordées de précipices. Irez-vous,
» non loin des Pyrénées, vous agenouiller devant la
» grotte où apparut l'Immaculée Conception ? Beaucoup
» se contenteront d'une promenade sur les bords de la
» mer, à l'intérieur d'un bois, dans une riante campagne.
» Partout sachez, imitant en cela l'aimable François
» d'Assise, chanter dans votre cœur, si pas de vive
» voix, un hymne au bon Dieu, en admirant les œuvres
» de ses mains.

« Un bienfaiteur, une personne vénérable vous invi-
» teront à leur table peut-être et vous serviront,
» comme Abraham aux trois voyageurs qu'il accueillit
» sous ses ombrages, ce qu'ils auront de meilleur.
» *Rappelez-vous alors que les hôtes du saint patriar-*
» *che étaient des anges, imitez-les encore.*

» Les récréations que nous vous exhortons à prendre
» le plus souvent, ce sont les agréables soirées du
» patronage, où des vies, jeunes comme la vôtre, jouent,
» rient, chantent, tressaillent sous les yeux d'un prêtre
» dévoué. Pour le choix de vos récréations, comme
» pour la manière d'en user, consultez votre âge et les
» desseins de Dieu sur vous. Un peintre flamand, appelé
» le Protée de la peinture, tant il était habile à copier
» tous les genres, s'est fait un nom célèbre, en repré-
» sentant des réunions de buveurs, de fumeurs, et
» d'autres scènes grotesques. La vue de pareils
» tableaux pourra provoquer le sourire de nos jeunes
» Samuels, mais la délicatesse de leurs goûts les por-
» tera à d'autres jouissances. *Quand les blanches*
» *colombes du IVᵉ livre de l'Énéide passèrent au-*
» *dessus des épaisses vapeurs de l'Averne, d'un vol*
» *rapide, elles s'élevèrent bien haut, pour aller res-*
» *pirer un air plus pur...*

» Recueillons-nous. Nous sommes à la porte d'un
» presbytère. Qu'est-ce que donc que cette maison si
» modeste, mes enfants ? Un concile, tenu dans le midi
» de la France, ordonna que la maison de chaque prêtre
» devint, en quelque sorte, un Petit Séminaire, et il
» attestait que c'était l'usage universel en Italie. Je
» ne sais si cet usage s'est maintenu au delà des
» Alpes ; vous savez, vous, qu'il est établi dans notre
» Flandre.

» Quand le doux Sauveur s'est penché avec tendresse

» vers un enfant pour lui dire : *Veni, sequere me*, Il
» lui dit aussi d'aller ouvrir sa belle âme à un prêtre.
» Le prêtre goûta alors la jouissance exquise, le
» plaisir que je puis appeler divin, depuis que Notre-
» Seigneur l'a goûté Lui-même, de voir un enfant pur,
» pieux en tout, fidèle observateur de la loi de Dieu.
» Le prêtre ouvrit alors à l'enfant son cœur et sa
» demeure, se fit humble professeur de grammaire,
» puis il songea à nous l'envoyer. Il fallait des ressour-
» ces que n'avait pas la famille du pauvre enfant ; le
» prêtre tendit la main à des personnes charitables, ou
» sans le dire, se chargea lui-même des frais d'une
» longue éducation cléricale. Il s'est établi dès lors
» entre le prêtre du bon Dieu et le petit ami du bon
» Dieu une affection touchante, l'affection de Jésus
» pour Jean, son plus jeune disciple, l'affection de Jean
» pour Jésus. J'ai été ému un jour en apprenant qu'un
» curé, au cœur d'or, était devenu inquiet, comme une
» mère, parce qu'il savait que son petit paroissien était
» un peu souffrant.

» En m'écoutant, mes amis, vous vous demandez
» comment vous pourrez témoigner votre reconnais-
» sance à vos bienfaiteurs. Ecoutez encore : Un prêtre,
» vénérable par son âge et sa sainteté, écrivait, à peu
» près en ces termes, à un évêque au sujet de son sémi-
» naire. « C'est surtout ce petit champ qu'il faudra
» cultiver et arroser, ce n'est pas même un champ,
» c'est un jardin : l'*areola aromatum*. Vous y plante-
» rez force lis, pour la joie du bon Maître. Vous place-
» rez au milieu d'eux : *fontem hortorum*, la dévotion
» à Marie. Marie sera la mère et la reine de vos sémi-
» naristes. » Sous ces images gracieuses, il n'est point
» difficile de découvrir vos glorieuses obligations :
» *l'élève du sanctuaire doit être une âme semblable*

» *à un parterre de fleurs parfumées : c'est un beau*
» *lis qui croît sous la protection de la Vierge sans*
» *tache.* Soyez cela et vous aurez été reconnaissants.

» Mais quelle douleur pour ceux qui vous aiment et
» vous font du bien, si nous devions nous plaindre,
» comme Axa, la fille de Caleb, et dire qu'une partie
» de notre héritage est une terre desséchée et aride, en
» ajoutant que vous êtes ce coin de terre stérile,
» malgré la pluie du ciel qui ne vous manque jamais !
» Quel remords aussi pour vous, mes amis ! Mais non,
» vous n'êtes pas des ingrats : vous nous l'avez souvent
» prouvé, et maintenant encore vous remarquez avec
» regret l'absence du professeur dévoué qui vous pré-
» parait chaque année vos prix et vos couronnes[1].
» Prouvez-le, pendant vos vacances, aux prêtres de
» votre paroisse : ils n'auront pas à courir après la
» brebis égarée, je l'espère, et vous le promettez, n'est-
» ce pas, mes enfants ? Dans la lutte, car vous devrez
» lutter, tenez-vous près d'eux : ils sont le bouclier qui
» protège aux heures d'abattement, de fatigue ;
» appuyez-vous sur eux : ils sont le bras qui soutient ;
» tournez-vous vers eux dans vos doutes et dans vos
» ténèbres : ils sont l'étoile qui brille dans la nuit.

» Ces nouveaux bienfaits que vous recevrez seront
» autant de secours qui vous aideront à sanctifier vos
» vacances.

» Une autre voix va se faire entendre, la voix du
» prêtre éminent que vous voyez toujours avec bon-
» heur reparaître parmi nous, car vous savez qu'il
» aime les enfants, surtout les enfants que Dieu appelle
» au sacerdoce. Et combien de jeunes gens doivent à
» ses secrètes libéralités l'honneur de pouvoir monter

---

1. M. l'abbé Léon De Busschère, dont nous avons parlé plus haut.

» chaque jour à l'autel ! Ecoutez cette parole qui sort
» vibrante d'un cœur affectueux. Le cardinal de Reims
» s'est appelé le légat du cœur de Léon XIII. Vous
» êtes, vous, Monsieur le Vicaire Général, le délégué
» du cœur débordant de bonté de notre nouvel Arche-
» vêque. Ah ! mes chers enfants, que de cœurs se sont
» dilatés pour vous aimer d'un immense amour. Répon-
» dez noblement à l'affection qu'on vous porte dans
» la famille et au presbytère ; rendez-vous toujours
» dignes de l'amour de notre Archevêque et du bon
» Dieu. »

Nec lilia nec rosæ desunt ! Ce discours, qui
revêtait des formes les plus gracieuses les conseils
les plus sages, qui fut débité sur le ton affectueux
d'un père qui s'adresse tranquillement à des enfants
qu'il compte bien revoir, ce discours devait être un
adieu...

Après la distribution des prix, l'abbé Hébant écrivit
à sa sœur : « Tout à l'heure je me rappelais qu'un
» oncle, qui probablement était un saint, ramena à la
» vie sa petite nièce. Prie bien pour que tes filles spi-
» rituelles et ton frère deviennent bien vite des saints,
» afin qu'ils puissent aussi faire des miracles. En atten-
» dant, bénissons le bon Dieu de l'amélioration que
» l'on remarque dans ta santé. *Continuons à faire la*
» *communion perpétuelle à sa très aimable volonté.*
» On jette l'or dans le creuset afin de le purifier. Dieu
» éprouve les âmes qu'Il aime, afin de les rendre encore
» plus dignes de son amour. Je prie le Sacré-Cœur de
» Jésus et le Cœur Immaculé de Marie de chasser le
» mal qui empêche encore ton cœur de battre assez
» vigoureusement pour pousser le sang et la vie jus-
» qu'aux extrémités de ton pauvre corps. Je Les prie de

» remplacer le mal naturel par un très grand amour
» pour eux [1]. »

Le soir, l'abbé Hébant présidait le souper. A sa droite
se trouvait un missionnaire. La conversation était
animée, joyeuse, comme elle l'est d'ordinaire entre
professeurs déchargés du fardeau des occupations.
Soudain, le missionnaire, sans se douter qu'il annonçait une nouvelle que M. le Supérieur se réservait
d'apprendre avec tous les ménagements nécessaires,
dit à l'abbé Hébant, à brûle-pourpoint : « Je viens
de voir votre successeur. J'ai passé quelques jours
à Ghyvelde, et M. Delylle [2] m'a dit qu'il avait reçu
sa nomination de Directeur du Petit Séminaire. » On
conçoit l'effet d'une pareille révélation. Le repas
s'acheva dans le silence et la gêne.

Lorsque la nomination de M. Delylle fut officielle,
l'abbé Hébant se contenta de s'appliquer la parole que
prononça son patron Jean-Baptiste, à l'heure où la foule
courait vers Jésus : *Illum oportet crescere, me au-
tem minui* [3]. Quelques jours après, sa sœur reçut de
lui cette lettre inspirée par une résignation vraiment
admirable : « Bonne sœur, la lettre que je reçois de
» Gravelines ce matin annonce que ton état de santé
» est relativement bon. *Magnificat !* C'est ma résolu-
» tion d'aujourd'hui. Je méditais sur les bienfaits de
» Dieu à ses créatures, et l'auteur spirituel disait que
» Dieu est un bienfaiteur qui ne rencontre bien souvent
» que des ingrats. Il ajoutait que le bon Dieu est un
» visiteur mal accueilli. *Notre-Seigneur*, en effet,

---

1. L'abbé Hébant à sa sœur, 3 août 1893.

2. L'abbé Delylle, successivement Supérieur de Gravelines, Curé de
Ghyvelde, Directeur du Petit Séminaire, décédé Curé de Loon-Plage.

3. D'après une note trouvée dans les papiers de M. Hébant.

» *n'entre jamais dans notre maison sans sa croix ;*
» *tu en sais quelque chose, bonne sœur, ET MOI*
» *AUSSI.* Nous ne ferons pas cependant comme ces
» gens au cœur lâche et dur, dont parle l'Évangile,
» qui demandaient à Notre-Seigneur de s'éloigner de
» chez eux. Accueillons-Le avec un sourire bien sin-
» cère. Nous savons d'ailleurs qu'Il soutient la croix
» qu'Il nous présente, afin que le poids soit moins
» lourd [1]. »

Ne pas s'éloigner de Jésus, lorsqu'Il présente deux
lourdes croix : la perte d'une charge importante
et les souffrances d'une sœur tendrement chérie ;
L'accueillir, même alors, avec un sourire bien sincère, n'est-ce pas L'aimer généreusement, L'aimer
jusqu'à tremper les lèvres à son calice d'amertume,
L'aimer à la façon des prédestinés ?

---

1. Lettre de l'abbé Hébant à sa sœur, 11 août 1893.

CHAPITRE XII

RETOUR AU PENSIONNAT DE LA SAINTE-
UNION. — MORT DE MÈRE SAINT-PAUL. — JE
SERAI, JUSQU'A LA FIN DE MA VIE, L'APÔTRE
DE L'EUCHARISTIE. — LES RESTES D'UNE
VOIX QUI TOMBE ET D'UNE ARDEUR QUI
S'ÉTEINT. — CORRESPONDANCE AVEC LE
NOVICIAT DE DOUAI, LE COUVENT DE GRA-
VELINES, L'ERMITAGE DE ROUBAIX. — PRE-
MIÈRES ATTEINTES DE LA MALADIE. —
VISITE DE MGR FERRANT.

1893-1901

Dès que l'abbé Gourdin apprit les mécomptes de son compatriote, il songea à lui procurer, dans son joli presbytère de campagne, « la suprême douceur de ces heures du soir, passées tranquilles et sereines, derrière un rideau de verdure, non loin d'une bibliothèque, et tout près d'une église [1] ». L'abbé Hébant aurait volontiers accepté de couler ses derniers jours sous le toit hospitalier de son fidèle ami d'enfance, mais l'administration, préférant ne pas se priver de son concours, le pria, et de rester au Petit Séminaire, et de reprendre ses fonctions d'aumônier de la Sainte-

---

1. Mgr Baunard. Adieux à l'Université de Lille.

Union. Comme il appréhendait de faire de bon matin le trajet de Saint-François au pensionnat, on lui permit de s'adjoindre un auxiliaire.

Avant que ces détails eussent été réglés, l'abbé Hébant avait envoyé à sa sœur, toujours aussi malade, cette prière rimée :

> Jésus, sur cette terre où tu devais mourir,
> Tu répondis toujours au cri de la souffrance.
> Là-bas, souffre ma sœur et tu peux la guérir.
> Exauce, ô mon Jésus, sa chrétienne espérance ;
> En ce pénible instant son cœur est oppressé,
> Mais elle se soumet à ta volonté sainte,
> Sachant que sur la croix tu languis délaissé,
> Et que le Ciel alors resta sourd à ta plainte...
> Moi j'espère pourtant, car je connais ton cœur.
> Pourrais-tu donc pour elle oublier ta clémence ?
> Si sa mère était là, témoin de sa douleur,
> Si pour une minute elle avait ta puissance,
> Elle dirait : « Enfant ! lève-toi, je le veux !
> Marche, rejoins tes sœurs, retourne au sanctuaire
> Et bénis le Très-Haut qui comble tous nos vœux. »
> Mon Jésus, n'es-tu pas plus tendre qu'une mère ?

*
* *

> O Maître bien-aimé, j'adore tes desseins !
> Souvent pour tes amis la coupe est bien amère,
> Car le sentier des pleurs est le sentier des saints,
> La croix se dresse ici, mais j'espère... j'espère ! [1]

Mère Saint-Paul redoutait la croix qui se dressait devant elle. Le sacrifice de la vie lui coûtait peu, mais

---

[1]. Manuscrit de l'abbé Hébant.

la pensée du jugement l'inquiétait. Les consciences délicates comprennent si bien les exigences de Celui qui voit des taches même sur les ailes de ses anges ! Toutefois, tant de « Cyrénéens aidèrent la malade à gravir son calvaire, qu'elle finit par envisager sans crainte la venue du divin Epoux[1]. »

Les consolations spirituelles ne lui manquaient pas. Une des plus douces fut de communier de la main de son frère. Grâce à la complaisance de l'aumônier qui lui cédait son privilège, l'abbé Hébant pénétrait de temps en temps à l'infirmerie du couvent et adressait à sa sœur, en lui présentant le pain des forts, ces belles paroles liturgiques : « Recevez, ô ma sœur, le viatique du corps de Jésus-Christ ; qu'Il vous défende contre l'esprit malin et vous conduise à la vie éternelle. »

Simple et touchante cérémonie ! Dieu qui se donne à une religieuse malade par l'intermédiaire d'un frère bien-aimé... Comme le frère et la sœur, les yeux levés sur l'Hostie, devaient conjurer le bon Maître ou de leur manifester sa puissance, ou de leur accorder la force de bénir sa volonté crucifiante ! Le spectacle était digne des vierges qui entouraient leur compagne, digne aussi des vierges qui, là-haut, s'apprêtaient à fêter la naissance au Ciel d'une fille de Sainte-Ursule.

Ce fut vers la mi-septembre que l'abbé Hébant communia pour la dernière fois Mère Saint-Paul.

Au commencement de l'année scolaire 1893-94, il s'était réinstallé à la Sainte-Union. L'abbé Debreyne était chargé des offices : messes et saluts ; lui se réservait la direction spirituelle et l'instruction religieuse : catéchismes, confessions, prédications. Les Dames s'aperçurent de suite que le genre gracieux était resté

---

1. Correspondance, 1893.

son genre de prédilection. « Mes enfants, dit-il dans
» son premier entretien avec les élèves, je viens vous
» adresser de la part du bon Dieu cette paternelle
» invitation : *Surge, propera, amica mea, et veni*. Le
» bon Dieu, qui vous aime, vous a procuré un long et
» agréable repos. Maintenant, il vous parle encore dans
» son amour et il vous dit : « Mon enfant que j'aime, *amica*
» *mea*, enfant qui a passé le temps du repos, pure comme
» une blanche colombe, *columba mea*, enfant dont
» l'âme, déjà si belle, ravit mes yeux et mon cœur,
» *formosa mea*, lève-toi, hâte-toi, viens, viens, voici le
» temps du travail. » Le temps du travail, mes
» enfants, pour vos maîtresses d'abord. Dieu les
» appelle à un labeur bien plus fatigant que le
» vôtre, et parce qu'elles vous aiment, d'un vol
» empressé, douces et fidèles colombes du bon Dieu,
» elles se dirigent vers vous pour refléter sur
» votre âme toute la beauté de leur âme... Que cette
» année sera laborieuse et féconde ! Votre âme, comme
» une jeune vigne plantée de la main de Dieu dans le
» paradis terrestre, — je puis bien appeler ainsi votre
» pensionnat — sera cultivée avec un soin jaloux. Des
» mains habiles retrancheront de cette vigne les bran-
» ches inutiles ou nuisibles, afin qu'elle porte non seu-
» lement des fleurs, mais des fruits plus nombreux, plus
» beaux, plus savoureux encore que par le passé... Quel
» doux parfum répand la vigne en fleurs ! Mais plus
» agréable encore est la liqueur que donnent les grappes
» vermeilles, liqueur si précieuse que le Seigneur l'a
» choisie, *pour en faire le breuvage que vous devez*
» *boire, pour la changer en son propre sang.*[1] »

Dès son retour au pensionnat, l'abbé Hébant se rap-

---

1. Sermon de rentrée, 1893-94.

prochait du Tabernacle. Son idéal était toujours le même : *S'emparer des petites âmes vacillantes pour les déposer, comme un trophée, aux pieds de son Jésus de l'autel*[1]. Il les abritait aussi sous l'égide des anges gardiens[2]. Il achevait à peine un sermon sur la nécessité d'imiter les célestes protecteurs que la Providence nous a donnés, que sa pensée fuyait vers Gravelines, près de sa sœur qui faiblissait de plus en plus, et il écrivait à sa chère malade :

« Bien bonne sœur,

« En cette fête des Saints Anges Gardiens, je prie mon bon ange d'aller trouver le tien, pour lui recommander de te protéger et de te défendre contre tous les ennemis de l'âme et du corps. Que le bon Dieu est bon de nous donner un compagnon fidèle, chargé de nous montrer le chemin qui mène à Lui ! Dans tes moments de solitude, l'ange gardien est à tes côtés, te fortifiant, te consolant. Je le remercie avec toi, j'en suis heureux pour toi. Hier, en prêchant aux enfants de la Sainte-Union, je leur disais qu'elles devaient être une assemblée d'Anges par leur piété, leur innocence et leur obéissance. Je désire la même gloire pour toutes vos enfants de Gravelines ; vivre au milieu des Anges, quel bonheur !...

« Les Anges de la terre sont bien beaux, ceux du Ciel sont plus beaux encore. Faisons tout notre possible pour les bien honorer ici-bas, et pouvoir prendre place dans leurs rangs au Paradis. C'est dans ces riantes et consolantes pensées que je te quitte, bien bonne Sœur ; courage et confiance ![3] »

1. Cf. Chapitre VIII.
2. Sermon pour la fête des Saints Anges, 1893.
3. Correspondance, 2 octobre 1893.

Mère Saint-Paul ne tarda pas à s'unir aux anges. Le 23 octobre 1893, au matin de la fête du Très Saint Rédempteur, pendant que ses compagnes entonnaient l'office, incapable de résister à une forte contraction du cœur, après avoir jeté ce cri de confiance : « Jésus ! sauvez-moi », brusquement, elle expirait. Elle avait atteint la 61e année de son âge et la 41e de sa profession religieuse. Ursuline modèle, deux fois élue Supérieure, elle se présentait au Tribunal suprême, les mains pleines de mérites. Dieu lui aura montré, inscrites au feuillet des récompenses, ces pensées exprimées par elle, le jour de son entrée en religion : « Je meurs chaque jour, je suis clouée à la croix avec Jésus-Christ. O bonne croix, je t'épouse pour jamais. [1] »

L'abbé Hébant fut profondément ébranlé par la mort de sa sœur. C'était plus que la moitié de son âme qui s'en allait avec la chère défunte.

Il revint des funérailles, préoccupé, abattu, vieilli. Lorsqu'il avait quitté la chapelle du monastère où sa sœur lui avait si souvent donné rendez-vous à l'ombre du Tabernacle, lorsqu'il avait fait le tour de l'église paroissiale, dont les statues semblaient le supplier tristement de ne pas s'éloigner, lorsqu'il avait vu les hautes herbes des remparts se courber sous le souffle d'automne comme pour lui dire adieu, lorsqu'il s'était retourné, afin d'envelopper d'un mélancolique et long regard toutes les choses aimées qu'il laissait derrière lui, avait-il pensé qu'il ne reverrait plus Gravelines ?

A dater de cette époque, sans se départir en rien de son amabilité, il prit les allures d'un homme qui s'efface de propos délibéré, qui se crée un monde à part où il s'enferme doucement mais obstinément. Durant les

---

1. Images mortuaires de Mère Saint-Paul.

huit années qui précédèrent sa maladie, il affecta de ne connaître que la chapelle du Petit Séminaire, sa chambre et la Sainte-Union.

A la chapelle, il s'était choisi une place derrière l'autel de Saint-François d'Assise. Maintes fois, nous l'avons observé à cet endroit. Nous devinions qu'un intime colloque s'engageait entre Dieu et lui. Dieu apprenait à son serviteur l'art de se détacher davantage de la terre et de s'habituer au silence de l'éternité. Le serviteur écoutait docilement son Dieu, dans l'attitude la plus édifiante. Un ecclésiastique traversait un jour le chœur d'un pas trop précipité, quand il aperçut M. Hébant qui priait avec sa ferveur et son recueillement habituels. A cette vue, il modéra sa marche, s'agenouilla quelques instants en face du Tabernacle, et remercia tout bas celui qui, bien involontairement, l'avait rappelé au respect du sanctuaire.

La chambre de M. Hébant était proche de la chapelle; elle en était comme le vestibule. Une lampe y brûlait devant une image de la Sainte-Face. Sur les meubles modestes, sur la tapisserie sombre, ni bagatelles, ni curiosités. Un crucifix étendant les bras au-dessus d'un prie-Dieu, une statue de la Madone, un Pie IX levant une main bénissante, des reliquaires, des gravures religieuses, tels étaient les ornements que remarquaient les visiteurs. On se serait cru dans un oratoire, mais dans un oratoire où le parfum du souvenir remplaçait le parfum de l'encens. Le souvenir, c'était le portrait de Mme Hébant, les photographies de Mère Saint-Paul, du chanoine Masselis, de M. et de Mme Loridant. L'abbé Hébant vivait au milieu de ses chers défunts. Sans doute, quand il méditait ou travaillait, il leur réservait une part du fruit de ses efforts. Les âmes des chers défunts devaient revenir des mysté-

rieuses régions de l'au-delà, battre des ailes autour
de celui qui ne les oubliait pas, et porter à son logis les
échos d'une ravissante musique céleste. Ceux qui n'ont
plus d'attaches ici-bas, ceux dont la pensée en deuil
erre toujours parmi les tombes, les inconsolables,
n'ignorent pas ces rapports continuels que la communion des saints établit entre les vivants et les morts,
entre les ouvriers qui ont quitté le champ sur un signe
du Maître et les ouvriers qui ne sont pas encore au
bout de leur sillon...

L'abbé Hébant aimait sa chambre, parce qu'elle
était « sa galerie des ancêtres » ; il l'aimait aussi, parce
que l'étude la rendait attrayante. Saint François de
Sales disait : « J'ai cherché partout le repos ; je ne l'ai
trouvé que dans un petit coin et avec un petit livre. »
L'abbé Hébant avait deux petits livres qui vieillissaient
avec lui dans son petit coin : un *manuale christianum*
et un catéchisme. L'un servait à l'aumônier ; l'autre,
au prédicateur. Le prédicateur, habile à commenter
les scènes évangéliques, les paraboles du Sauveur, les
Veni Domine Jesu du disciple bien-aimé, les épîtres
de l'apôtre au verbe de feu, les conseils du mystique
auteur de l'Imitation, lisait et scrutait, crayon en main,
le *manuale christianum*. L'aumônier, expert en l'art
de butiner les traités spéciaux, les brochures, les
revues, le carnet des conteurs, les journaux même ,
non moins expert en l'art de donner aux élèves du
pensionnat un enseignement doctrinal et pratique,
gradué, émaillé de faits historiques, annotait et usait
son catéchisme. Les cours d'instruction religieuse
préparés, les plans des sermons ébauchés, l'abbé
Hébant revoyait les rédactions des classes supérieures.
Chaque page était passée au crible, car si le théologien,
qui était sévère, condamnait les explications erronées,

le littérateur, qui sommeillait toujours chez le théologien, biffait impitoyablement les moindres négligences de style. Avait-il une journée libre, notre bénédictin transcrivait d'un bout à l'autre ou résumait dans leurs grandes lignes de naïves légendes, « gâteaux sucrés qu'il coupait par tranches pour ses bambines de la salle d'asile ». Il restait assis de longues heures à sa table de travail, heureux de besogner, heureux surtout de ne pas perdre une parcelle de ce don précieux qu'est le temps. Aussi, il écrivait à une ancienne élève : « Je dis de ma chambre ce que saint Bernard disait de sa cellule : *O beata solitudo, sola beatitudo !* ô bienheureuse solitude, ma seule béatitude ![1] »

Dans ces conditions, il subissait la loi de l'accoutumance, cette attraction secrète qui crée entre les objets extérieurs et nous, entre nos occupations et nous, entre notre demeure et nous, des liens si forts, à la longue si nécessaires, que, nous rapprochant de plus en plus des choses qui forment le cadre de notre existence, nous nous attachons à elles par toutes les fibres de notre âme, comme le lierre s'attache par ses multiples racines au tronc des grands chênes.

Le service de la Sainte-Union était seul capable d'arracher l'abbé Hébant aux charmes de sa retraite. Au Pensionnat il était réellement « le docteur versé dans la connaissance du royaume des cieux, et semblable au père de famille qui tire de ses réserves des trésors anciens et nouveaux.[2] » Il prodiguait au Tribunal de la Pénitence des trésors de mansuétude et de délicatesse ; en classe ou à la chapelle, de sa chaire de catéchiste ou de prédicateur, des trésors de doctrine et

----

1. Correspondance, 1895.
2. MATTHIEU, XIII, 52.

de poésie ; partout, des trésors de foi, de piété, d'édification. Ses paroles coulaient, harmonieuses, à flots paisibles. Et les flots roulaient des paillettes d'or...

Paillettes d'or, en effet, ces réflexions sur la méditation : « Heureux celui qui fait chaque jour sa méditation. Comme saint Jean il pose sa tête sur la poitrine de Jésus, et, lorsqu'il la relève, il est rempli de la force de Dieu... »

» Faire sa méditation, suivant un beau mot de saint François de Sales, c'est accorder son luth et le mo nter au ton surnaturel.

» Voulez-vous une méthode d'oraison pratique et facile, méditez chaque mot d'une prière : faites comme l'abeille qui s'arrête sur chaque fleur pour en extraire le suc, ou comme l'oiseau qui puise une goutte d'eau, lève la tête vers le ciel et continue jusqu'à ce qu'il ait étanché sa soif. »

Paillettes d'or, ces réflexions sur la joie spirituelle : « Servez Dieu joyeusement, et pour Le servir joyeusement, servez-Le saintement. Que ne sommes-nous des saints ! Il y a plus de joie dans un jour de sainteté que dans de nombreuses années d'une vie mondaine, légère, dissipée. Ici-bas, toute tristesse repose sur une joie comme un malade sur un lit bien doux. Il faut accepter la tristesse et se rappeler que la joie et la tristesse sont deux sœurs, qui ne se quittent jamais. L'aînée, c'est la joie. La plus jeune, la tristesse, doit mourir et ne verra jamais la résurrection, mais la joie gardera dans le Ciel un si fidèle souvenir de sa jeune sœur, que ce souvenir sera une partie de son bonheur éternel. La joie est une fleur qui ne pousse

---

1. Les réflexions que nous groupons ici sont la fine fleur des notes prises par l'abbé Hébant de 1893 à 1901.

qu'au fond des vallées profondes. L'âme vraiment humble est toujours joyeuse. »

Paillettes d'or, ces réflexions sur la Sainte-Face : « Honorons les traits du Sauveur, ces traits qu'Il a lui-même gravés sur le voile de Véronique. Si nous les contemplons, nous éprouverons d'abord le regret de nos fautes, qui sont la cause des outrages infligés à la face du Sauveur ; ensuite nous éprouverons le désir de ressembler à Jésus. Dieu dira de notre âme : « Comme elle ressemble à Jésus-Christ ! » Alors, plus tard, sur la rive de l'éternité, nous rencontrerons un visage ami : la Face de Jésus, transfigurée par la gloire ; et les lèvres de Jésus se sépareront pour nous appeler au bonheur sans fin. »

Paillettes d'or, ces réflexions sur la dévotion à Marie : « Cachez-vous sous le manteau de Marie, comme des petits oiseaux sous l'aile de leur mère. — Restez près de Marie et vous ne vous égarerez jamais *in terram longinquam*. Deux anachorètes lisaient la parabole de l'enfant prodigue. « Tableau charmant, dit l'un, mais il manque une mère. » — L'autre répondit : « Ah ! mon frère, si l'enfant prodigue avait eu sa mère, aurait-il pu quitter la maison paternelle ?... »

« Le plus chrétien des peintres de notre époque a représenté une mère et sa fille. La mère tient en main et presse sur son cœur le livre qui contient la parole de Dieu, et toutes deux regardent, d'un œil profond et du même côté, un monde invisible où reposent leurs immortelles espérances. Avec Marie notre Mère, regardons toujours du côté du Ciel, *expectantes beatam spem !...*

« Les savants disent que parmi les astres, que nous apercevons au firmament dans l'éclat d'une belle nuit, quelques-uns des plus brillants sont doubles et cachent deux étoiles dans une même blancheur ; il y a tant d'harmonie dans la lumière de ces deux étoiles, tant d'unité dans leur rayonnement, qu'à nos yeux elles se confondent et nous ne voyons qu'une étoile des plus splendides. C'est l'image de la ressemblance profonde qui doit régner entre nous et Marie. Que la Mère du Ciel et l'enfant de la terre s'unissent, se fondent en un même cœur tout brûlant d'amour de Dieu.

Paillettes d'or, ces réflexions sur l'Eucharistie : « L'âme qui aime Dieu, désire se reposer à l'ombre du Tabernacle, s'entretenir avec son Dieu caché, Lui demander force et courage, Lui demander le fruit délicieux qui n'est autre que Lui-même, et par la vertu de ce fruit se diviniser, devenir un autre Jésus-Christ.

« Quelques saints goûtaient dans la communion comme un rayon de miel. Sainte Marie Egyptienne, en recevant la Sainte Hostie sur son lit de mort, sentait comme un avant-goût du Ciel ; elle en versait des larmes de joie. Sainte Monique, après la communion, comme enivrée de délices, s'écriait : « Que faisons-nous ici sur la terre ? Volons au Ciel ! » Saint François d'Assise tombait en extase pendant son action de grâces. Sainte Catherine de Sienne voyait presque chaque jour entre les mains du prêtre, à la place de l'hostie, un gracieux petit enfant. Ces saints trouvaient dans l'union ineffable avec Jésus une sérénité inaltérable, une joie débordante, une énergie surhumaine ; leur visage en était souriant, radieux, vraiment eucharistique. »

L'auteur de l'Introduction à la vie dévote parle de la bouquetière de Glycera « qui savait si bien diversifier la disposition et le mélange des fleurs, qu'avec les mêmes fleurs elle faisait un grand nombre de bouquets

différents[1] ». L'abbé Hébant semblait avoir reçu en
partage le talent ingénieux de la bouquetière. Il exprimait presque toujours les mêmes pensées, mais sous
une forme toujours nouvelle, et la fleur qu'il choisissait
de préférence pour ses bouquets, c'était la fleur eucharistique. Il s'écriait un jour, avec une conviction profonde : « Booz recommandait à ses moissonneurs de
laisser tomber des épis pour la pauvre Ruth ; à ses
moissonneurs, à ses prêtres, Jésus recommande d'être
sagement prodigues du pain eucharistique. C'est pourquoi je serai jusqu'à la fin de ma vie l'apôtre de la communion fréquente[2]. »

Il fut aussi jusqu'à la fin de sa vie l'apôtre de la première communion. Pour assurer l'efficacité de la grâce
qui « décide de la vie tout entière », il ne cessait de
recourir aux pieuses industries que nous avons signalées au chapitre huitième. Il annonçait d'avance,
rappelait dans les confessions, prêchait lui-même la
retraite préparatoire. « Mes enfants, répétait-il alors,
» durant ces trois jours, marchez les yeux vers la terre,
» le cœur vers Dieu, le chapelet à la main ; préparez-
» vous par le recueillement et la prière à la plus belle
» fête de votre vie[3]. » Et quand la plus belle fête de la
vie se célébrait, l'aumônier redevenait l'orateur qui
trouvait des paroles délicieuses, *quasi canticum
novum*. Qu'on en juge par cette allocution, la dernière
qu'il a prononcée à l'occasion de la première communion. « *Hortus conclusus soror mea*. Notre-Seigneur,
» s'adressant à l'âme fidèle, fidèle comme vous, enfants
» de la première communion, l'appelle sa sœur, et Il la
» compare à un magnifique jardin fermé, où ne pénètre

---

1. Saint François de Sales. *Introduction à la vie dévote*. Préface.
2. Sermon de première communion, 1895.
3. Sermon de retraite préparatoire à la première Communion, 1895.

» aucun souffle pernicieux... Le jardin de la première
» communiante, c'est son âme si pure, si belle, si
» blanche. Ce jardin ne ressemble pas aux jardins
» ordinaires, c'est un jardin royal, puisque vous êtes
» les enfants du Roi des rois, du bon Dieu. La petite
» fille du Bon Dieu a le droit d'avoir un bien beau
» jardin... Voulez-vous savoir comment je me le
» figure ?... On y respire un air frais comme au matin
» d'un beau jour de printemps. Ce n'est pas l'atmos-
» phère suffocante d'un jour d'orage, d'une âme où les
» vices grondent comme dans un volcan, lancent de la
» fumée, des flammes, et répandent une lave brûlante.
» Votre âme innocente est rafraîchie par les caresses
» d'une brise matinale, et pendant que l'odorat est
» flatté par les parfums les plus doux, l'œil rencontre
» les fleurs les plus aimables. Elles sont toutes d'une
» blancheur merveilleuse ; les corbeilles, les bandes,
» les massifs sont remplis de frais lilas blancs, de
» myosotis aux petites étoiles blanches, de roses
» blanches, d'œillets et de lis blancs. Sous le gazon se
» cache la violette blanche, les sentiers sont couverts
» d'une mince couche de sable blanc d'où semblent
» jaillir de petites étincelles. Au milieu d'une pelouse
» d'un vert tendre s'élance un jet d'eau qui monte vers
» le ciel, comme la prière d'une âme pure, et retombe
» dans un bassin de marbre blanc, en pluie de diamants,
» image des grâces abondantes que le bon Dieu verse
» sur l'âme de ses enfants. De distance en distance —
» n'oublions pas que nous nous promenons dans le jar-
» din d'une jeune reine — se dressent des statues de
» marbre blanc représentant la Vierge Immaculée,
» l'Ange Gardien, saint Joseph, la Patronne de la pre-
» mière Communiante. J'y vois le Bon Maître portant,
» comme sur le Thabor de beaux vêtements, blancs de

» la blancheur de la neige. Le Bon Maître vous pré-
» sente une blanche hostie. « Chère petite âme, dit-il
» à chacune d'entre vous, petite sœur des Anges, ma
» sœur, laisse-moi descendre en toi et fermer à tout
» autre qu'à moi la porte de ton cœur. *Hortus conclusus*
» *soror mea !* » [1]

« *Il a déjà la tête dans les cieux, ce bon vieillard,* »
nous disait un auditeur, à l'issue de la cérémonie. L'appréciation était juste.

Le lendemain du grand jour, l'abbé Hébant réunissait les premières communiantes au salon du pensionnat
et les invitait à choisir des souvenirs qu'il avait dis-
posés lui-même sur la table. Pareille surprise était
réservée aux bambines des classes inférieures, à l'occasion de sa fête patronale. Il leur présentait un arbre
de saint Jean-Baptiste qui avait poussé dans le jardin
du couvent de Gravelines, et il prenait plaisir à les
entendre multiplier les exclamations devant les fruits
suspendus aux branches, à les voir tout dévorer des
yeux, et s'en aller grignotant leurs friandises ou serrant
contre leur poitrine quelque joli petit rien. « J'aime
tant mes enfants ! » écrivait-il à une ancienne élève. Il
les aimait davantage, telle une mère, quand il jouissait
de leur bonheur.

L'aumônerie de la Sainte-Union ne l'empêchait pas
de consacrer aux Dames de Charité, aux enfants de
Marie, aux catéchistes volontaires les restes d'un zèle
que l'âge et les infirmités commençaient à paralyser.

Aux Dames de Charité il parlait de la nécessité et
des qualités de la visite des pauvres : « Mesdames, leur
» disait-il, la visite est votre grand, votre principal
» devoir. Dites comme le Sauveur, *ibo et sanabo.* J'irai

---

1. Première communion 1900.

» près du pauvre et je le guérirai ! Je serai sa Provi-
» dence, j'irai à lui avec affection, avec respect [1]. » Aux
catéchistes volontaires et aux enfants de Marie il
léguait, comme un testament spirituel, ces méditations
sur le *Dominus pars hæreditatis meæ* : « Au-dessus
» de tous les biens de la terre, DIEU se propose Lui-
» même, comme un bien formant une portion de votre
» héritage. Que vont choisir les âmes d'élite ? Au jour
» de sa présentation au temple, une aimable enfant de
» trois ans, Marie, répond : « Je choisis DIEU : *Deus*
» *meus et omnia !* » A sa suite, dans les grands sémi-
» naires, les lévites s'approchent à pareil jour de
» l'autel, et s'agenouillent devant leur évêque. Tandis
» qu'ils mettent une main dans la main du pontife, et
» de l'autre main tiennent un cierge allumé, ils disent
» comme Marie : « *Dominus pars !* Parmi tous les biens
» laissés au choix de ma liberté, je choisis DIEU ! » Voici
» les enfants de Marie, les catéchistes volontaires qui
» viennent en ce jour de fête, en cet anniversaire de la
» fondation de leur œuvre aimée, répéter ces mêmes
» paroles : « Je choisis DIEU. Ce fut le choix de ma
» mère, c'est le choix de son enfant ; ce fut la part de
» son héritage, sa part sera la mienne. *Deus meus es*
» *tu.* JÉSUS est mon DIEU, tellement mon DIEU que
» tout ne m'est rien en dehors de Lui, et qu'Il me tient
» lieu de tout [2]. »

« *Comme M. l'Aumônier nous fait aimer le Bon*
Dieu ! » s'écriait une catéchiste volontaire, après cette
instruction. Ce cri s'échappait de lui-même du cœur
d'une novice de la Sainte-Union, lorsque, dans sa
cellule, au pied de son crucifix, elle lisait et relisait
des lettres du genre de celles-ci...

1. Sermon aux Dames de Charité, 1895.
2. Sermon du 21 novembre 1894.

« Bien bonne Germaine,

» Après deux mois, passés dans la nouvelle famille où vous vous trouvez si heureuse, vous n'avez pas oublié, au milieu de votre grand bonheur, notre petite famille d'Hazebrouck. On parle de l'Ange du Souvenir, vous serez bien cet ange-là, pieuse postulante de la Sainte-Union. Ouvrez de temps en temps vos ailes, et venez en esprit vous agenouiller dans notre chapelle, et prier encore pour le petit troupeau et son pasteur, en attendant que vous deveniez aussi une jeune pastourelle, aimée du bon Dieu et des petites brebis qu'Il confiera à votre garde. Vous me rappellerez encore mieux alors votre sainte Patronne, Germaine la bergerette, aimant Dieu et veillant sur son cher petit troupeau.

» Vous soupirez après le jour où vous pourrez prendre l'habit d'une petite bergère du bon Dieu, je désire aussi pour vous que ce jour arrive bientôt, car, après avoir dépouillé sa petite personne de l'habit séculier, on se trouve plus rapproché de Dieu dont on porte les livrées, et complètement éloigné du monde dont on ne veut plus rien conserver.

» Mais alors aussi grandit l'obligation de se perfectionner. Cette obligation ne vous effraye guère, puisqu'elle fera votre bonheur et votre gloire, et le bonheur de la Congrégation dont vous désirez faire partie.

» Tâchez de conserver le nom de Germaine quand vous serez religieuse ; c'est un nom qui rappelle la simplicité aimable, la patience au milieu des épreuves, la douceur souriante en face même de ceux qui ont un mauvais cœur, l'union continuelle avec Dieu, la piété suave, l'amour de Jésus et de Marie, tout un ensemble de vertus aimables, qui permettent à une religieuse de faire beaucoup de bien.

» J'ai connu à Hazebrouck une excellente Dame Germaine, dont je garderai toujours le souvenir : c'était vraiment une sainte religieuse. Je garderai aussi le souvenir de notre excellente Germaine du pensionnat d'Hazebrouck, et je la prie de vouloir aussi se souvenir, devant le Bon Dieu, de celui qui veut toujours lui rester paternellement dévoué. Je prie le bon Dieu, bien chère enfant, de vous bénir, et de bénir aussi Mᵐᵉ Archange-Louise toujours vivante parmi nous.

» Personne ne meurt ici, ni Elise, ni Germaine, qui prouveront à Douai qu'on apprend aussi à Hazebrouck à devenir des saintes, et des saintes très joyeuses.

» Je vous remets, bonne Germaine, dans les Sacrés Cœurs de Jésus et de Marie[1]. »

***

» Heureuse enfant,

» Comme vous êtes aimée du bon Dieu ! La Sainte Ecriture nous dit que Jacob, qui aimait son fils Joseph plus que ses autres enfants, lui donna un très riche vêtement ; et à vous, une de ses enfants privilégiées, le bon Dieu va donner un vêtement bien plus précieux encore. L'habit religieux dira au monde que vous ne lui appartenez plus, au ciel que vous voulez vous mettre à la suite de celles qui suivent le Roi des Vierges, à vous-même que vous devez vous rendre de plus en plus digne de l'amour dont vous avez été l'objet de la part du bon Dieu. Heureuse Germaine ! J'aurais bien voulu être témoin de votre bonheur, mais le bon Dieu ne

---

1. Correspondance du 29 octobre 1895.

e veut pas, il me retient en pénitence à Hazebrouck. Je n'ai pas le droit de me plaindre, car je ne mérite pas trop que le bon Dieu me traite comme un enfant gâté. Ses gâteries, il les réserve pour Germaine qui les mérite, et en bon père, je le remercie pour ma pieuse enfant.

» Cependant, j'assisterai à la belle cérémonie de jeudi prochain aussi complètement que je le pourrai, en pensant souvent à la joie que vous éprouverez ce jour-là, en me figurant votre merveilleuse transformation en religieuse de la Sainte-Union, et surtout en priant pour votre persévérance dans les excellents sentiments qui vous animent déjà et qui vous animeront au jour de votre prise d'habit.

» J'ai demandé aussi des prières pour la bonne novice de Douai aux enfants de la Sainte-Union et aux anciennes, le jour de la fête de la Présentation. Je ne veux pas vous enlever plus longtemps aux pieuses pensées qui doivent occuper votre esprit, pendant ces quelques jours qui précèdent le beau jour que vous appelez de tous vos vœux.

» Je vous bénis, bien chère enfant, priez aussi pour moi [1]. »

***

« Bien bonne Dame Germaine-Marie,

» Vous vous rappelez peut-être qu'un jour, au Catéchisme, nous parlions de la vertu de reconnaissance. Je disais qu'elle est la vertu des grandes âmes, et je vois avec plaisir que vous comptez parmi ces âmes, mais j'ajoute, tout de suite, ce que je disais encore, qu'il faut avant tout être reconnaissant vis-à-vis du bon Dieu. Combien de fois déjà vous avez dit : « Merci,

---

1. Correspondance, 18 novembre 1895.

merci, mon DIEU ! » Ne vous fatiguez pas de le répéter, ce sera encore votre cantique de l'éternité. Elevée par des parents chrétiens, puis dans un pensionnat religieux, maintenant novice revêtue de l'habit religieux, portant les noms si beaux de Dame Germaine-Marie, presque à la veille d'être envoyée en mission pour aider les petites filles à aller au Ciel, comme vous avez raison d'être reconnaissante pour tant de grâces et tant d'honneur ! Que rendre au Seigneur pour ses nombreux bienfaits ? Mettre ces bienfaits à profit, et les mettre à profit, c'est vivre saintement. Une vie sainte est un grand acte de reconnaissance... Sainte Germaine-Marie, quel beau nom !... Soyez donc une sainte, sinon à faire des miracles, au moins à faire des merveilles : merveilles de piété, de charité, de patience, d'obéissance, de dévouement, d'oubli et d'abnégation de vous-même, enfin merveilles nombreuses d'une vie de sainte religieuse de la Sainte-Union des Sacrés-Cœurs.

» Maintenant, je dois penser à vous remercier moi-même de vos vœux et de vos prières, et comme je veux être toujours en compte ouvert avec vous, ne cessez pas de prier pour moi, pour que je ne cesse pas d'être reconnaissant à votre égard.

» En faisant part à vos anciennes compagnes de l'espoir que vous aviez d'en voir quelques-unes vous rejoindre à Douai, j'ai vu des figures qui semblaient dire : « J'en suis ; je veux aussi me consacrer au bon DIEU avec Mᵐᵉ Germaine Marie. » Je conserve cet espoir moi-même, et la pépinière d'Hazebrouck aura, au moins de temps en temps, à offrir à Douai quelques plantes choisies.

» Comme vous êtes si heureuse, je suis un peu embarrassé pour trouver quelque chose qui pourrait augmenter encore votre bonheur. Cependant il me semble avoir trouvé : Aimez le bon Dieu de plus en plus, et vous serez de plus en plus heureuse.

. » Bien bonne enfant, prions toujours l'un pour l'autre [1]. »

***

« Ma bien bonne enfant,

» Vous voilà arrivée au terme de vos désirs. Comme je partage votre bonheur ! Ensemble bénissons le bon Dieu qui vous a tant aimée et qui a daigné se servir un peu de moi, pour vous conduire dans cette bénie Congrégation, à laquelle vos vœux vont vous rattacher par des liens que la mort seule pourra briser. Soyez une sainte et fidèle religieuse de la Sainte-Union. Entre le Cœur de Jésus et celui de Marie, placez votre propre cœur, afin que le cœur d'un Dieu et le cœur d'une Mère remplissent le vôtre de ces délicieuses vertus qui seront le gage de votre salut. Soignons bien les âmes des enfants, tout en développant leur intelligence ; et la meilleure prédication sera toujours celle de l'exemple. Soyons des saints, soyons des saints, et notre parole sera toujours écoutée avec fruit.

» Je demanderai au bon Dieu de bénir votre retraite, d'accepter vos vœux, de vous donner la grâce d'y être toujours et affectueusement fidèle. Puis, allez remplir avec confiance les fonctions que l'obéissance vous imposera, Jésus et Marie seront avec vous.

» Pendant votre retraite, vous pourrez vous permettre la pieuse distraction de penser aux enfants du Pensionnat, qui commenceront leur retraite mardi prochain, pour la terminer le jour même de votre profes-

1. Correspondance du 31 décembre 1895.

sion. Heureuse coïncidence qui amènera un échange de prières bien ardentes ! On attend à Hazebrouck, avec une légitime impatience, la visite de Mme la Supérieure Générale, qui nous donnera sûrement des nouvelles de Dame Germaine-Marie, qu'elle aime beaucoup, je le sais. Où donc reverrai-je ma pieuse enfant d'autrefois ? Le bon DIEU le sait, mais certainement au Paradis. Prions bien afin qu'il en soit ainsi pour moi, car, pour vous, vous avez déjà le ciel dans vos mains, heureuse enfant [1]. »

Si l'abbé Hébant suivait à distance les étapes de la vie religieuse d'une de ses enfants spirituelles, il frappait souvent en esprit à la porte des monastères de Gravelines et de Greenwich [2].

Il pénétrait à la chapelle et prenait plaisir à écouter les psalmodies des religieuses. Puis, à travers la grille du chœur, il disait : « Mes sœurs, je suis heu-
» reux de savoir qu'un Père Bénédictin vous a ensei-
» gné la bonne manière de psalmodier, car le chant
» bien exécuté est une partie importante du culte
» extérieur. Eh ! que ne font pas les chanteuses de
» l'Opéra pour plaire aux oreilles humaines ! Que
» d'exercices, que de répétitions ! Une d'elles, personne
» de poids et d'ampleur, chantait si bien qu'on disait
» d'elle : « C'est un éléphant qui a avalé un rossignol ».
» Laissons-là l'éléphant et aimons le rossignol... Rossi-
» gnols du Bon DIEU, chantez ! chantez ! les Anges,
» qui chantent si bien, vous écouteront avec ravis-
» sement. Chantez ! chantez ! la joie plaît au Bon
» DIEU, ainsi que la confiance [3]. »

---

1. Correspondance du 15 novembre 1896.

2. On a vu au chapitre X que cette colonie fut fondée sous le supériorat de Mère Saint-Paul.

3. Correspondance du 27 août 1895.

*
* *

« Priez, priez beaucoup, afin que Greenwich puisse
» bientôt creuser les fondations de la chapelle tant
» désirée. La fable raconte qu'Amphion bâtit les murs
» de Thèbes, en jouant d'une lyre dont les sons harmo-
» nieux soulevaient les pierres et les superposaient
» mieux que le plus habile ouvrier. La prière est plus
» puissante que la lyre magique d'Amphion [1]... »

De la chapelle, l'abbé Hébant descendait à la salle
de communauté. Là, au milieu d'un silence profond, il
feuilletait le livre des souvenirs et le livre de son âme,
et, sur le cœur des Ursulines, comme la fraîche rosée
sur de fraîches roses, tombaient ces sages conseils :

« Ajoutez de nouvelles perles au diadème de vos
» vertus. Rivalisez d'ardeur. Puisque la communauté
» de Greenwich a pris le nom d'étoile de la mer, chaque
» étoile de ce beau firmament se confondra si bien avec
» Marie que j'aimerai à me figurer chaque religieuse,
» brillante, radieuse comme Marie, au point que Gra-
» velines, sans être jalouse, voudra au moins briller du
» même éclat que Greenwich. Que le bon Dieu regar-
» dera avec amour des âmes si belles [2] ! »

*
* *

« Une communauté d'Ursulines ressemble à ces
» familles privilégiées dont nous parlent les saints
» livres, à ces familles où de saintes mères se
» voient entourées de saints enfants. Oh ! comme
» il fait bon de vivre au milieu de ces familles !
» Chez vous, les mères sont les religieuses ; les

1. 6 novembre 1896.
2. Septembre 1896.

» enfants sont les novices. Les novices essayent
» leurs premiers pas dans le chemin de la perfection
» les religieuses y marchent à pas de géant ; aux
» premières, les ailes du charmant petit oiseau qui, du
» bord de son nid, mesure l'espace à travers lequel il
» brûle de s'élancer ; aux secondes, les ailes de l'aigle
» royal qui franchit les cimes les plus élevées, et, d'un
» regard assuré, contemple le soleil dans toute sa
» splendeur. La novice est un arbre couvert de fleurs ;
» la religieuse, un arbre couvert de fruits ; l'une est le
» printemps plein d'espérances ; l'autre, l'automne fer-
» tile, abondant, surabondant [1]... Visons au parfait, pour
» mériter les bénédictions du bon Dieu. D'après saint
» Thomas, le grand théologien, le nombre dix est le
» signe de la perfection, car, dit-il, au delà de dix, les
» nombres ne continuent pas, mais ils recommencent
» par un. Dix chandeliers d'or brillaient dans le temple
» de Jérusalem ; la harpe de David avait dix cordes.
» C'était d'un côté la perfection de la lumière, de
» l'autre la perfection de la louange. Que dix par dix
» les Ursulines de Gravelines et de Greenwich soient
» des chandeliers d'or et des harpes harmonieuses.
» Qu'elles éclairent l'esprit des enfants et chantent les
» bienfaits de Dieu [2]. »

*
* *

« Sur la terre comme au Ciel ! Que ce soit la devise
» de la chère maison de Gravelines, comme celle du
» jeune couvent de Greenwich. Il me semble voir sou-
» rire le vénéré Chanoine, qui voulait faire de chacune
» de vous une fervente religieuse ; et je crois

---

1. 25 juin 1896.
2. Septembre 1896.

» qu'il réussissait assez bien, car un jour le Père
» Lefebvre, de la Compagnie de Jesus, me disait :
« Monsieur Masselis forme la communauté à son
» image ¹. »

*_**

« Surtout, soyez des saintes. Je voudrais tant res-
» sembler au saint M. Masselis, qui désirait tant
» aussi que toutes ses filles spirituelles fussent des
» saintes ! Courage ! courage ! Avec la grâce du bon
» Dieu, vous ferez beaucoup de bien en Angleterre.
» Votre Communauté, élargissant ses murs, recevra
» un bon nombre de pensionnaires et d'externes, et,
» dans l'immense réfectoire futur, la Mère Supérieure
» pourra, avec un légitime orgueil, réunir, autour
» d'une même table, toute une légion de pieuses
» converties. Que la bonne Mère étende encore son
» glorieux apostolat ; chaque âme convertie est un
» nouveau titre que votre Communauté peut présenter
» au bon Dieu, pour lui demander de nouvelles
» grâces ². »

« Mes sœurs, qu'il y ait une thaumaturge parmi vous,
» et je reviens avec la première hirondelle ; je reviens
» pour visiter votre couvent ; je reviens pour entendre
» encore l'agréable murmure des abeilles diligentes,
» offrant leur travail à l'intention d'un pauvre prêtre
» qui ne peut que les bénir et les remercier ; je
» reviens pour écouter les voix du passé qui résonnent
» partout dans votre monastère béni : voix de celles
» qui ne sont plus et qui répètent à leurs sœurs d'ici-
» bas : « Aimons Dieu ! Aimons-Le généreusement,

---

1. 16 septembre 1897.
2. 3 janvier 1898.

» ardemment, jetons, à pleines brassées, le bois qui
» alimente le feu de l'amour divin. Ainsi nous augmen-
» terons notre bonheur, et ce sera vraiment sur la
» terre comme au Ciel. [1] »

La salle de communauté n'était pas loin du parloir.
L'abbé Hébant s'y rendait, — toujours en esprit — et
dans chaque conversation il glissait une parole utile ;
et dans chaque « au revoir » il exprimait le désir de
retourner bien vite. « Mon bonheur serait complet,
» disait-il, si je pouvais de temps en temps, au parloir,
» m'entretenir avec vous des beaux jours d'autrefois.
» La belle image que vous m'avez envoyée, et dont je
» vous remercie de tout cœur, m'apprend que sainte
» Thérèse disait : « Heureuse l'âme qui dit : Me voici,
» Seigneur, faites de moi et de ce qui est à moi tout
» ce qu'Il vous plaira. » Les saints ont toujours raison,
» et je me soumets au bon vouloir de DIEU, et je reste
» dans ma solitude [2]. »

*_**

« Encore une séparation douloureuse. Dans quelques
» jours, la colonie anglaise quittera le cher monastère
» de Gravelines. Je me rappelle que la veille du premier
» départ, il y a quatre ans, j'étais au parloir avec les
» victimes désignées pour le sacrifice, et l'une d'elles,
» se tournant vers la Supérieure, disait avec un accent
» qui m'a vivement touché : « Le sacrifice est fait, ma
» Mère. » Et son regard attendri disait, mieux encore
» que l'accent de la voix, que le sacrifice généreusement
» accepté, faisait aussi au cœur une aimable blessure.

____

1. 31 décembre 1898.
2. 25 juin 1897.

» Le cœur saignait, mais il aimait à unir son sang au
» sang de la blessure du divin Cœur. Qu'il en soit ainsi
» pour le succès des œuvres que le bon Dieu nous
» confie [1]. »

A la fête de sainte Ursule, l'abbé Hébant accourait,
les mains pleines de fleurs. Alors, sous le cloître, on se
passait ce gracieux compliment : « Sainte Ursule ne
» peut pas espérer un beau bouquet de fleurs pour sa
» fête ; les fleurs d'automne sont bien pâles et n'ont
» pas de parfum. Heureusement, l'aimable saint
» Bernard m'apporte trois belles fleurs spirituelles
» que je vous envoie.

» La fête des Saints, dit l'illustre moine, doit nous
» faire considérer attentivement trois choses : le
» secours que les Saints nous procurent, les exemples
» qu'ils nous donnent, et la différence que nous remar-
» quons entre leur vie et la nôtre : ce qui nous couvre
» d'une pieuse confusion.

» Quel bonheur pour moi de savoir que sainte
» Ursule et ses nombreuses compagnes protègent du
» haut du Ciel les deux monastères auxquels je porte
» moi-même le plus vif intérêt, de savoir surtout que
» les deux monastères se rendent dignes d'une si
» haute protection, en cherchant à imiter les innocentes
» et héroïques victimes dont nous célébrons la fête !
» J'ai devant les yeux un tableau, plein de grâce et de
» fraîcheur : une armée de vierges, toutes couronnées
» de lis et de roses. Cette gracieuse armée écrase
» sous ses pieds les Huns, horribles barbares, qui
» représentent le monde, maudit par Notre-Seigneur,
» tandis que les douces martyres, vos patronnes, me
» représentent la vie du Ciel, la vie des Anges...

---

1. Septembre 1896.

» La troisième pensée de saint Bernard m'a rappelé
» l'histoire d'une aimable petite fille qui, selon son
» pouvoir, voulait conformer sa jeune vie à la vie pieuse
» de sa mère. Sa mère faisait sa méditation chaque
» jour ; la petite fille voulait méditer aussi, et il lui
» sembla voir le petit Jésus qui s'entretenait avec elle.
» Puisque le petit Jésus parlait aux petites filles, elle
» se figura que le grand Jésus devait parler aux
» mamans, et elle demanda à sa mère ce que lui avait
» dit le grand Jésus. Petites Ursulines, contentez-vous
» d'entendre le petit Jésus, et laissez parler le grand
» Jésus aux saintes du Ciel ou aux grandes saintes de
» la terre. Le petit Jésus dira aux petites Ursulines :
« Pour ne pas avoir à rougir devant Moi, qu'il n'y
» ait pas trop de différence entre votre vie et la vie de
» la grande sainte Ursule et celle des grandes Ursu-
» lines qui sont avec vous... Innocence de vie, grande
» simplicité, aimable obéissance, pureté d'intention,
» piété, charité, dévouement, quel glorieux cortège
» de vertus doit vous accompagner sur la terre et
» vous conduire au Ciel auprès du grand Jésus !
» Voilà le bouquet de saint Bernard et voilà mes
» vœux auxquels je joins une bénédiction qui ira à
» Gravelines, passera le détroit pour arriver à
» Greenwich[1]. »

Le fisc menaçait-il de crocheter le couvent de Gravelines, l'abbé Hébant venait, en toute hâte, conseiller
la résistance. Il jetait aux religieuses, engagées dans
la lutte, ces notes, tour à tour guerrières, plaisantes,
évangéliques, rassurantes : « Une Ursuline, c'est de
» l'acier bien trempé, c'est l'épée de Roland, le paladin,
» épée que ne pouvaient ébrécher les rochers les

---

1. 2 octobre 1897.

» plus durs. Ainsi les durs rochers, que la persécution
» haineuse voudrait dresser autour des ordres religieux,
» ne pourront pas même émousser les volontés intré-
» pides, qui frapperont si fort qu'elles finiront par
» ouvrir une brèche et recouvrer leur liberté [1]. »

***

« Le fisc vous harcèle. Monsieur Masselis conseillait
» un jour à M. Dehaene, qui se plaignait de ne pas
» dormir la nuit, d'invoquer les sept dormants. Vous
» pourriez peut-être aussi prier ces bons frères
» d'endormir le fisc à tout jamais [2]. »

***

« Je partage votre confiance dans la divine Provi-
» dence, qui permettra, encore une fois, que la persé-
» cution tourne à l'avantage de ceux qui la souffrent.
» Nous sommes habitués à considérer l'Evangile à son
» véritable point de vue ; nous savons qu'il nous prêche
» la religion de la croix et d'un Dieu crucifié, comme
» le remarque le Père Faber. Aussi, la persécution
» ne nous étonne pas, et, quand elle arrive, notre pre-
» mière pensée est de nous tourner vers notre bon
» Père du Ciel, et de lui demander de venir à notre
» secours. Ce paternel secours ne nous manquera pas,
» j'en suis certain, et voilà pourquoi aussi je reste,
» comme vous, dans le calme et la paix. Je continuerai
» à demander que Dieu humilie les ennemis de la
» Sainte Eglise, non point pour leur perte, mais pour
» leur salut, et qu'Il protège toujours votre chère
» communauté, vers laquelle tournent les yeux,

---

1. 16 juillet 1895.
2. 27 novembre 1895.

» maintenant, les vrais catholiques de la France et
» surtout les ordres religieux que votre exemple
» encouragera[1]. »

*
* *

« Je voudrais vous arriver comme un messager
» d'espérance au milieu des murmures menaçants
» d'une guerre à outrance contre les ordres religieux.
» Mais pourquoi employer le conditionnel ? N'est-ce
» pas affliger le cœur du Bon Dieu ? Le petit Jésus
» dormait tranquillement dans les bras de sa Mère
» pendant qu'Hérode méditait sa mort. Les plans du
» tyran furent déjoués, et le bon petit Jésus fut sauvé.
» Gloire à Dieu ! Il en sera ainsi cette fois encore. La
» chère communauté de Gravelines ne perdra rien de
» sa paix ordinaire. Saint Ignace est représenté dans
» la cour de récréation d'une maison de son ordre, et
» sur le socle de la statue, il est écrit : « Je veux que
» vous sachiez rire ! » Et cependant les Jésuites sont
» toujours menacés les premiers, et ils vivent toujours
» dans la joie entre les bras de la bonne Providence.
» Et le bon Dieu vous dit : « Chères petites Ursulines,
» soyez bien tranquilles et joyeuses, je suis votre
» Père, je vous aime et je vous défends. » De votre
» côté, défendez-vous par la prière unie à la mortifi-
» cation ; et qu'est-ce que la vie religieuse sinon une
» mortification continuelle[2] ? »

Avant de quitter les couvents de Gravelines et de
Greenwich, l'abbé Hébant revenait à la chapelle. Il
rangeait les religieuses autour du Tabernacle. Après
avoir répété le cri du curé d'Ars : « Il est là, il est là,

---

1. 16 septembre 1896.
2. 4 janvier 1901.

» Celui qui nous a tant aimés! Pourquoi ne l'aimerions-
» nous pas ? » il continuait ainsi : « Le Carême aux
» rigueurs ordinaires est venu ajouter des maladies,
» des accidents et même la mort. Mais la mort a pris
» une physionomie si douce, si attrayante que celles
» qui restent ont envié le sort de l'Ange, qui s'est
» envolé au Ciel et qui doit chanter maintenant : « A
» moi le Ciel! A vous, mes sœurs de la terre, à vous
» l'Eucharistie, le gage assuré de la vie éternelle! »
» Je me rappelle que M. le Chanoine me disait un
» jour que, parmi les fonctions du prêtre, celle qu'il
» aimait surtout, c'était la distribution de la sainte
» Communion. Et avec quel bonheur il devait la donner
» à ses chères filles, qu'il désirait voir embrasées de
» l'amour le plus ardent pour un DIEU qui les a tant
» aimées! A vous donc l'Eucharistie, et plus tard à vous
» aussi le Ciel [1]. »

*
* *

« Les leçons du bréviaire parlent du désir ardent
» qu'avait sainte Angèle, de recevoir souvent le pain
» qui fait vivre les âmes d'une vie tout évangélique. Le
» pieux Chanoine qui dirigeait votre communauté,
» s'était inspiré réellement de l'esprit de votre sainte
» fondatrice, quand il excitait, parmi vous-mêmes et
» chez vos enfants, l'amour de la Sainte Eucharistie et
» la pratique de la communion fréquente. J'ai lu,
» dans un auteur catholique anglais, que la Mère Marie
» Angélique Arnauld avait fait attacher au scapulaire
» blanc de St Bernard une croix rouge, comme signe de
» l'adoration perpétuelle de la Ste Eucharistie, établie
» dans sa communauté. Mais sous cette croix, couleur
» de feu, battaient des cœurs desséchés par l'hérésie

____

1. 6 avril 1896.

» janséniste. Les pauvres religieuses ne communiaient
» guère en adorant toujours. Les Ursulines font mieux ;
» si elles n'ont pas l'adoration perpétuelle, elles com-
» munient très souvent. J'ai proposé à mes enfants de la
» Ste-Union l'exemple du vertueux chanoine, *et j'ai vu*
» *qu'un pensionnat où la communion fréquente est en*
» *honneur devient nécessairement une ravissante et*
» *pure image du Ciel.* Conservons ces traditions et nous
» aurons le bonheur de voir tous les cœurs, brûlants
» d'amour pour le bon DIEU et toujours couronnés de
» lis [1]. »

L'abbé Hébant retrempait les religieuses dans
l'esprit de leur vocation et suscitait, entre le couvent
de France et le couvent d'Angleterre, une noble émulation pour le bien. L'ange de Gravelines et l'ange de
Greenwich entonnaient le même cantique d'action de
grâces, car chacun, après avoir inscrit au grand livre les
sacrifices dont il était le témoin, après avoir recueilli
les prières ardentes qui s'élevaient sans cesse vers
DIEU, avait le droit de graver, au fronton du monastère
qu'il couvrait de sa protection, le mot de St Jérôme sur
sa retraite de Bethléem : « *O desertum Christi floribus*
vernans ! O solitude émaillée des fleurs du CHRIST ! [2] »

Ces fleurs du CHRIST croissaient aussi dans « l'ermitage de la rue de Lannoy, à Roubaix » [3]. Des lettres, que
les demoiselles Loridant recevaient de l'aumônier
d'Hazebrouck, tombaient ces semences de vertu
joyeuse, active, confiante, simple, naïve même :

* * *

« A l'année qui va s'ouvrir pour vous, je souhaite la

---

1. 30 mai 1899.
2. St Jérôme, les joies de la Solitude.
3. Correspondance, passim.

» bienvenue, car elle arrive, toute joyeuse, avec force
» compliments qu'accompagnent mille vœux de bon-
» heur : vœux des amies, des prêtres, des religieuses,
» des pauvres. Voyez-vous, fermant le cortège et
» apportant un gros paquet de souhaits, une vieille
» connaissance ? c'est moi, c'est-à-dire, hélas ! ce n'est
» pas moi, mais quelque chose qui vient de moi, pas
» grand'chose, il est vrai, mais tout ce qui est possi-
» ble : une pauvre petite lettre qui vous dira, pour la
» millième fois peut-être, que mon plus grand désir
» est que le bon Dieu vous traite toujours comme ses
» enfants gâtées, en mettant sur de fines tartines, bien
» beurrées, une couche bien épaisse des bonnes con-
» fitures du Paradis. Que c'est bon ! que c'est bon !
» Mais comme le Paradis est encore meilleur, je vous
» souhaite aussi et surtout une excellente place dans
» le Paradis, après une vie remplie de mérites, une
» vie qui fasse de vous non pas de petites saintes,
» mais des saintes de haute taille, des saintes qui
» aiment beaucoup le bon Dieu et qui aient aussi une
» belle place au Paradis, après avoir fait du bien sur
» la terre [1]. »

**

« Que dans votre vie calme tout vous réussisse à
» souhait, que l'automne vous donne beaucoup de
» fruits, que l'hiver soit bénin, la santé florissante, la
» joie débordante, le bonheur enchaîné à votre foyer.
» Que dirai-je encore ?... Aimons beaucoup le bon Dieu,
» soyons des saints, mais pas de tristes saints ; prions
» les uns pour les autres [2]. »

---

1. Correspondance, 17 juin 1895.
2. Correspondance, 1 octobre 1895.

**

« La joie quand même, quel remède pour les malades
» et quel préservatif pour ceux qui se portent bien !
» D'ailleurs un saint triste a toujours été un triste
» saint, vous savez cela. Soyons des saints, mais des
» saints joyeux, comme le bon St Romuald, je crois,
» dont le perpétuel sourire amenait le sourire sur les
» lèvres de tous ceux qui le voyaient. Promenez ce
» bon sourire-là partout où vous irez ; acclimatez le
» sourire sur toutes les lèvres, dans toutes les demeures
» de Roubaix et de Tourcoing [1]. »

**

« Je ne dirai pas, comme certains peuvent le dire,
» qu'il serait plus agréable de renouveler chaque
» année les souhaits de fête, si chaque année nous fai-
» sait rajeunir. Je pense, au contraire, que chaque
» année, ajoutant des mérites nouveaux aux mérites
» anciens, l'âme, devenue plus sainte, est plus digne,
» plus capable de recevoir les bénédictions abondantes
» qu'on lui souhaite de tous côtés. Aussi, comme je
» prie avec confiance le bon Dieu de vous bénir et de
» vous accorder tout le bonheur que tout le monde
» désire pour vous ! Que d'année en année vous gran-
» dissiez en sainteté. Les grands saints sont une
» immense gloire et aussi une immense richesse pour
» une paroisse, comme pour une famille. Soyons donc
» tous des saints pour le grand avantage des autres,
» aussi bien que pour notre plus grand bonheur main-
» tenant et plus tard [2]. »

---

1. Correspondance, 4 janvier 1897.
2. 16 juin 1897.

*_**

« J'arrive aussi au galop vous présenter mes souhaits
» avant le commencement de l'année 1899. Quelle sera
» cette année ? Excellente, si je puis la faire pour vous
» comme je la désire ; et comme le bon Dieu est infini-
» ment meilleur que moi, Il en fera, pour celles qui
» L'aiment tant, une année du Ciel. Vous savez que
» les petites croix sont l'ornement d'une vie chrétienne
» et n'empêchent pas d'être heureux. Un petit rhume,
» un petit mal de tête, nos petites misères mettent de
» la variété dans la vie. Vive la joie quand même[1] ! »

Une de ces lettres envoyées à Roubaix est signée :
« L'ami vieillissant. » L'abbé Hébant vieillissait en
effet. Sa tête s'inclinait de plus en plus, comme acca-
blée sous le poids de sa couronne de cheveux blancs; il
hésitait « à fournir au photographe la dernière édition de
sa triste figure[2]. » Sa démarche devenait pénible, traînante ; une voiture le transportait à la Sté-Union.
Il plaisantait sur cette nécessité : « Voyez-vous un
aumônier qui se prélasse en voiture ? écrivait-il à une
ancienne élève, cependant si je ne suis pas prélat, j'ai
du moins le pouvoir de vous bénir et je le fais de tout
cœur[3]. »

Des indispositions, des troubles organiques, d'abord
rares et bénins, puis répétés et inquiétants, « le clouè-
rent à l'hôpital, en tête-à-tête avec une tisane, préparée
par les sœurs de Ste Marie d'Angers ». Il se consolait
en « essayant de tricoter de la patience[4]. »

1. 31 décembre 1898.
2. Février 1897.
3. Octobre 1897.
4. Mai 1897.

Un rhumatisme s'obstinait à lui tenir compagnie.
« Cette compagnie ne m'est pas trop désagréable »,
affirmait-il à une personne qui s'informait de sa santé.
« On dit que l'empereur d'Autriche souffre aussi d'un
rhumatisme; c'est très honorable pour moi, mais ce qui
vaut mieux encore, c'est que mes petites souffrances
sont des bénédictions du bon Dieu; mon rhumatisme
c'est le *Miserere* en action [1]. »

Cependant la mélancolie assombrissait parfois son
front. Alors, il cherchait tristement, dans le lointain,
Gravelines, Roubaix, Le Forest... Il se demandait « si
» les beaux jours avaient disparu à tout jamais, si les
» médecins l'avaient condamné à mort, si ses amis ne
» réussiraient pas à lui obtenir, par l'intercession de
» Jeanne d'Arc ou de Gérard Majella, la faveur de
» s'envoler vers le nid de ses souvenirs, au retour de la
» première hirondelle. » — « Pourquoi, murmurait-il,
» pourquoi faut-il que je sois toujours comme un oiseau
» en cage, réduit à regarder, à travers les barreaux, les
» beaux arbres où ses frères prennent leurs ébats ».
Ces moments sombres passaient vite : le poète venait
au secours du malade, et pour chasser l'ennui, ensemble [2], ils brodaient sur l'Invocation *Jesu patientissime,
miserere nobis,* cette ravissante poésie :

Aimable Patience, un Dieu d'amour te place
Près de moi, quand soudain l'épreuve me saisit.
Ta caressante voix à l'esprit qui se lasse
Murmure un chant du Ciel et le mal s'adoucit.

Sur l'émail du cadran, mon œil, avec tristesse,
Suit la marche du jour au pas pénible et lent.

1. Janvier 1899.
2. Novembre 1896 et passim.

Mais le temps, à ta voix, a repris sa vitesse,
Et chaque heure n'est plus qu'un fugitif instant.

Qu'elle est longue, la nuit silencieuse et sombre !
Car souvent le sommeil s'éloigne de mes yeux.
Je ne crains, avec toi, ni les ennuis, ni l'ombre :
Tout dans l'âme est clarté, repos délicieux.

Ton merveilleux pouvoir transforme toutes choses :
Il donne au fiel amer d'agréables saveurs,
Aux buissons épineux il attache les roses,
Et la croix par tes mains devient un lit de fleurs.

Epines et roses, l'abbé Hébant acceptait tout, avec la même joie, de la divine Providence. A ceux qui lui demandaient de ses nouvelles il répondait gaiement : « Le bateau a éprouvé quelques avaries, mais il tient encore la mer et se dirige tranquillement vers le port. »

A ses anciens élèves il disait qu'il « serait heureux de les revoir avant la rencontre du Ciel ! » Monseigneur Ferrant, dont nous avons déjà invoqué le témoignage au chapitre septième, nous a laissé le récit de sa dernière visite à son vénérable professeur de seconde. Très respectueusement nous lui cédons la plume.

« En 1900, après 22 années de séparation, nous écrit Sa Grandeur, j'eus le bonheur de revoir le vénérable M. Hébant, et je le retrouvai tel que je l'avais connu durant mes études à Saint-François. Oui, c'était bien toujours le digne prêtre, le prêtre pieux, le prêtre doux et bon par excellence. Comme lorsque j'étais enfant, j'ai éprouvé en m'approchant de lui un sentiment profond, fait de filiale confiance et de respectueuse vénération. Il me semblait voir comme une auréole de dignité et de sainteté rayonner autour de sa belle physionomie de vieillard ; mais, en même temps, j'étais frappé et attiré par sa bonté que l'âge n'avait fait qu'épanouir, en la rendant plus suave encore. Quels délicieux entretiens j'ai eus avec le saint vieillard ! *hæc olim meminisse juvabit.* J'étais tout préoccupé, tout attristé des douloureux événements qui, en mon absence, se passaient en Chine ; je lui disais mes inquiétudes au sujet de mes missionnaires, de mes néophytes, de mes œuvres. L'homme de Dieu, l'homme qui, dans la sérénité de sa belle âme, voyait tout en Dieu, m'adressa de ces paroles de consolation et d'espérance, telles que les saints savent en dire : « Courage et confiance, Monseigneur », ne cessait-il de me répéter, « courage et confiance ! Notre-Seigneur disait de Lazare : *Infirmitas hæc non est ad mortem sed pro gloriâ Dei, ut glorificetur Filius Dei per eam.* Il en sera de même de la tempête qui passe sur les missions de Chine. Ce n'est pas leur mort, c'est un renouveau de prospérité et de vie qui sera l'issue de la crise actuelle. Le sang des martyrs fera germer une nouvelle et plus abondante moisson de chrétiens. Et ce résultat, vous le verrez très prochainement. » L'homme de Dieu voyait-il dans l'avenir ?... Je serais porté à le croire ; le fait est que ses paroles se sont réalisées à la lettre.

» Quand il me fallut quitter le saint vieillard, et lui dire un adieu que je prévoyais définitif, je le priai de me donner sa bénédiction. Mais j'eus beau prier, supplier, me jeter à ses pieds en protestant que, sous la mitre, je voulais rester son enfant, l'humble prêtre me refusa cette grâce. J'en suis encore tout confus, et j'ai peine à lui pardonner... Il me semblait que sa bénédiction m'était nécessaire... N'avait-il pas sur le front comme un reflet des splendeurs éternelles, quelque chose du *facies euntis in Jerusalem*, le visage transfiguré d'un chrétien qui marche vers la Jérusalem céleste ? »

Monseigneur Ferrant ne s'illusionnait pas : la mort heurtait le seuil du vieil aumônier : *Mors senibus in foribus* [1].

---

1. Saint Bernard. — Le texte complet est celui-ci : *Mors juvenibus in angustiis, senibus in foribus.*

CHAPITRE XIII.

MALADIE ET MORT.

21 mars 1901. — 7 avril 1902.)

« JE vais un peu mieux, un peu moins bien, et j'attends mon éternité » ; disait l'abbé Hébant aux approches de l'année 1901. Sa patience était soumise à une rude épreuve, car il était assailli presque sans relâche par des malaises et des infirmités, suites inévitables d'une vie trop sédentaire. Déjà s'annonçait le dernier hiver, précurseur de l'éternel printemps...

Cependant, en bon et fidèle serviteur qui craint d'être surpris dans l'inaction à l'heure de la venue du Maître, il restait sur la brèche. Et de vrai, c'était pitié de le voir traverser le cloître de Saint-François, à petits pas précipités, ses cahiers de catéchisme sous le bras, le visage défait, mais souriant ; pitié de le voir réclamer l'aide du cocher, pour prendre place dans la voiture qui l'emportait à la Sainte-Union ; pitié de le voir donner péniblement aux élèves du pensionnat les restes de sa voix et de son énergie ; pitié, enfin, de le voir se traîner, soit à la chapelle du Petit Séminaire, afin de s'asseoir quelques instants en face du Tabernacle, soit au Chapitre, afin de monter à l'autel ou de communier pendant la messe d'un de ses confrères. Suivant l'énergique expression de Bossuet, il commençait son « apprentissage de la mort [1] ».

Le jeudi saint, 21 mars 1901, il fut menacé d'apoplexie et contraint de s'aliter. Le docteur crut prudent de le faire administrer. A M. l'abbé Hasbrouck, qui lui communiquait avec les ménagements nécessaires l'avis du docteur, il répondit simplement : « Le docteur a raison, et je recevrai bien volontiers les derniers sacrements. Laissez-moi me recueillir quelques instants et venez vous-même me préparer à la mort. »

Il reçut les derniers sacrements avec la joyeuse sérénité d'un Etienne qui, à travers les nuées transparentes, entrevoit le Sauveur Jésus rayonnant dans sa gloire.

Le danger immédiat fut conjuré, mais aucune amélioration sensible ne se produisit. La mort avait marqué sa victime ; elle allait mettre douze mois et demi à la poursuivre et à l'étreindre, à l'épuiser et à l'abattre complètement. Laissant la rude messagère de la Providence attaquer de toutes parts un corps usé, l'abbé Hébant ne songea qu'à dégager son âme de son enveloppe matérielle, qu'à la ramener à son principe, qu'à l'unir à Dieu par l'acceptation de la souffrance, par l'habitude de la prière, par de fréquentes aspirations vers le bonheur suprême. De sa chambre de malade il fit un vestibule du Paradis.

Désormais, il fut un sujet d'édification pour tous ceux qui avaient le privilège de l'approcher : *Spectaculum mundo... et angelis,... et hominibus* [2].

Spectaculum mundo !... Par monde, nous entendons les personnes du dehors que la sympathie conduisait à

---

1. *Oraison funèbre de Marie-Thérèse.*
2. I Cor., iv, 9.

St-François. Mgr Doublet n'avait pas revu l'abbé Hébant depuis une quarantaine d'années. Appelé à Hazebrouck par ses prédications, il visita son compatriote : « Je viens de voir comment meurent les saints, » s'écria-t-il, en sortant du Séminaire. Le prélat avait peut-être entendu un suave commentaire de ce texte du psalmiste : *In domum Domini ibimus.*

Mgr Sonnois, pendant sa tournée de confirmation, daigna se rendre auprès de l'abbé Hébant. Celui-ci avait sollicité l'imprimatur pour un cantique qu'il avait composé en l'honneur de Ste Elisabeth. Sa Grandeur goûta fort les vers du malade et le félicita de se sanctifier en chantant les gloires des saints.

Le Révérend Père Hamez, de passage en Flandre, désira saluer son ancien professeur, dont il avait appris le triste état. L'abbé Hébant ne lui parla « que de l'autre monde, de la joie qu'il éprouvait à la pensée de revoir bientôt sa mère, sa sœur, M. Masselis, M. Dehaene, M. De Busschère, ses parents, ses amis, tous ceux qui l'invitaient à les rejoindre, et qui lui reprochaient de s'attarder sur la terre. » L'entretien se prolongea longtemps. A la fin, le R. P. Hamez demanda à l'abbé Hébant de vouloir bien le bénir. La faveur fut accordée. Mais quand le religieux se releva, l'abbé Hébant lui dit: « Mon Père, à votre tour, bénissez-moi. Vous êtes le fils de Saint-Alphonse, et j'ai toujours eu une dévotion spéciale à ce grand saint qui a tant aimé la Sainte Vierge et l'Eucharistie. » Le Révérend Père Hamez ne put contenir son émotion. Les yeux pleins de larmes, il bénit le vénérable malade : *Spectaculum mundo !...*

Et Angelis !... Et les anges, descendant des demeures étoilées, devaient chanter à l'abbé Hébant de délicieux refrains, et le jour, et la nuit. Ils devaient chanter la

nuit, lorsque le malade, essayant de tromper l'ennui de
ses veilles, répétait, sous forme d'oraison jaculatoire :
« *Mon Jésus, je vous aime ! Que Dieu est bon ! Que*
» *Dieu est bon ! Merci, mon Dieu, merci pour mes*
» *souffrances, je les unis aux vôtres* [1]. » Les Anges
devaient chanter le jour, lorsque le malade communiait
avec une séraphique ferveur, s'unissait de loin à la
messe qui se célébrait à la chapelle ou au Chapitre, se
levait pour faire sa méditation et sa lecture spirituelle,
pour réciter son bréviaire, pour égrener son chapelet,
les yeux fixés sur une reproduction des mystères du
Rosaire [2], pour relire ses cantiques au professeur de
musique du Petit Séminaire, le distingué M. Snyders,
et se laisser bercer par les airs que l'artiste improvisait
sur les paroles du poète : *Spectaculum Angelis !...*

Et hominibus !... Les témoins ordinaires des souffrances de l'abbé Hébant — quelques professeurs de
l'établissement et la religieuse chargée de le soigner
— ne se lassaient pas d'admirer les vertus dont il donnait l'exemple.

M. Hasbrouck, qui fut le bon Cyrénéen de son confrère, passait régulièrement à ses côtés les récréations
du midi. « De toutes les paroles édifiantes que j'ai
entendues, nous a-t-il dit, j'ai retenu surtout celle-ci :
« *Recommandez à vos pénitents et à toutes les âmes*
qui s'ouvriront à vous d'avoir une grande confiance
en Dieu : IL EST SI BON ! SI BON ! »

M. le Supérieur consolait, aussi souvent que possible, le plus ancien et le plus digne de ses collabo-
rateurs, un des rares survivants du collège communal.

---

1. Notes de la Sœur garde-malade.

2. Il avait collé sur une feuille de papier 15 petites images représentant les mystères et il plaçait cette feuille devant lui, quand il récitait
son chapelet. C'était un moyen de prévenir les écarts d'imagination.

Un jour qu'il avait été frappé de son calme inaltérable, il ne put s'empêcher de lui demander si les heures n'étaient pas trop lentes à fuir. « *Je ne m'ennuie* » *jamais,* repartit M. Hébant. *Qui s'ennuierait en* » *compagnie du Bon Dieu et de la Mère du Bon* » *Dieu ?* » Et il montrait deux livres ouverts sur sa table : La Sainte Bible et une Vie de la Très Sainte Vierge par Marie d'Agréda.

La religieuse n'avait jamais rencontré de personne aussi patiente et aussi recueillie que M. Hébant. D'après son témoignage, durant toute la durée de sa maladie, M. Hébant n'a pas manifesté la moindre impatience, ni proféré la moindre plainte. Dans les moments pénibles, il levait les yeux vers un tableau du Sacré-Cœur suspendu au-dessus de son lit, et il s'écriait : « *Bon Jésus, je suis à vous. Merci !* »

Rien ne pouvait le distraire de la pensée de Dieu. Etait-il fatigué de prier, il contemplait une image qui représentait l'Enfant-Jésus expliquant l'institution de l'Eucharistie à la Ste Vierge et à St Joseph. Parfois, il interrompait sa méditation pour se tourner vers la Religieuse et lui dire : « *Ma Sœur, n'est-ce pas que* » *Dieu a été bon de nous laisser l'Eucharistie ?* » Puis il continuait à regarder l'image.

Il n'aimait pas à rompre le silence. S'il le faisait, la Religieuse remarquait qu'il s'entretenait ordinairement de sa mère et du Ciel. Il s'entretenait de sa mère dont il traçait un portrait que sa piété filiale embellissait à plaisir : « Je dois tout à ma mère, répétait-il, » c'était la femme forte de l'Evangile, une mère vraiment chrétienne. » Il s'entretenait du Ciel dont il vantait les délices ineffables avec une pénétrante onction. On eut pensé qu'il avait déchiré le voile qui sépare les mortels du séjour des bienheureux. Il ne

parla de mort qu'une seule fois et en ces termes : « *Je
désire mourir, non pas pour ne plus souffrir, mais
pour être avec le Bon Dieu.* »

Au mois d'octobre, la Religieuse imagina de le promener sous le cloître au moyen d'un fauteuil à roulet-
tes. Un jour qu'elle l'avait conduit à l'extrémité du
corridor qui s'ouvre sur le grand jardin, elle le vit
montrer de la main des fleurs qui brillaient aux pâles
rayons du soleil d'automne. Devinant son désir, elle
en cueillit une et la lui donna. Il l'admira longtemps :

Aux regards d'un malade une fleur est si belle !

A ce moment, le hasard nous mena près de lui. Il
releva la tête et nous sourit. Puis, il considéra le jardin
dont les feuilles, déjà jaunissantes, commençaient à
pendre au bout des branches, lamentablement. Subitement, son front se rembrunit. Il laissa tomber la
fleur, et dit à la Religieuse : « Ma Sœur, rentrons. » Que
s'était-il passé ? Avait-il songé que bientôt il aurait le
sort d'une pauvre feuille détachée de l'arbre et mêlée
à la terre ?...

Novembre et décembre s'écoulèrent dans l'acca-
blante monotonie des journées d'hiver.

Au début de l'année 1902, il se tourna du côté de
Gravelines et de Roubaix. Il écrivit aux Ursulines :
« Que chacune de vous soit une vaillante Ursuline. Que
» votre communauté soit toujours aimée et bénie de
» Dieu. Un poète a dit de l'aigle : « Bercé par la tem-
» pête, il s'endort dans sa joie. » Soyez toutes des
» aigles ; que la persécution ne vous empêche pas de
» dormir paisiblement entre les bras de Dieu. »[1]

---

1. 7 janvier 1902.

Aux demoiselles Loridant, il adressait ce simple et naïf adieu : « Au revoir, chères petites brebis du bon » Dieu, pour parler comme saint François d'Assise, » au revoir, et surtout aimez toujours le bon Dieu ! » [1]

Aimer Dieu, aimer les saints ! il n'avait plus que ces recommandations sur les lèvres : c'était son *mandatum novum.*

Le 19 mars, on nous remit de sa part une enveloppe renfermant une aumône et une carte. La carte portait ces mots écrits d'une main tremblante : « L'humble ouvrier offre son obole à la Conférence. Saint Vincent de Paul et saint Joseph sont de grands amis au Ciel.» L'art de donner agréablement l'avait suivi, lui aussi, jusque dans les bras de la mort [2].

Et la mort s'avançait. Elle le surprit pendant les vacances de Pâques. Le 5 avril, samedi avant Quasimodo, comme s'il avait pressenti sa fin, il pria M. Hasbrouck d'entendre sa confession. Le dimanche matin, il eut une nouvelle attaque. « *Monsieur l'aumô-* » *nier,* lui dit la religieuse, *l'heure du grand voyage* » *a sonné.* » — « *Ce que le Bon Dieu voudra,* répon- » dit-il avec calme, *je suis prêt ; il y a bien long-* » *temps que j'attends ma délivrance !* » Ce furent ses dernières paroles. L'après-midi, M. le Supérieur ne put obtenir que des sons inintelligibles. La paralysie atteignait la langue. Le lundi 7 avril, anniversaire de la mort de M. l'abbé Léon De Busschère, la prostration fut complète, dès le matin. M. Hasbrouck administra une seconde fois l'Extrême-Onction. Comme le malade ne reprenait pas ses sens, on alluma le cierge bénit et l'on récita les prières des agonisants. La lutte suprême dura jusqu'au soir.

---

1. 12 février 1902.
2. BOSSUET, *Oraison funèbre d'Henriette d'Angleterre.*

Vers sept heures, l'âme brisa ses liens et retourna à son Créateur. L'abbé Hébant avait vécu soixante-neuf ans.

Nous étions loin d'Hazebrouck à l'heure du dénouement. A notre retour, le défunt était exposé au milieu de sa chambre, sur un lit de parade, dans l'imposante simplicité des ornements sacerdotaux.

> Son visage était calme et doux à regarder ;
> Ses traits pacifiés semblaient encor garder
> La douce impression d'extases commencées ;
> Il avait vu le Ciel déjà dans ses pensées,
> Et le bonheur de l'âme en prenant son essor
> Dans son divin sourire était visible encor.[1]

Aujourd'hui — si forte est la hantise des souvenirs, si grand le pouvoir de l'imagination — le lit de parade est toujours devant nous. Nous prions ; nous baisons le crucifix, placé entre les doigts raidis de notre vénéré maître. En nous relevant, nous rencontrons des yeux le portrait de Mme Hébant et la photographie de Mère Saint-Paul. Légèrement penchées, Mme Hébant et Mère Saint-Paul semblent veiller la dépouille mortelle. L'abbé Hébant a le visage tourné vers sa gravure préférée, vers un saint Benoît contemplant une colombe qui figure l'âme de sa sœur sainte Scholastique. Nous regardons aussi l'oiseau mystérieux. Et voici qu'il s'anime, grandit, s'agite et va se poser sur le front de l'abbé Hébant. Alors il pousse des cris joyeux. A cet appel deux nouvelles colombes entrent par la croisée

---

1. LAMARTINE. *Dernière visite au curé du village.*

entr'ouverte. L'une s'envole vers le portrait de Mme Hébant ; l'autre, vers la photographie de Mère Saint-Paul. Soudain, venant de loin, vague d'abord, puis distincte, retentit une musique mélodieuse, céleste, divine... Et les trois colombes ouvrent leurs ailes, tournoient quelques instants autour du cadavre, s'élèvent à travers l'espace, puis, ensemble, disparaissent de l'autre côté des cieux... Gracieux symbole de l'envolée de trois âmes vers le Paradis...

ÉPILOGUE

Les funérailles de l'abbé Hébant eurent lieu le 10 avril. Elles furent « dignes du prêtre qui avait conquis l'estime de tous, par l'aménité de son caractère et l'austérité de sa vie sacerdotale [1]. »

Au cimetière, aucun discours ne fut prononcé, mais l'éloge du défunt était sur toutes les lèvres. Les ecclésiastiques auréolaient de foi, de science et de dignité, le front de leur regretté confrère. Les anciens élèves de Saint-François se reportaient à l'époque, où, groupés autour de la chaire de leur maître, ils écoutaient ses leçons intéressantes. Les anciennes élèves de la Sainte-Union se rappelaient les exhortations que le bon aumônier leur adressait le jour de leur première communion. Les Dames de Charité, les Catéchistes Volontaires, les Enfants de Marie promettaient de ne pas laisser éteindre en leur cœur les flammes que leur distingué Directeur avait allumées : la dévotion et le dévouement, l'amour de l'Eucharistie, l'amour de la Très Sainte Vierge et l'amour des pauvres.

A ces louanges intimes il manquait la note officielle. Elle fut donnée au Petit Séminaire. A l'issue du repas qui suivit la cérémonie religieuse, après que M. le chanoine Baron eut salué en termes émus le frère d'armes qui, durant trente-sept années, avait lutté à ses côtés pour l'Eglise et l'enseignement libre, M. l'abbé

---

1. *Indicateur d'Hazebrouck*, avril 1902.

Delylle, alors Directeur, lut une lettre de M. le Vicaire Général Lobbedey. M. l'Archidiacre des Flandres exprimait d'abord ses condoléances à M. le Supérieur, ensuite il rendait à la mémoire de l'abbé Hébant cet hommage délicat :

« Le cher défunt que nous pleurons fut à la hauteur de sa tâche, et ses nombreux disciples se lèveront et en fourniront un témoignage authentique. L'éducateur suprême et unique, c'est Dieu, et conséquemment celui-là élèvera le mieux qui sera le plus près de Lui, le plus près de son autel, de son esprit, de son Evangile. Oui, il était plein de Dieu ce prêtre dont le surnaturel divin était la vie, et la maison de Saint-François, notre perle en Flandre, a vécu de cette plénitude, de cette surabondance, comme plus tard l'Institution si pieuse de la Sainte-Union, dont il devint l'aumônier et qui gardera fidèlement sa mémoire.

« En saluant M. Hébant, à la fin de février et en donnant l'imprimatur à un de ses cantiques, pouvais-je soupçonner que notre barde sacré chantait son chant du cygne et ne chanterait plus que Là-Haut [1]. »

Rêvant aux refrains que notre barde chante Là-Haut, nous avons voulu faire une visite au cimetière, où il repose jusqu'au jour de la résurrection, à quelque distance du grand Calvaire, près de M. le chanoine Dehaene et de plusieurs de ses anciens confrères. Nous avons déposé notre manuscrit sur la tombe et nous avons récité le *De profundis*. Notre prière achevée, il nous a semblé entendre une voix qui, doucement plaintive, nous adressait ce reproche : « Pourquoi ne m'avez-vous pas laissé dans l'ombre ? Vous saviez bien que je n'ai jamais eu qu'un désir : celui de

---

1. Cambrai, le 9 avril 1902.

passer inaperçu, d'être ignoré des hommes pour me
rapprocher de Dieu. » Et nous avons répondu pour
notre justification : « Maître, quand vous étiez sur la
terre, votre unique ambition était de sanctifier les
âmes. Grâce aux humbles myosotis déposés sur votre
tombe, vous n'aurez pas complètement disparu, et vous
continuerez le bien que vous avez commencé. Ceux
qui vous ont aimé retrouveront, dans les pages qui vous
sont consacrées, un écho de vos accents et un batte-
ment de votre cœur ; ceux qui ne vous ont pas connu
s'éprendront de l'idéal que vous avez poursuivi durant
votre longue carrière ; tous respireront avec joie le
délicieux parfum d'une âme sacerdotale... »

APPENDICES

APPENDICE A

EXTRAITS DU CAHIER DE POÉSIES
DE L'ABBÉ HÉBANT.

QUAND « le barde se réveillait », quand soufflait le vent de l'inspiration, à l'heure de l'enthousiasme, les sentiments coulaient en mélodies, les images s'envolaient sur les ailes de la strophe, et les élèves applaudissaient des pièces de circonstance, des chants de fête, des cantiques entraînants, échos suaves d'un cœur épris d'idéal.

M. Edouard Snyders, l'artiste obligeant qui transformait en ravissantes harmonies les vers de M. Hébant, dresserait facilement la liste des cantates et des hymnes, où les noms de Jeanne d'Arc, du Cardinal Régnier, du Chanoine Dehaene se rencontrent avec ceux de saint Antoine de Padoue, de saint François d'Assise, de sainte Élisabeth, de Notre-Dame de Lourdes. L'oiseau de la légende chantait plus volontiers sur la tombe d'un aède fameux ; notre *vates* réservait ses meilleurs accents aux Saints et aux imitateurs des Saints.

(*Notice sur l'abbé Hébant*, 18 avril 1902).

SUJETS RELIGIEUX

1. — La Communion du malade [1].

Comme un linceul de velours sombre
Tout parsemé d'étoiles d'or,
La nuit a déroulé son ombre
Sur la nature qui s'endort.
Gardant un solennel silence,
Mystérieuse, elle s'avance
Dans sa tranquille majesté.
Du beffroi seul la voix sonore
Résonne, quand une heure encore
Tombe au sein de l'éternité.

Douze fois le timbre sévère
Frappe mon oreille... Minuit !
En ma cellule solitaire
L'éclat des saints flambeaux reluit.
Dans l'adorable Eucharistie
Je recevrai le pain de vie,
Jésus, un ami, mon sauveur !
Voici le temps de sa visite !
Je me recueille et je médite
D'un Dieu l'ineffable douceur.

Il vient... « Penche-toi sur ma couche,
» Ami céleste, et donne-moi
» Bien plus qu'un baiser de ta bouche ;
» Je veux, je veux m'unir à Toi... »
Il est accompli le mystère,

---

1. En 1881, l'abbé Hébant fut atteint de la fièvre muqueuse. Un confrère lui apportait la sainte Communion à minuit. Ce fut l'occasion de cette poésie.

Mon âme, ravie à la terre,
Habite déjà dans les cieux.
Assis à la table de l'ange,
Je goûte un bonheur sans mélange
Dans un repos délicieux !

Gloire au Seigneur, auteur du monde !
Il aime l'œuvre de ses mains,
Il répand sa grâce féconde
Sur le plus humble des humains.
Jusqu'à mon néant Il s'abaisse,
Il tend la main à ma faiblesse,
Se fait mon guide et mon appui ;
Cédant à l'amour qui L'enflamme,
De Lui-même Il nourrit mon âme,
Pour que je sois un avec Lui !

Un avec Toi, Beauté suprême !
Moi, rayonner de tes splendeurs !
Puis-je de ma bassesse extrême,
Puis-je monter à ces hauteurs ?
Tu veux que, d'un élan sublime
M'élevant du fond d'un abîme,
J'établisse en Toi mon séjour.
Et mon cœur, ô Jésus-Hostie,
Sera la demeure choisie,
Où veut se fixer ton amour.

Que peut rendre mon indigence
Au Seigneur pour tant de bienfaits ?
Mon Dieu, que la reconnaissance,
En moi, ne se taise jamais.
Ah ! prêtez-moi vos voix bénies,
De vos lyres les harmonies,
Chantres de l'antique Israël,

Élus de Dieu, chœurs angéliques,
Célébrez, dans vos saints cantiques,
Les bontés de l'Emmanuel.

Beau Ciel, admirable nature,
Chantez votre hymne au Créateur ;
Jour radieux et nuit obscure,
Bénissez aussi le Seigneur.
Bénissez-Le, légers nuages,
Tempêtes, foudroyants orages,
Froid des hivers, brûlants étés ;
Bénissez-Le, vertes campagnes,
Frais vallons, superbes montagnes,
Flots d'azur, ruisseaux argentés.

Habitants des mers sans rivages,
Bénissez-Le, du sein des eaux ;
Et vous, dans vos joyeux bocages,
Célébrez-Le, charmants oiseaux.
Chants recueillis du monastère,
Brillants échos du sanctuaire,
Pieux murmures de l'autel,
Du repentir plainte touchante,
De l'enfant pur voix innocente,
Montez, montez vers l'Éternel !

Les chants se taisent... Sur la terre,
Je redescends vers la douleur,
Vers la douleur, oui, mais j'espère ;
Il reviendra, le doux Sauveur.
Jésus, la nuit, reviens encore,
Jusqu'à ce que luise l'aurore
Où je reverrai ton autel.
Puis, chaque jour, ô Pain de Vie,

Pendant l'exil, de la patrie
Donne-moi le gage immortel !

---

2. — Le plus beau jour de la vie[1]

Comme le jeune Samuel,
A l'ombre de l'autel,
Ils ont grandi, couronnés d'innocence.
Ils sont trois. Ecoutez : de leur candide enfance
Ils rappellent le souvenir,
Ou, souriant à l'avenir,
Ils se disent leur espérance.
Le plus jeune, Aloys, laisse parler son cœur.
Il dit : — Le beau jour de la vie,
C'est le jour où l'âme, ravie,
Pour la première fois reçoit son doux Sauveur.
Pour embellir ce jour, tout s'unit et conspire :
L'oiseau donne ses chants et la fleur son sourire,
Le ciel étend son pavillon d'azur,
Le temple saint étale tous ses charmes,
Les mères répandent leurs larmes,
Et l'enfant donne son cœur pur.
O douce Eucharistie,
Donne-moi, dans la blanche hostie,
Souvent, donne-moi mon Jésus.
Ah ! viens et renouvelle
La mémoire si belle
D'un beau jour qui n'est plus !
Il se tait — doux enfant ! — et des larmes pieuses

---

1. Cette poésie fut composée par le R. P. Hamez. L'abbé Hébant, qui
l'avait donnée en devoir, la retoucha et la transcrivit sur son cahier de
poésies. Nous l'avons laissée à sa place, heureux d'unir dans la même
louange le Maître et l'Élève.

Tombent, délicieuses,
De ses yeux levés vers le ciel.
— Ami, lui dit Joseph, en mon âme attendrie
Le souvenir de ce jour de ma vie,
Comme en ton cœur est éternel.
Mais je connais encore
Une plus belle aurore,
Un jour bien plus heureux.
— Oh ! non, dit Aloys ; et quel jour de la terre,
Par sa vive lumière,
Pourrait donc éclipser un jour si radieux ?...
— Le jour où, jeune prêtre,
Pour la première fois,
Je verrai mon divin Maître
Du ciel descendre à ma voix ;
Le jour où, consommant l'auguste sacrifice,
Nourri de la chair de l'Agneau,
J'abreuverai ma lèvre aux flots du saint Calice...
Ce jour, Ami, n'est-il pas le plus beau ?
Mais tout à coup, Xavier, sortant de son silence :
— Vers un jour bien plus beau, dit-il, mon cœur s'élance.
— Un jour plus beau ? pieuse erreur...
Disent les deux enfants, agréable méprise !
Ton âme s'est éprise
D'un doux rêve trompeur.
Mais quelle serait donc cette heureuse journée,
Où nous serait donnée
Une plus grande faveur ?
Est-ce le jour, où, touchante victime,
Etendu sur la dalle humide de ses pleurs,
Orné de ses vingt ans, le lévite sublime
De la vie angélique a choisi les grandeurs,
Quand, prenant à témoin et le ciel et la terre,
Devant le sanctuaire,

Il a fait son serment, en avançant d'un pas ?
— Non, non, pauvres amis vous ne devinez pas.
— Est-ce le jour, où le juste s'envole,
                    Ceint d'une blanche auréole,
                    Laissant son corps au tombeau ?
                    C'est là le jour le plus beau ;
                    C'est le jour de la victoire,
                L'entrée en l'éternelle gloire ;
                De plus beau jour, il n'en est pas.
— Ecoutez, dit Xavier, bien loin, bien loin, là-bas,
Apôtre de Jésus, sur d'infidèles plages,
                    A des peuples sauvages
                    J'annonce le Dieu d'amour ;
                    Et puis, un jour,...
                    Un autel lugubre se dresse,
                    La foule frémit et se presse...
                Le prêtre alors,... c'est le bourreau,
Et je suis la victime ! ! ! Ah ! le jour le plus beau,
Le jour, après lequel tout mon être soupire,
Amis, oh ! chers amis, *c'est le jour du martyre* ! ! !

---

3 — Marie et la France.

(Cantique à Notre-Dame de Lourdes)

                    L'Immaculée
                A nous s'est révélée.
            Chrétiens, tombons à ses genoux,
                    Et confiance !
                Voyez, pour notre France
                Son regard est si doux !

            Versant béni des blanches Pyrénées,
                Où Notre-Dame s'est fait voir,

A son appel les foules entraînées
  Volent vers toi, pleines d'espoir.

De voyageurs, douce Reine de Lourdes,
  Vois se couvrir tous les chemins,
Des longs trajets les fatigues si lourdes
  N'arrêtent pas les pèlerins.

Que d'héroïsme, ô notre auguste Mère,
  Se trouve au cœur des malheureux !
Tu sais leurs vœux, leur ardente prière :
  « Guérir ou mourir sous tes yeux ! »

Quand, près de lui, passe l'Eucharistie,
  Soudain, le pâle agonisant
Quitte sa couche, accompagne l'Hostie,
  Chante l'Hosanna triomphant.

Comme ils sont beaux ces chrétiens, dont la foule,
  Le soir, en guirlandes de feu,
Au flanc des monts lentement se déroule,
  Priant Marie et louant Dieu !

A tes enfants prodigue les miracles,
  O Mère, apaise nos douleurs ;
Devant leurs pas renversant les obstacles,
  A Dieu ramène les pécheurs.

Ah ! que ta voix réveille ma patrie,
  Dame de Lourdes, ton secours
Même au tombeau fait refleurir la vie.
  Rends à la France ses beaux jours. [1]

---

1. Ce cantique, comme les suivants, a été mis en musique par
M. Snyders, professeur de musique du Petit Séminaire, lauréat du
conservatoire.

4. — Cantique à saint François d'Assise

D'Assise ô l'éternel honneur,
Séraphin brûlant, dont les flammes
Embrasaient les âmes,
Pour aimer Dieu, que je voudrais ton cœur !

A mon oreille a résonné ta plainte,
Quand tu disais : l'Amour n'est pas aimé.
Et notre cœur s'interroge avec crainte :
Pour Dieu seul ici-bas serait-il donc fermé ?

Poète aimable, à toute la nature
Tu demandais un cantique pour Dieu ;
Ta voix prêtait à chaque créature
Des chants, pour le louer, le bénir en tout lieu.

Le doux agneau, l'hirondelle joyeuse
Sont appelés et ton frère et ta sœur.
D'êtres charmants une foule nombreuse
Vole, court et s'élance en tes bras, sur ton cœur.

Scène suave, affections candides,
Vous me parlez des beaux jours d'autrefois,
Lorsque l'Eden, sous des bosquets splendides,
Voyait l'homme innocent, le plus aimé des rois.

Autour de toi déborde ta tendresse,
A chaque pas tu répands tes bienfaits ;
Du Christ-Jésus la charité te presse,
Ta touchante bonté ne se lasse jamais.

Tes fils diront aux âmes immortelles
De mépriser des biens qui vont finir ;

Tu veux toi-même aux rives infidèles
Planter la croix qui sauve ou tomber en martyr.

Oui, sois martyr ! une noble blessure
A transpercé tes mains, tes pieds, ton cœur,
Du Golgotha l'Alverne [1] est la figure,
Tes stigmates sanglants nous montrent le Sauveur.

Doux séraphin, que je voudrais tes ailes
Pour éviter la fange du chemin,
Pour m'envoler aux voûtes éternelles !
Au ciel on aime Dieu sans mesure et sans fin.

---

5. — Cantique à saint Antoine de Padoue.

Antoine, aimable saint, aux ardeurs séraphiques,
Pour célébrer ton nom, la terre a des cantiques,
Et devant tes autels des fêtes magnifiques.
    De la céleste cité,
Daigne sourire à notre confiance,
    Nous recourons à ta puissance,
        A ta bonté.

L'objet perdu revient à la lumière,
Quand, désolé, faisant une prière,
        Je tombe à tes genoux.
Quand le pécheur pleure son innocence,
Fais refleurir de sa première enfance
        Les jours si purs, si doux !

---

1. Alverne, montagne d'Italie où saint François d'Assise reçut les stigmates.

Lorsque la faim menaçante se dresse
Et qu'à ton cœur le malheureux s'adresse,
        Tu viens à son secours.
Mon âme a faim : divine Eucharistie,
Oh ! donne-moi, dans une blanche hostie,
        Mon pain de tous les jours.

Pour t'obéir, ô merveille divine !
Devant l'hostie une mule s'incline,
        Rend hommage au Seigneur.
Jésus est là dans l'humble Tabernacle.
De ton amour je crois à ce miracle,
        O le Dieu de mon cœur !

Ton zèle ardent était l'effroi du vice,
Et de l'erreur démasquant l'artifice
        Vengeait la vérité.
Sous tous les cieux, ah ! que d'ombres funèbres !
Dans les esprits, trompés par les ténèbres,
        Ramène la clarté.

Ton père, hélas ! s'avançait au supplice,
Mais ta présence, éclairant la justice,
        Fit reculer la mort.
Protège-moi, fidèle à mon baptême,
Du réprouvé je fuirai l'anathème
        Et le terrible sort.

Tu commandais, et les poissons dociles
Rangeaient soudain leurs troupes immobiles,
        Pour entendre ta voix.
Et je rencontre une foule frivole
Qui de son Dieu rejette la parole
        Et méprise ses lois.

A tes regards, une nuit que ton âme
Pour ton Jésus sentait grandir sa flamme,
L'Enfant-Dieu se fit voir.
Obtiens qu'au Ciel mon œil ravi contemple
Le Dieu d'amour, que j'adore, en son temple,
Voilé dans l'ostensoir.

6. — Cantique à saint Roch

Saint Roch, noble enfant de la France,
A toi des honneurs immortels !
Des peuples la reconnaissance
Partout te dresse des autels.

Aux jours de ton pélerinage,
Dans cet exil, où nous versons des pleurs,
De tes frères, sur ton passage,
Tu guérissais les horribles douleurs.

Et toi, disciple du Calvaire,
De ton Sauveur bois au calice amer.
D'un archer la main téméraire
Lance une flèche, ensanglante ta chair.

Au sein des bois, dans la souffrance,
Seul tu languis, privé de tout secours :
Prends ce pain de la Providence
Qu'un chien fidèle apporte tous les jours.

Avec le mépris, les outrages,
De la prison tu connus les rigueurs,
Lorsque grondaient les noirs orages,
Ton cœur goûtait les divines faveurs.

Sur ton grabat, douce victime
Du mal affreux qui te faisait mourir,
De Dieu ta prière sublime
T'obtint le don de pouvoir nous guérir.

Fais donc éclater ta puissance,
Et si jamais, semant ici l'effroi,
Le terrible fléau s'avance,
Arrête-le, Grand Saint, protège-moi.

Un fléau menace les âmes
Et les conduit à l'éternelle mort :
De l'enfer évitant les flammes,
Du Ciel, par toi, que je gagne le port !

---

7. — Cantique à sainte Elisabeth de Hongrie. [1]

Elisabeth, ô Sainte bien-aimée,
De tes vertus la terre est embaumée,
De ton berceau royal à ton humble tombeau,
Nous relisons ta glorieuse vie,
Dans ce temple si beau.
O bonheur que j'envie,
Marchant sur tes pas glorieux,
Puissé-je un jour te voir aux cieux !

Le jeune enfant t'implore ;
Des vices qu'il ignore
Préserve son cœur pur ;
De ce ciel sans nuages
Que jamais les orages
Ne flétrissent l'azur.

---

1. Ce cantique est dédié à M. l'abbé Tilman, curé de Sainte-Élisabeth
à Roubaix.

De l'innocence heureuse,
De la vierge pieuse
Garde le doux printemps ;
Que sur son front modeste
Brille l'éclat céleste
D'un cœur chaste à quinze ans.

Bienfaisante princesse,
Le pauvre en sa détresse
A rencontré ta main ;
L'orphelin et la veuve
Avaient, dans leur épreuve,
Ton amour et du pain.

Dans les plis de ta robe
L'aumône se dérobe
Au regard indiscret ;
Un jour on vit des roses,
Par un prodige écloses,
Conserver ton secret.

L'horizon devient sombre,
Le deuil étend son ombre :
Tu pleures ton époux ;
Quand sévit la tempête,
Tu sais courber la tête,
Te jeter à genoux.

Veuve persécutée,
De ta gloire passée
Tu n'es plus qu'un débris ;
Tranquille, souriante,
Va, noble mendiante,
Va quêter le mépris.

Désormais sur la terre,
La route du Calvaire
Verra seule tes pas ;
La grandeur t'importune,
Des biens de la fortune
Ton âme ne veut pas.

Parmi nous, que de gloire
S'attache à ta mémoire,
Digne fille des rois !
Au ciel Jésus te donne
L'éternelle couronne
Des amants de la Croix.

---

8. — Cantique à saint Vincent de Paul.

Vincent de Paul, au cœur si doux,
Nous sommes à tes genoux.
Dans l'indigence,
Dans la souffrance,
Protège-nous.

Jeune pâtre des Landes,
Tu prévins les demandes
De plus pauvres que toi.
Dans ta longue carrière,
Soulager la misère
Sera toujours ta loi.

Un farouche corsaire
Au fond de sa galère
T'emporta sur les flots.
Sur un lointain rivage,
Bien dur est l'esclavage,
Sombres sont les cachots.

Mais vint la délivrance,
Et l'Ange de la France
Salua ton retour.
Répands dans ta patrie,
Par les fléaux meurtrie,
Des prodiges d'amour.

Le bagne en ta présence
Sourit à l'espérance
Et perd de son horreur.
Un jour tu pris la chaîne
D'un forçat dont la peine
Avait brisé ton cœur.

Délaissé par sa mère,
L'enfant sur une pierre
N'attend que le trépas.
Doux enfant plein de charmes,
Ne verse plus de larmes,
Vincent t'ouvre ses bras.

Enfants du Sanctuaire,
Vincent est votre père,
Comprenez ses desseins.
Dans votre solitude,
Enfants, aimez l'étude,
Enfants, soyez des saints.

Une vaillante armée,
De ton souffle animée,
Console la douleur.
Dans des cœurs magnanimes,
Aux dévoûments sublimes
On sent battre le cœur.

Brûlant de saintes flammes,
Allez sauver les âmes,
Disciples de Vincent.
Parfois gronde l'orage,
Et l'enfer, dans sa rage,
Demande votre sang.

Ton regard se repose
Sur le lis et la rose
Que t'offrent tes enfants.
Vincent, dans ta famille,
Qu'à tes yeux toujours brille
L'éclat de son printemps.

9. — La Mission de Jeanne d'Arc

JEANNE

Des sons mystérieux
Ont frappé mon oreille ;
Une éclatante merveille
Eblouit mes yeux.
Un ange abaisse son aile
Vers ce vallon, descend vers moi,
Il s'approche, il m'appelle ;
En mon cœur quel saint effroi !

SAINT MICHEL

Jeanne, la France malheureuse
Gémit sous un joug étranger :
Va, de ta main victorieuse,
Fille de Dieu, va la venger.

JEANNE

Mais la main de la bergère
Porte la houlette légère ;

Mais le glaive des combats
Est beaucoup trop lourd pour son bras.

SAINT MICHEL

Au cœur de la vierge timide
S'allume une force intrépide,
Sous le souffle de DIEU.

JEANNE

A sa brebis laissez la bergerette ;
Laissez la fille à sa mère inquiète ;
Que je meure en ce lieu...

LES SAINTES

Aimable sœur, chaste Pucelle,
Jamais ton âme à DIEU ne fut rebelle,
Oui, DIEU le veut, rends la France à son roi ;
Qu'un prince humilié reprenne sa couronne,
Et que l'Anglais, pour toujours, abandonne
Un sol béni sauvé par toi...

JEANNE

Filles du ciel, oh ! soyez mes compagnes,
Mon conseil, mon soutien.
Oui, j'obéis et ne crains rien.
Mère chérie, et vous, belles campagnes,
DIEU le veut, je dois partir ;
Et, là-bas, sous mon armure,
Toujours vaillante et toujours pure,   [rir !
Par mon DIEU je veux vaincre, ou pour mon DIEU, mou-

SUJETS DIVERS

I. — A Léon XIII. — Jubilé 1888.

Voici mon fils bien-aimé, écoutez-le.

Saint Pontife, vers nous descends de ton calvaire,
Méprise des méchants l'insolente clameur ;
Vois, la main de tes fils verse, en la coupe amère,
Le miel délicieux qui calme ta douleur.

Du Thabor, à mes yeux, le doux éclat rayonne.
Mon oreille n'entend que des hymnes d'amour,
Et devant la splendeur de la triple couronne
Les fronts respectueux s'inclinent tour à tour.

Mais silence !... au Thabor Dieu veut se faire entendre :
O mon peuple, dit-il, j'aime tes chants joyeux,
En l'honneur de Léon, j'aime à voir se répandre
Des Puissants et des Rois les dons si précieux.

Du pauvre et de l'enfant j'aime l'humble prière,
Du cloître et de l'autel j'aime les doux accents.
Pour le Pontife-Roi tous les vœux de la terre
Vers Moi s'élèveront comme un suave encens.

Lancez vos chars de feu sur la ville éternelle,
De tous les horizons et sur tous les chemins,
Votre pontife aimé près de lui vous appelle,
Allez, je vous bénis, courageux pèlerins.

Mais écoutez sa voix, cette voix qui console
L'épouse de mon fils, en ses longs jours de deuil.

O monde, écoute-le…! sa puissante parole
Arrête le trépas et commande au cercueil.

Ecoute et sois heureux ! Si ton cœur est de glace,
Au cœur d'un séraphin tu pourras l'enflammer.
Suis le pauvre d'Assise ; en marchant sur sa trace
Tu sentiras bientôt l'amour te consumer [1].

Contre mille dangers, arme-toi du rosaire,
Fronde victorieuse en la main d'un enfant.
Pour abattre un géant, il ne faut qu'une pierre ;
Prie et ne tremble pas : je suis le Tout-Puissant. [2]

Et vous, que de la terre on appelle les anges,
Ames pures, le vice, hélas ! veut vous flétrir.
Soutenez votre vol au-dessus de ces fanges,
Sous l'aile de Marie allez vous réunir. [3]

Fuyez, peuples, fuyez la race des vipères
Qui menace le Ciel en sa vaine fureur.
Un zèle vigilant de ses hideux repaires
Révéla le secret et vous montra l'horreur. [4]

Vous surtout écoutez, vous, arbitres du monde,
A vos peuples donnez la sainte vérité.
Sans elle, des Etats la ruine est profonde,
Loin d'elle, on voit mourir la paix, la liberté. [5]

---

1. Tiers-Ordre.
2. Rosaire.
3. Congrégation de la Sainte Vierge.
4. Sociétés secrètes.
5. Gouvernement chrétien des Etats.

MONSEIGNEUR SONNOIS.

Sans elle, du bonheur on ne poursuit que l'ombre,
On marche sans appui dans un sentier glissant.
Bientôt l'abime gronde au sein de la nuit sombre
Et le sang vient rougir l'écume du torrent.

Aux lèvres de Léon j'ai placé la sagesse,
Peuples, Rois, écoutez, n'allez pas à la mort.
Le docteur infaillible, en vos jours de détresse,
Est le phare béni qui vous montre le port.

Au nom du Petit Séminaire d'Hazebrouck.

---

2 — Oremus pro Pontifice nostro Leone.
Regina Sacratissimi Rosarii, ora pro nobis.

Doux Pontife, il est grand mon désir de te plaire,
Mais comment l'accomplir, je ne suis qu'un enfant.
Je vois tant d'ennemis te déclarer la guerre,
Mon faible bras peut-il te rendre triomphant ?

Ah ! confiance ! Un jour on vit, sur la poussière,
Un pâtre jeune encor terrasser un géant.
Le rosaire est ma fronde et chaque grain, la pierre
Qui va frapper au front un Goliath méchant.

La pierre du torrent qui donna la victoire
Portait, dit-on, inscrit, un nom rempli de gloire :
« Josué », d'Israël l'heureux libérateur.

Et les « Ave » bénis que répand ma prière,   [tère
Sont marqués de deux mots, remplis d'un grand mys-
Deux noms : « Jésus, Marie » : une Mère, un Sauveur.

Au nom de la Sainte-Union.

3. — Cantate à Mgr Duquesnay (1881).[1]

UN ENFANT.

Du monde ignorant les alarmes,
Dans un repos délicieux,
De ce séjour, aimé des cieux,
    Nous goûtions tous les charmes...

UNE AUTRE VOIX.

Un jour, hélas ! de ses noires couleurs
Le deuil voila les murs du sanctuaire.
Le lévite, orphelin, au souvenir d'un Père,
Devant l'autel répandit sa prière,
    Avec ses pleurs,

CHŒUR.

O jour de profonde tristesse !
A nous, enfants de sa vieillesse,
Tendre Père, il ouvrit cet asile si beau,
Et nous pleurons sur son tombeau !

UNE VOIX.

Inquiet, gémissant, je sondais la nuit sombre
Que la mort étendait sur nos fronts prosternés,
Quand, l'horizon soudain se dégageant de l'ombre,
Un spectacle ravit mes regards étonnés.

CHŒUR DES JEUNES ENFANTS.

Frère, la divine clémence
Va-t-elle rendre l'espérance
    A nos cœurs consternés ?

---

1. Mgr Duquesnay, successeur du Cardinal Régnier.

PREMIÈRE VOIX.

Un ange radieux a déployé son aile,
Et d'un rapide essor s'est élancé vers nous.
Sa lèvre est souriante et son œil est bien doux ;
Mais un glaive de feu dans sa droite étincelle ;
Son autre main du CHRIST nous présente la loi.
Courage ! Il vient défendre et guider notre foi.

CHŒUR.

Quelle brillante aurore
Vient resplendir encore
En cet aimable lieu !
Chants du bonheur, de la reconnaissance,
Chants de la douce confiance,
Saluez l'envoyé de DIEU.

DUO.

Heureux enfant du Séminaire,
Voici le Pasteur et le Père,
Que DIEU te donne en son amour.
Tous tes jours, sous sa loi, seront des jours de fête :
Sans crainte, sur son cœur, viens reposer ta tête,
Puis, offre-lui tout ton cœur en retour.

GRAND CHŒUR.

T'aimer, ô bon Pasteur, à tes fils est facile ;
Mais il faut qu'à ta voix notre enfance docile,
Pour partager un jour ton glorieux labeur,
Marche, pieuse et pure, à l'autel du Seigneur ;
Que toujours, sous les plis de ta noble bannière,
Sans reproche et sans peur, elle suive tes pas !
Non, jamais notre main, dans l'ignoble poussière,
Ne laissera languir le glaive des combats.
Puissions-nous avec toi, luttant pour la victoire,

Le front meurtri mais couronné de gloire,
Contre l'erreur sauver la vérité !
Avec toi puissions-nous, au bout de la carrière,
Unir aux palmes de la terre
Les palmes de l'éternité !

---

4. — Cantate à Mgr Sonnois — 15 Avril 1894.

Apparuit benignitas.

REFRAIN.

Pontife, au cœur si bon, que ta douce présence
Rend heureux en ce jour les fils que tu chéris !
Comme ils tournent vers toi leurs regards attendris !
A toi le chant joyeux de leur reconnaissance.

1er SOLO *(un enfant.)*

Ta bonté, saint Pontife, est un rayon divin
Qui ranime, féconde et fait fleurir la vie ;
Toute âme, ici, voudra, ta bonté l'y convie,
Exhaler le parfum d'un céleste jardin.

2e SOLO *(un jeune homme.)*

La bonté, c'est la brise au souffle caressant
Qui passe sur nos fronts, quand le ciel est en flammes,
C'est l'ange qui sourit et relève nos âmes,
Quand nous allons faiblir sous un poids accablant.

3e STROPHE *(plusieurs enfants.)*

La bonté ! la bonté ! c'est la vertu d'un cœur
Qui reproduit de Dieu la plus touchante image.
Aussi, Pontife aimé, toujours, à ton passage,
Chacun redit : Je vois, je vois le bon Pasteur.

5. — A Monsieur le Vicaire Général Lobbedey.

EXCELSIOR !

O toi, que notre ville admire,
Te souviens-tu d'un barde aux cheveux blancs,
Qui voulut reprendre sa lyre
Et soupirer ses derniers chants ?
Depuis ce jour, j'ai dû compter cinq ans...

Le barde vit encore ;
En apprenant ta présence en ces lieux.
Avec tristesse il regarde les cieux...
Ah! sa lyre n'a plus la voix pleine et sonore
Qui faisait répéter aux échos d'alentour
Les célestes douceurs d'un fraternel amour.

A qui manquent les chants il reste la prière.
Et mieux que l'écho de la terre,
Tous les échos du Ciel
La rediront à l'Éternel.

Et le barde murmure! « O sainte Providence,
A celui qui s'avance,
Beau comme l'espérance,
Donne de longs printemps suivis de longs étés,
Epargne des hivers les assauts répétés. »

EXCELSIOR !

C'est une mélodie, et bien mieux un présage ;
Que l'humble passereau reste sous le feuillage,
L'aigle vers les hauteurs doit prendre son essor.
Qu'il grandisse, ô mon DIEU, l'aimable excelsior,
Conduis-le par la main à tes plus hautes cimes,
Qu'il mérite à tes yeux les dignités sublimes,
Et qu'un jour à son front brille la mitre d'or.

6. — A Monsieur Dehaene.

Fortiter et suaviter.

Le Dieu, dont la main souveraine
Gouverne ce vaste univers,
Avec amour, dans l'humble plaine
Répand aussi ses dons divers.
Aux menaces de son tonnerre
Il dicte ses lois à la terre,
Et fait adorer sa grandeur ;
Puis, de la voix de sa tendresse
Il me sollicite et me presse :
« Mon enfant, donne-moi ton cœur. »

Du ciel apportant les oracles,
Le Verbe apparaît parmi nous.
Sa main prodigue les miracles,
Sa voix frémit d'un saint courroux.
« Malheur, dit-il, à l'hypocrite !
» L'éclat dont la foule est séduite
» Recouvre un fétide tombeau. »
Mais vers l'humble Jésus s'incline,
Et touche de sa main divine
D'un jeune enfant le front si beau.

Mon Dieu, votre fidèle image
A nos yeux sourit chaque jour ;
De votre fort et doux langage
L'écho nous charme en ce séjour.
Au front de notre auguste Père
Si la force, d'un trait sévère,
Grave une noble majesté,
Comme de l'urne qui se penche,
De son cœur en mon cœur s'épanche
La plus pure suavité.

Un jour, au choc de la tempête
Il vit son bonheur s'écrouler.
L'orage fit courber sa tête,
Jamais il ne put l'ébranler.
De la cabale tortueuse
Il brisa la dent envieuse
Au roc de sa ferme vertu.
Dans l'épreuve, cœur admirable,
Il fondait une œuvre durable [1]
Quand on le croyait abattu.

Ainsi, d'une haine puissante
Bravant les jalouses fureurs,
D'un héros l'âme triomphante
Fut plus forte que ses malheurs.
Du Troyen la race bannie
Aux bords riants de l'Ausonie
Planta son drapeau resté pur;
Bientôt la Pergame nouvelle
S'éleva plus grande et plus belle,
Sous un plus ravissant azur.

D'un Père la douce espérance,
Frères, pourrions-nous la trahir?
Dans les vertus de notre enfance
Montrons quel sera l'avenir.
L'aigle voit sur d'horribles cimes
Qui dominent de noirs abîmes,
Ses enfants planer sans effroi:
D'un œil fier, il suit leur audace
Et semble dire de sa race:
Elle sera digne de moi.

1. On sait que M. Dehaene, chassé du Collège communal en 1865,
fonda l'Institution Saint-François d'Assise.

Tes fils, Père, au feu de ton âme
Prendront l'ardeur des saints combats ;
De ton zèle la vive flamme
En leur cœur ne s'éteindra pas.
De l'enfer la sombre malice,
Ni les puissants assauts du vice
Ne pourront vaincre tes enfants,
Pareils à la roche immobile
Que bat la colère stérile
De la mer aux flots mugissants.

La mer, en désastres féconde,
Un jour aussi m'emportera.
Sur la vague, si le vent gronde,
Ton souvenir me sauvera.
A la clarté de ton étoile,
Je guiderai ma blanche voile.
Parmi les morts et les débris,
Ma main, par ta main exercée,
Conduira ma nef menacée
Vers une rive aux sûrs abris.

Muse, pourquoi ces tableaux sombres?
Pourquoi ces images de mort ?
D'un jour si beau chasse les ombres,
Chantons les délices du port.
Chantons, chantons l'aimable asile,
Où notre jeunesse tranquille
Jouit des douceurs de la paix.
Ici point de tristes alarmes,
Ici l'amertume des larmes
Aux rires ne s'unit jamais.

Je dirai la bonté de l'ange
Qui me conduit en ces beaux lieux.

A lui ma plus chère louange,
Mes chants les plus mélodieux.
Il me protége sous son aile,
Son doigt vers la voûte éternelle
Toujours dirige mon regard ;
Sous les fleurs si l'aspic se glisse,
A l'aspect de l'ange propice,
Il cache sa haine et son dard.

Ah ! laissez-moi redire encore
Les soins touchants du bon pasteur :
Devançant les feux de l'aurore
Son esprit songe à mon bonheur ;
Il me conduit à la prairie
Qu'un souffle impur n'a point flétrie,
Aux champs que féconde le ciel.
Sans crainte ma bouche s'abreuve
A l'onde limpide du fleuve
Où jamais ne coule le fiel.

7. — Pour une distribution de prix
à la Sainte-Union (1894)

Quand éclate la bataille,
Les braves ne tremblent pas ;
Leur cœur bondit et tressaille
Dans les hasards des combats.
Et quand sourit la victoire,
C'est l'ivresse du bonheur,
C'est la joie et c'est la gloire,
C'est la noble croix d'honneur.

Mes sœurs, rivales joyeuses,
Moins bruyants sont nos combats ;

Des palmes victorieuses
Cependant chargent nos bras.
A cette heure solennelle,
Dans nos âmes quel plaisir !
Mes sœurs la moisson est belle
Et comble notre désir.

Dieu soit béni ! De nos mères
Nous retrouverons l'amour ;
Ah ! comme elles seront fières
A notre prochain retour !
A nos heureuses familles
Offrons ces nombreux lauriers,
Et soyons, ô jeunes filles,
Les Anges de nos foyers.

---

8. — Fête d'une Supérieure

(1897)

La fête d'une mère !
Pour un pieux enfant
Point de fête plus chère,
Point de jour plus riant.
En ce jour, la prière
Jaillit de tous les cœurs.
Et le ciel à ma mère
Accorde ses faveurs.

O touchante merveille !
Ma mère, ton amour
Sur mon enfance veille
Et la nuit et le jour.
D'une douce victime

Il a choisi le sort,
Son dévouement sublime
Affronterait la mort.

De la reconnaissance
S'il connaît le devoir,
Par son obéissance
L'enfant le fera voir.
Enfant, donne à ta mère
Donne-lui le bonheur,
Et déjà sur la terre
Te bénit le Seigneur.

9. — Fête d'une Supérieure

Ce jour de fête, ma mère,
Inspire nos chants joyeux,
Mais surtout notre prière
Au ciel portera nos vœux.
A ton cœur, mère chérie,
De Jésus le divin Cœur,
Que notre voix chante et prie,
Accordera le bonheur.

Ton bonheur, c'est l'innocence
Qui rayonne en tes enfants,
Une aimable obéissance
Et ses sourires charmants,
Un zèle ardent pour l'étude,
Du bien un noble désir,
Un cœur vaillant qui prélude
Aux combats de l'avenir.

Jeunes sœurs, troupe pieuse,
Notre devoir est bien doux ;

> Rendons notre Mère heureuse,
> Bien heureuse parmi nous.
> Aux lieux où son pied se pose
> L'épine ne croîtra pas,
> Partout effeuillons la rose,
> Semons des fleurs sous ses pas.

---

10. — Le Jeune Captif.

Pauvre petit oiseau, que dis-tu quand tu vois
Voltiger librement la joyeuse hirondelle ?
Aimable prisonnier, que dis-tu quand la voix
D'un frère plus heureux du fond des bois t'appelle ?

Ah ! maudis-tu la main qui t'a donné des fers ?
Car tu reçus de Dieu l'espace pour domaine.
Méconnaissant tes droits à l'empire des airs,
L'homme, pour son plaisir, à son foyer t'enchaîne.

Vainement pense-t-il distraire ta douleur
Par les trompeurs appas d'un brillant esclavage !
Une riche prison ne rend pas le bonheur
Et ne peut remplacer les dômes du feuillage.

Le pain de pur froment, mille exquises douceurs,
Tous ces mets superflus, cette vaine abondance
N'ont pour toi qu'amertume auprès des dons meilleurs
Que dispense à l'oiseau la sage Providence.

La graine du sillon et l'humble vermisseau
A tes sobres désirs plaisent bien davantage.
Pour éteindre ta soif tu veux le clair ruisseau,
Qui dans son pur cristal réfléchit ton image.

A tes joyeux instincts il faut la liberté,
Tu veux prendre ton vol dans les champs de l'espace
Et fouler sous tes pas, dans ta noble fierté,
Ces monts et ces rochers où nul mortel ne passe.

Eh bien ! sois libre. En vain un frivole plaisir
Ou mon amour pour toi dans ton dur esclavage,
Petit oiseau chéri, voudrait te retenir ;
Va revoir aujourd'hui le maternel bocage.

« O maître, que dis-tu ? Prends garde, l'amitié
Au sujet de mon sort et t'abuse et t'égare.
Ah ! bannis de ton cœur une fausse pitié,
Tu voudrais être bon et tu serais barbare...

Un jour, si, contre moi justement irrité,
Tu voulais te venger d'un insolent outrage,
Alors, pour me punir, rends-moi la liberté.
Loin de toi, le malheur serait mon seul partage.

D'un paisible palais qu'on nomme ma prison,
Je puis voir sans effroi s'amonceler l'orage,
Les rapides éclairs déchirer l'horizon,
De l'ouragan toujours se déchaîner la rage.

De l'aigle et du vautour, je brave la fureur,
Je me ris de l'enfant, de ses noirs artifices ;
Et le plomb meurtrier que lance le chasseur
Ne me vient point troubler au sein de mes délices.

Ici la douce paix, ici le vrai bonheur !
Tes caresses, tes soins, ton amitié touchante
Ici me font couler des jours pleins de douceur.
Dans ma captivité, voilà pourquoi je chante.

Le Ciel dota ma voix d'accents mélodieux,
Je veux donc célébrer ta tendre bienfaisance
Et bannir loin de moi les oublis odieux :
Mes chants sont le tribut de ma reconnaissance. »

---

11. — L'abeille morte dans le calice d'une fleur

Au lever de l'aurore, ayant dit sa prière,
Arthur est au jardin, à côté de sa mère.
Voyant dans un beau lis un insecte endormi,
Il regarde étonné... Se penchant à demi,
La mère, après l'enfant, reconnaît une abeille.
Dormir dans une fleur, la touchante merveille !
Mais l'aile de l'insecte au tissu diapré
Ne donne déjà plus qu'un éclat altéré ;
Au fond du blanc calice, elle reste immobile.
Arthur veut l'exciter ; l'effort est inutile.
Il s'aperçoit, hélas ! que le charmant berceau,
Que la fleur parfumée est vraiment un tombeau.
Au sépulcre laissant l'abeille inanimée,
Il reste là, rêveur... Son oreille est fermée
Au concert des oiseaux, et son âme, au plaisir.
De son cœur oppressé s'échappe un long soupir.
« Pourquoi donc ce silence, enfant ? » lui dit sa mère.
« Pourquoi ce regard triste et fixé sur la terre ?
Lève les yeux au Ciel, vois, le Ciel est si beau ! »
« — Mère, comment sourire à ce petit tombeau ? »
« — Mais ici, cher Arthur, tout sourit, tout console,
L'abeille est à mes yeux un gracieux symbole :
Quand brillent du matin les premières lueurs,
Elle vole au travail, fouille le sein des fleurs,
Y puise le nectar qui soutiendra sa vie,
Qui de l'homme partout excitera l'envie ;

Souvent même un ingrat, en lui donnant la mort,
Emportera son miel... Mais plaindrais-je son sort ?
Si le Ciel, parfois, laisse au méchant la victoire,
A la douce victime il réserve la gloire.
Heureuse en ce jardin, l'abeille, cher Arthur,
Trouve pour lit de mort ce lis, si blanc, si pur.
Imite, mon enfant, cette belle existence ;
Ne crains pas le travail, garde ton innocence ;
Fais le bien, sois utile, et pardonne ici-bas.
L'enfant aimé du Ciel peut sourire au trépas ;
Sur son corps virginal pèse un blanc mausolée,
Et regardant là-haut, la mère consolée
Voit son fils rayonnant, tel l'ange du saint lieu,
Lui sourire sans fin entre les bras de Dieu. »
Et la mère se tait !... Son suave langage
Du front de son Arthur a chassé le nuage.
Et l'enfant de répondre : « Excuse ma douleur,
Une triste pensée avait troublé mon cœur...
Je me disais : Ma mère, ouvrant la mousseline
Qui protège mon lit, chaque matin s'incline
Pour me baiser au front... si, sur un front glacé,
Sa lèvre se posait !... Mon esprit, traversé
Par cette sombre image, a fait jaillir mes larmes.
Mais ta voix, tendre mère, apaise mes alarmes.
J'imiterai l'abeille et ne crains plus la mort,
Puisque, les yeux au Ciel, tu béniras mon sort.
Sous un coup imprévu si la nuit je succombe,
Le marbre le plus blanc pourra couvrir ma tombe... »

*
* *

Et la mère et l'enfant dans leurs bras se serraient :
Près du tombeau fleuri, l'un et l'autre pleuraient.

12. — Une Irlandaise mourante à son fils.

Viens plus près de ta mère, approche, doux Patrice ;
Mon regard affaibli commence à s'obscurcir ;
O cher petit, au mien unis ton sacrifice.
Dieu le veut ; Il est juste, enfant. Je vais mourir.
J'ai formé bien des vœux, j'ai versé bien des larmes,
Quand de mon cœur brisé réveillant les alarmes,
      La mort menaçait ton berceau ;
J'ai pu sauver tes jours... Pour l'âme de ta mère,
Toi tu viendras offrir tes pleurs et ta prière
      Sur la mousse de mon tombeau.

Si ton père était là pour guider ta jeunesse,
En te quittant, mon fils, j'aurais moins de regret,
Mais de mon cœur ému je combats la tristesse,
Sans trouble, du bon Dieu j'adore le secret.
Sur le pauvre orphelin veille la Providence ;
Du faible et du petit le Ciel prend la défense ;
      Ne crains pas, ô mon doux enfant,
La Mère de Jésus aussi sera ta mère,
Au pied de son autel, souvent va, prie, espère :
      Elle aime un amour confiant.

De cet oiseau, là-bas, la tendre mélodie
Vient me charmer encor à mes derniers moments.
Plus heureuse, bientôt, là-haut dans la Patrie,
Des élus j'entendrai les hymnes triomphants.
Un rayon doux et pur, à cette heure dernière,
Par la pauvre fenêtre, arrive à ma paupière.
      Mon front s'inonde de clarté.
A mes regards mourants cet astre qui m'éclaire
Est bien beau ! mais au ciel, plus belle est la lumière
      Du soleil de l'Eternité.

Pour toi je vais prier dans la sainte demeure
Où m'appelle aujourd'hui le DIEU de charité,
Et pour la douce Erin, noble esclave qui pleure
Son passé glorieux, ses biens, sa liberté.
Mon enfant, mon pays, quand du bonheur suprême
Je puis jouir enfin, je sens que je vous aime.
       Hélas ! vous restez malheureux ;
Et l'oppresseur triomphe, et l'Irlandais, victime,
Sans pain et sans foyer, doit expier le crime
       De garder la foi des aïeux ?

Garde-la, mon enfant ; garde-la, pauvre Irlande,
Sois fière, les martyrs ont cru ce que tu crois.
Comme eux verse ton sang, si le Ciel le demande,
Sous le glaive cruel, pour l'invincible croix.
Seigneur, vous le savez, je ne veux pas maudire...
Ah ! de mon agonie excusez le délire.
       Mon DIEU, mon DIEU, j'ai tant souffert,
Mais, au bord du cercueil, me sourit l'espérance.
L'Irlande, gloire à DIEU ! chante sa délivrance,
       Un siècle de paix s'est ouvert.

Vois, un reste de vie au transport qui m'enflamme
Se consume et s'éteint ! Enfant, prie avec moi :
Que l'ange de la mort au ciel porte mon âme,
Vers le séjour si beau qu'entrevoyait ma foi.
Adieu, mon bien-aimé, mon seul trésor, Patrice,
De notre doux Sauveur que la main te bénisse,
       Et vers le Ciel guide tes pas...
Mais je vois mon JÉSUS !... la gloire L'environne ;
Je tremble.. Oh ! non, j'espère, Il m'offre une couronne.
       Adieu, mon fils, ne pleure pas.

APPENDICE B.

CHEMIN DE CROIX
COMPOSÉ PAR L'ABBÉ HÉBANT
POUR SA SŒUR RELIGIEUSE.

Ire STATION.
JÉSUS CONDAMNÉ A MORT.

HORRIBLE renversement de toute justice ! L'innocent est traîné devant le tribunal d'un juge inique qui ment à sa propre conscience. L'Homme-DIEU, vrai DIEU, est condamné par un homme, un païen, à une mort infâme ! Jésus cependant est sans indignation. Il entend, dans la sentence de Pilate, la voix du Père céleste qui Le condamne à mourir pour moi et tous les pécheurs, car Il a pris sur Lui nos crimes.

Je mépriserai les jugements des hommes; je ne craindrai que les jugements de DIEU. Soyez-moi propice, ô mon DIEU, quand, à la mort, je paraîtrai devant Vous.

IIe STATION.
JÉSUS CHARGÉ DE SA CROIX.

Jésus reçoit avec amour l'instrument de son supplice. O bonne croix ! dit Jésus, par toi je réparerai les outrages faits à mon Père. Je mériterai pour ma Mère bien-aimée les faveurs qui en feront à jamais la femme bénie entre toutes les femmes, la créature privilégiée de

Dieu ; j'obtiendrai le pardon de mes frères, les grâces qui les sauveront. O bonne croix ! ô croix salutaire !

Il est heureux, Jésus avec sa croix. Que je porte, moi, avec patience et sans murmure, les croix que je rencontrerai sur mon chemin ; oui, pour la gloire de Dieu et mon salut...

IIIᵉ STATION.

JÉSUS TOMBE UNE PREMIÈRE FOIS.

La croix pesante fait chanceler Jésus. Il tombe... Il tombe sur ses plaies... Son fardeau écrasant accable son corps tout couvert de blessures béantes. Qu'Il souffre le bon Sauveur !... Cependant les bourreaux ne Lui épargnent, ni les sarcasmes, ni les coups. La douce Victime se relève, pour continuer sa route vers la mort...

Mon Dieu, ce sont mes chutes dans le péché qui ont causé les douleurs de votre divin Fils. Je veux réparer mes fautes par la pénitence; aidez ma faiblesse et je suivrai Jésus jusqu'à l'immolation de tout moi-même.

IVᵉ STATION.

JÉSUS RENCONTRE SA MÈRE.

Marie ne craint pas d'être appelée la mère du condamné qu'on va bientôt crucifier. Elle veut revoir Jésus. Leurs yeux se sont rencontrés... Que leur regard est triste !... Il est si perçant, si douloureux qu'il est comme un glaive acéré, qui blesse et torture leur âme. Les larmes brûlantes de Marie se mêlent au sang de Jésus; ce n'est pas assez, elle veut se jeter dans les bras de son malheureux Fils, mais quelle horreur !... On la repousse avec brutalité ! Pauvre Mère !... Pauvre

Jésus !... On vous sépare !... Vous vous retrouverez au Calvaire !...

O pardon, Jésus ! pardon, ô Marie ! Ce sont mes péchés qui ont ménagé cette cruelle rencontre. Je les déteste de tout mon cœur ; oui, mon Dieu, de tout mon cœur.

Vᵉ STATION.

SIMON LE CYRÉNÉEN AIDE JÉSUS A PORTER SA CROIX.

Jésus va expirer en chemin, au moins ses ennemis le craignent ; ils n'auront pas l'atroce plaisir de Le voir mourir sur un gibet. Aussi, ils forcent un étranger à aider Jésus à porter sa croix. Heureux Cyrénéen, s'il comprenait combien il est glorieux d'alléger les souffrances du Sauveur !

O mon aimable Rédempteur, que je comprenne qu'il est avantageux de souffrir en union avec Vous ; avec Vous on souffre mieux, on souffre moins, on ne perd pas le mérite de ses souffrances.

VIᵉ STATION.

VÉRONIQUE ESSUIE LE VISAGE DE JÉSUS.

Une femme traverse tout à coup la foule qui s'empresse vers le calvaire. Cette femme perce même les rangs des soldats stupéfaits et vient essuyer de son voile le visage défiguré du Divin Maître. Cette compassion héroïque console le cœur de Jésus qui laisse empreints sur le voile de Véronique, pour la récompenser, les traits de sa face adorable...

Jésus, gravez profondément en moi le souvenir de votre sainte Passion et rendez à mon âme la beauté surnaturelle que votre grâce y avait mise, et que le péché a ternie, s'il ne l'a point complètement effacée.

VIIᵉ STATION.

JÉSUS TOMBE UNE SECONDE FOIS.

A mesure qu'Il s'avance dans la voie douloureuse, Jésus sent ses forces s'épuiser de plus en plus. Il tombe de nouveau, et de la part des satellites qui Le mènent au supplice, ce sont encore des reproches railleurs, des brutalités sauvages.

Cette seconde chute est l'expiation de ma déplorable inconstance dans le bien. Que de résolutions aussi vite abandonnées que prises, que de fermes propos oubliés presque au sortir du tribunal de la pénitence, que de rechutes dans le péché !... Par vos faiblesses volontaires, ô Jésus, donnez-moi la persévérance dans votre amour.

VIIIᵉ STATION.

LES FILLES DE JÉRUSALEM EN FACE DE JÉSUS.

De pieuses femmes, devant qui se déroule le funèbre cortège, versent des larmes à la vue de Jésus. Et qui plus que Lui mérite les larmes d'une tendre compassion ? Cependant : « Ne pleurez pas sur moi », dit-il « mais sur vous-mêmes, » c'est-à-dire : « Pleurez d'abord vos péchés qui sont la cause de mes souffrances. »

Que je retienne cette leçon, ô bon Maître, je ne puis espérer Vous être agréable, même en m'attendrissant sur vos douleurs, si je n'ai pas une vraie contrition de mes péchés.

IXᵉ STATION.

TROISIÈME CHUTE DE JÉSUS.

Arrivé sur la colline où Il va mourir, Jésus tombe pour la troisième fois la face contre terre, car son âme est en proie à une agonie mortelle. Il voit l'inutilité de son sang pour un trop grand nombre de pécheurs, qui, malgré tout, resteront sur le chemin de l'enfer.

Vous m'avez vu aussi en ce moment, n'est-ce pas, mon Sauveur ? non parmi les pécheurs qui veulent se damner, mais parmi ceux qui veulent faire pénitence et qui espèrent le Ciel. Oui, j'espère, ô mon Jésus, appliquez-moi les mérites de vos ineffables douleurs.

Xᵉ STATION.

JÉSUS DÉPOUILLÉ DE SES VÊTEMENTS.

Les bourreaux arrachent à Jésus ses vêtements que le sang de ses blessures a collés à sa chair, et ils renouvellent en un instant toutes les souffrances de la flagellation. La coutume, et non la pitié, lui fait présenter aussi un breuvage amer destiné à engourdir les membres du patient. Jésus refuse le breuvage, car Il veut rester tout entier à la douleur, et m'apprendre à être plus généreux dans l'épreuve. Il se laisse dépouiller de ses vêtements pour rappeler au pécheur le malheur qu'il a eu de perdre l'innocence, le glorieux vêtement des âmes, pour m'exciter encore à me détacher de toutes les choses de la terre, avant que la mort vienne m'en dépouiller.

XIᵉ STATION.

JÉSUS ATTACHÉ A LA CROIX.

O admirable et douce obéissance de Jésus à ses bourreaux qui Lui ordonnent de s'étendre sur la croix ! Un enfant ne va pas avec plus de calme chercher son repos dans les bras de sa mère. Des clous déchirent et fixent au bois de la croix ses mains innocentes qui ont répandu tant de bienfaits, ses pieds bénis qui se sont

lassés à la recherche des pécheurs et des malheureux...
Le sang rédempteur inonde l'autel du sacrifice et Jésus
tient ses yeux levés vers le Ciel, demandant à son Père
d'accepter le prix de mon salut.

Mon Dieu, je vous offre le sang de Jésus ; purifiez et
sauvez mon âme !

XIIe STATION.

MORT DE JÉSUS.

Voyez comme l'agonie du Sauveur est abreuvée
d'insultes haineuses, rendue plus douloureuse encore
par la compassion désolée de ses amis, de sa Mère,
surtout par l'abandon de son Père Céleste, dont la
justice exige qu'Il boive jusqu'à la lie le calice amer.
Jésus souffre horriblement, nous pardonne généreusement, nous donne Marie pour Mère... baisse la tête...
Il expire !... La nature entière se trouble, le soleil
refuse sa lumière, les rochers se fendent, les morts
sortent de leurs tombeaux... Tout cela est solennel,
effrayant,... mais plus terrible me paraît la cruauté des
hommes, plus redoutable la justice de Dieu.

Mais votre bonté, ô mon doux Sauveur, domine tout,
m'attire et me rassure. Vous sauverez mon âme qui se
repent et qui Vous aime.

XIIIe STATION.

LE CORPS DE JÉSUS ENTRE LES BRAS DE SA MÈRE.

O Mère des douleurs, il reposait autrement sur votre
cœur, votre enfant, aux jours délicieux de Bethléem et
de Nazareth. Vous embrassiez alors votre Jésus si
beau, si plein de vie, avec une tendresse qu'Il payait de
retour... Maintenant vous serrez dans vos bras un

corps sans vie et défiguré; vous ne baisez que des plaies saignantes...

Mère infortunée, quel est le bourreau de Jésus?... Ah! je ne le sais que trop, c'est moi, oui, moi... Je baisse les yeux devant ma victime et devant sa Mère, et j'implore avec larmes mon pardon...

XIVᵉ STATION.

JÉSUS AU TOMBEAU.

Voici les funérailles d'un Dieu... Un Dieu enseveli, conduit au tombeau! quel deuil accompagne ses funérailles!...... Je vois la tristesse calme, mais profonde des disciples, j'entends les sanglots des saintes femmes, je suis attendri à la vue de Madeleine égarée par la douleur, à la vue surtout des larmes de Marie. Mon cœur se brise, quand j'entends la pauvre Mère, s'écrier d'une voix déchirante au moment où on ferme le sépulcre du Sauveur : « Adieu ! Jésus ! Adieu, Fils adoré ! Adieu ! »......

O Mère éplorée, je vous suivrai souvent, pendant cette vie, sur la voie du Calvaire, pour arriver avec vous sûrement au but que je dois poursuivre, au Ciel.

TABLE DES MATIÈRES

CHAPITRE VI

CHAPITRE VII

CHAPITRE VIII

CHAPITRE IX

L'HOMME D'ŒUVRES

CHAPITRE X

VACANCES

CHAPITRE XI

CHAPITRE XII

CHAPITRE XIII

****

APPENDICE A

EXTRAITS DU CAHIER DE POÉSIES DE L'ABBÉ HÉBANT

Sujets religieux

Sujets divers

APPENDICE B

IMPRIMÉ PAR DESCLÉE, DE BROUWER ET Cie,
41, RUE DU METZ, LILLE.